MANAGEMENT STRATEGY TO
ACHIEVE COMMUNITY-BASED
INTEGRATED CARE IN JAPAN
Theoretical concept of integrated care and applications
TAKAKO TSUTSUI

地域包括ケアシステム構築のための
マネジメント戦略

integrated careの理論とその応用

筒井孝子　著

序論

介護保障への道程

　日本は、2007（平成19）年に、65歳以上人口が全人口の21.5%となり、超高齢社会に入った。この社会においては高齢者に医療と介護サービスをどう保障すべきかは大きな課題である。

　とりわけ、介護保険制度による介護給付を受けている高齢者のほとんどは慢性疾患を抱えており、医療的管理を受けながら介護サービスの提供を受けている。

　また、医療保険制度においては、入院患者の多くが高齢患者であるため、医療処置だけでなく、同時に介護サービスを提供しなければならないため、医療サービスを提供できる介護施設の医療強化型ベッドの増床とするのか、介護サービスを提供できる医療機関の介護強化型ベッドの増床とするのか、または、その両者のいずれをも進めるのか、あるいは、何らかの第三の道を選択するのかという岐路にある。

　現在のところ、わが国では、一定の医療処置が終わった高齢患者は退院してもらうが、在宅でも十分な医療サービスと介護サービスを提供できるという第三の道としての「地域での介護」を選択しようとしており、この第三の道を現行の社会保障制度にどのようにして位置づけるべきかを模索している。この実現のための前提となるのが地域包括ケアシステムである。これを国家戦略とし、住宅政策も含め、「地域での介護」として推進しようとしているのである。

　しかしながら、介護保険制度はもともと膨大な病床を国民皆保険制度によって支え続けられなくなったことを端緒として、その成立が急がれ

た制度であった。

　それでも医療制度における入院病床の7割近くは高齢患者であり、このうちの大多数は治療が終わっても日常生活での支援を必要としていることを理由に入院は長期化している。このため、結果として、介護保険制度の成立によって目論まれた「医療病床の適正な運用」は、今なお大きな課題として残されているのである。

停滞する制度改革

　こういった課題を医療と介護の両面から解決することを目指して、2012（平成24）年度施行の介護保険法改正および介護報酬改定等で地域包括ケアシステムの構築を推進するために、介護保険法第5条において、国および地方公共団体の責務として、地域包括ケアシステムの推進を図る趣旨の条文が加わり、地域包括ケアシステムに法的根拠が与えられた。

　同時に、「定期巡回・随時対応型訪問介護看護」の導入など様々な施策が実施され、現在に至っており、医療制度においても、地域包括ケアシステムの構成要素となる在宅医療の推進が図られている。

　さらに、住宅施策においてもサービス付き高齢者向け住宅の制度が創設され、介護保険制度と密接な連携を図ることとされてきた。

　しかしながら、現場レベルにおける地域包括ケアシステムの構築は、2005（平成17）年からその推進が目指されてきたにもかかわらず、一向に進んでこなかった。

　これは、ひとえに、この「地域での介護」が目指す具体的なあり方が理解されなかったためと考えられる。すなわち、今回の改革は、1995（平成7）年前後から展開された介護保険制度導入のキャンペーンのように、家族による介護から、社会保険制度による、いわば専門家による介護が

社会によって実施されるという「家族による介護から、社会による介護へ」といった、介護者の交代をわかりやすく示したものではなかった。

いわば、医療や介護サービスの提供システムのマネジメントに関する抜本的な改革を意図したものであったために国民にはほとんど伝わらなかったし、地方行政の担当者の理解も得られなかったのではないかと推察される。

日本が選択した第三の道が示す内容とは、Community（コミュニティ）を基盤とすることを要素として包含した integrated care という提供体制の変革に焦点をおいたものであり、その当事者とされたのは、介護保険制度の保険者となった市区町村であった。しかし、この保険者の当事者意識の不在によって、今日の地域包括ケアシステムの推進は停滞している。

ケアの日常生活圏域におけるシステム化

日本で現在、進めようとしている地域包括ケアシステムとは、地産地消的な性質をもつ介護や医療サービスを提供できる範囲で地理的な圏域（日常生活圏域）において、提供主体別のサービスの重なりを省きながら効率よく展開していくことを目的としている。だからこそ、圏域内の提供主体を integrate し、その効率性を高めることが目指されることになる。

繰り返しになるが、このシステムは、提供主体の交代は目指しておらず、多くの提供主体間のマネジメントの効率性を高めることが目的である。この効率性を高める方法論は、未だ国際的にも実現している国はないし、こういった community-based（コミュニティ・ベースド）を前提とした際に、地方自治体である市区町村を主体として考えるというシステム構築は、そもそも例が少なく、成功した例はほとんどない。

ただし、日本にも成功例がないわけではなく、介護保険制度実施前に遡ること10年、広島県御調町の公立みつぎ総合病院が、1980〜1990年代に他の地域に先駆けて、保健、医療、福祉の専門的なサービスを統合して提供するシステムを創っていたが、これはまさに、今、世界が目指している community-based integrated care system であった。しかも、この病院の院長の役職は「管理者」であり、まさに、この地域圏域のマネジメントの総括者としての役割を担っていた。

この例は、いわゆる高齢者介護における介護や医療サービス提供体制を国保直営病院がサービスの提供主体の中核となり、医療や介護、看護、そして福祉サービスの提供を効率化した例といえよう。このため、多くの識者は、ここで用いられた地域包括ケアシステムが日本の発祥と述べているし、地域包括ケアシステムを2005（平成17）年に提唱した際の政策担当者はその記憶を意識していたものと推察する。

具体的には、このシステムは、住民の健康保持や退院後の患者の予後をよりよくすることを目的として、公立みつぎ総合病院が医療や介護、公衆衛生など、各種サービスの重なりを整理しながら、効率的に提供していた。すなわち、これが医療や介護や健康増進を図るというサービスのマネジメントをすることであったし、このマネジメントを実施する機関を病院内に置き、いわゆる臨床的統合と組織的統合を図り、さらには、その後、保険者となる行政機関「町」と強く連携（coordination）することで達成したシステムであった❶。

このシステムは、1980年代に本格化していった高齢者介護において在宅介護が推進されたことを基礎としており、地域におけるケアをシステム化するという意図があったことで成立したといえる。国の政策レベルでの、このような地域ケアシステムが示されたのは「高齢者保健福祉推進十か年計画（ゴールドプラン）」(1989（平成元）〜1999（平成11）

年）であった。このゴールドプランが示した在宅介護の推進と地域ケアシステムの考え方は、「21世紀の福祉ビジョン」（厚生省、1994（平成6）年）に引き継がれ、「国民誰もが身近に必要な介護サービスがスムーズに手に入れられるシステム」「医療・福祉などを通じ、高齢者の介護に必要なサービスを総合的に提供できるシステム」の必要性が説かれており、これは、長らくわが国の介護領域の基本の考え方となった。

ケアの提供にかかるマネジメント

同時期に介護保険制度の設計に指針を与えたといわれる高齢者介護・自立支援システム研究会の報告書（1994（平成6）年）が示されたが、これには地域ケアシステムの考え方が高齢者の自立支援を基本とする「新介護システム」として示され、ここには「個々の症状だけではなく、心身の状態や日常生活の全体像を踏まえたニーズ把握」を行い、それに基づいて必要とされる介護サービスは、「保健、医療、福祉などといった従来の行政の枠組みにとらわれることなく、相互に連携して総合的に提供されなければならない」とされた。

この時点では、表立っては示されはしなかったものの、この報告の目的とするところは、ケアマネジメントの確立や多職種によるケアチームを円滑に運営させるためのサービスパッケージの提供が言及されているところからみて、ケア提供の効率化と適切性を担保することが目的であったと推察される。

このように新介護システムは、「地域全体が高齢者や家族を支えていく施策の展開」であり、その実現には、「高齢者自身の自立を基本としつつ、社会連帯という視点に立って、家族や行政機関、サービス提供機関、地域、企業などといった様々な主体が高齢者を支えていく」システムが必要であるとされた。

このため、在宅介護の推進は日本の介護の理念の基本であり続けたし、2000（平成12）年までにも繰り返して言及されてきた地域ケアシステムにも様々な生活課題を抱えた高齢者が自宅での生活を継続できることが基本とされてきた。したがって、当時も今も専門職や福祉行政の担当者のなかでは、高齢者の在宅生活の継続のためには、そこで発生するニーズに対してフォーマルサービスとインフォーマルサポートを組み合わせた提供が必要であるという考え方は、広く合意できる理念となっている。

しかし、介護保険制度実施により、フォーマルサービスとインフォーマルなサポートの組み合わせが第一という発想を実現すべく国によって創られた介護支援専門員（ケアマネジャー）には、こういったシステムを integrate する能力を具体的には求められなかった。否、たとえ、求めていたとしても、これはかなわなかったであろう。なぜなら、ほとんどの介護支援専門員には、こういったサービス調整のためのマネジメント能力は欠如している状況であり、国の淡い期待は当然のことながら外れたのであった。

その理由は、単に現行の介護支援専門員の資質に帰す問題というわけではない。むしろ、介護支援専門員の多くは、サービスを提供する側の居宅介護支援事業所に所属しており、インフォーマルなサポートについての介入は、その業務に相反する場合が少なくないという、その所属にかかる問題であり、システム上の問題であった。また、この資格制度の設計そのものに問題があったとの解説もありうる。さらにいえば、介護保険制度の施行時の拙速さが、こういった問題の源泉となったといえるかもしれない。

しかも介護保険制度は、「家族による介護から、社会による介護へ」というスローガンを抱えて、強力に進められたことから、インフォーマ

ルなサポートとフォーマルサービスとの組み合わせを考慮するような高度なマネジメントを、俄仕込み(にわか)の介護支援専門員に求めるのはそもそも酷なことであったといえよう。

介護サービス提供にかかる保険者の責任

　介護保険制度のサービス提供体制を当該地域内で効率的に提供すべきであることはいうまでもなく、だからこそ介護保険制度は、保険者を住民の身近にある市区町村に設定したのであった。しかし、この効率性や適切性に責任をもつと予定された保険者は、制度実施から、市町村合併といった大きな改革を経ることによって、組織としては弱体化の一途をたどっており、ほとんどの自治体ではこれを実現できなかった。

　その原因としては、保健、医療、福祉、介護といった各専門職種間の連携の困難さ、行政サービスにみられる介護と医療、そして福祉領域の縦割り構造や、フォーマルサービスとインフォーマルなサポートの供給のミスマッチといった問題があげられてきたが、これらは、いずれもケアをマネジメントする責任者の不在であった。すなわち、最終的に、これらのマネジメントに、責任をもつ者がいない無責任体制が常道化されたことが抜本的な原因であったといえる。そして、この状態は継続している。

　結果として、当然のことながら、介護保険制度の枠から外れたように見える貧困、疾病による介護の重度化、子からの虐待といった多重的な生活支援課題を抱えた高齢者の処遇困難事例は担当者不在という状態が続いており、相当、問題が複雑化し、解決不能となって各地域で発見されることになった。そして当然ながら、行政は大きな非難を浴びることとなった。

　これは、介護保険制度により、介護サービス利用層は拡大し、普遍的

なサービスとしての認知は得たものの、これを上回る認知症や一人暮らし高齢者の増加があり、これらの人々が抱える問題の解決にあたる責任の所在の欠如等により、問題が多様で複雑となってしまった。したがって、発見されても、その対応の遅れから、さらに解決が困難となって、悲惨な結末を迎えるといった例が多発したとの説明もできよう。

政府はこの状況を打開するために、2015年を見据えた高齢者介護研究会によって初めて、国レベルで、従来からすでに理念としてきたにもかかわらず実現することができなかった地域包括ケアシステムの構築を改めて検討し直すこととなった。そして、この研究会の報告書の理念を基に実施された2005（平成17）年の改正介護保険制度においては、地域包括支援センターや地域密着型サービスなどが創設され、地域でのケア提供体制を構築すべく様々な試みがなされた。

しかし、これによって2006（平成18）年から実質的な試みが始められ、推進されると考えられた地域包括ケアシステムは、保険者機能の強化にもつながらず、システム構築は現在も滞っている。この理由は、やはり、施策を主体的に遂行すべき保険者の無責任体制の継続にある。

そもそも、このシステム構築には、市区町村職員をはじめとする政策担当者、そして医療や介護のサービス提供を担う事業者といった多様な提供主体がこれを進める目的やそのデザインのあり方を理解し、これら提供主体をマネジメントする機能をもった実施機関がいかにシステムの効率化のために、それぞれの視点で戦略的に進めるべきかを認識しなければならなかった。

だが、当時は、「介護予防」という表看板への幻想と、これに向かわなければならないという制約が課されていた。このため、当面は実を結ぶことがないだろうと思われる予防事業に保険者やこの介護予防の担当とされた主に市区町村保健師は振り回されることになった。そして、こ

のことは組織を疲弊させた。

　わが国が2005（平成17）年に目指した地域包括ケアシステムは、国際的な文脈からいえば、1990年代から行われてきたヘルスケアシステムのリフォームとしてのintegrated careであった。

　つまり、この時点で、日本も海外もこのシステムが求められる背景に、いずれも増大し続ける高齢の慢性疾患患者に対応できるケア提供システムの変革が求められたのであったが、このことを国は十分に説明してこなかった。

　また、縦割り行政の歪（ひずみ）もあり、医療との連携ではなく、むしろ、公衆衛生活動や社会福祉サービスとの連携を模索したため、この地域包括ケアシステムの本筋をわかりにくくしてしまった。今日まで、このときの説明不足による問題は継続しており、地域包括ケアシステムの中核的活動は、インフォーマルなネットワークを主とした生活支援サービスであるとの誤解もまた継続している。

介護保障、第三の道とは

　本書では、今日における地域包括ケアシステムが、「community-based」という概念と、「integrated care」という2つの概念からなる新たな理念として理解すべき内容であることを説明し、この地域包括ケアシステムの理論の基盤となる基本概念の理解を深めることを目的としている。

　また、日本で、この個々のサービス提供主体のマネジメント機能を、どこが、どのように担うのか、また、そのマネジメントの方法としての「integration」には、どのようなものがあるかについて、海外で、すでに実施されてきたintegrationにかかる調査研究をもとに解説する。

　次に、わが国が選択した第三の道としての独自のヘルスケアシステム

のデザインである地域包括ケアシステムを実現するための戦略を、現在、進展しつつある多様な政策とともに解説する。

最後に、このシステムの構築とその推進を実現するためには、いかなる取り組みが必要であるかについて述べることとする。

これらの内容が、今後わが国で地域包括ケアシステムの構築が進められるために少しでも貢献することができれば、望外の幸せである。

参考文献

❶山口昇(2012). 地域包括ケアのスタートと展開. 高橋紘士編. 地域包括ケアシステム. オーム社, 12-37

Contents

序論 001

I 地域包括ケアシステム（community-based integrated care）構築の背景

I_1 地域包括ケアシステムを必要とした日本の現状 016
1. 社会保障制度改革国民会議の設置 016
2. 社会保障制度を支える財政 018
3. 社会保障制度の成立当初から今日までの社会の変化 024
4. わが国における地域包括ケアシステム推進の背景 029

II integrated careをめぐる議論

II_1 integrated careの理論と課題 036
1. integrated care（統合ケア）の定義 036
2. integrationのタイプ・強度・幅（範囲） 040
3. integration実現のための概念的モデル 055
4. integrated careの測定とその評価 068

II_2 integrated care理論からみた日本の地域包括ケアシステムとは 073
1. integrated careのはじまり 073
2. ヘルスケアシステムのデザインとしての2006年版「地域包括ケアシステム」 079
3. 2012年度、新たな「地域包括ケアシステム」の推進 086
4. 日本における地域包括ケアシステム整備における評価の考え方 ... 091

III 地域包括ケアシステムを構築するためのintegrationの方法

III_1 integrated careを実現するための様々な方法 ……… 108
① integrated careを実現するフレームワーク ……… 108
② カナダでのフレームワークを用いた評価の例 ……… 119
③ 各国におけるintegrated careを実現する具体的なケア提供プログラム 125
④ 諸外国におけるintegrated careの取り組みの日本への応用可能性 …… 129

III_2 日本の地域包括ケアシステム構築に向けたフレームワーク 134
① フレームワークからみた推進の条件 ……… 134
② 戦略的なマネジメントによる自治体ビジョンの設定 ……… 136
③ ビジョン設定までのプロセスについて ……… 141
④ ビジョンに沿ったミッション設定 ……… 145

IV 日本の地域包括ケアシステム構築に向けたトピック

IV_1 認知症高齢者の在宅生活を支えるケアシステムの構築 152
① 認知症高齢者の増加と社会保障にかかるコスト増の関連 ……… 152
② 認知症患者の早期診断と早期発見のために必要なサービスとは …… 155
③ 認知症高齢者の在宅生活を支えるケア提供システムとは ……… 161
④ 認知症高齢者の在宅生活を支える人材の確保
　—非専門家によるケアの拡充のあり方— ……… 170

| IV 2 | 地域包括ケアシステムにおけるケアマネジメントの再検討 181

① ヘルスシステムにおいてケアマネジメントが求められた背景 ……… 181
② 多様なケアマネジメントのあり方 ……………………………………… 184
③ ケアマネジメントにおけるセルフケア・セルフマネジメントの視点 …… 189
④ 日本におけるこれからのケアマネジメントのあり方 …………………… 201

| IV 3 | 地域包括ケアシステムにおけるサービスとシステムの質の評価体制 215

① 地域包括ケアシステム内で提供されるサービスの質の評価のために 215
② プロセス評価としての「キャリア段位制度の成立」………………… 220
③ システムにおける継続的な質の向上を図るクリニカルガバナンスの構築 …… 231
④ これからのサービスの潮流と地域包括ケアシステム ………………… 236

| 補論 | 地域包括ケアシステム構築のための実践的ガイド … 247

あとがき ……………………………………………………………………… 265

索引 …………………………………………………………………………… 270

著者紹介

I 地域包括ケアシステム（community-based integrated care）構築の背景

I−1 地域包括ケアシステムを必要とした日本の現状

① 社会保障制度改革国民会議の設置

　現在、日本は、世界に類を見ない人口の少子高齢化を経験しており、65歳以上の高齢人口の比率はすでに総人口の4分の1となった。これに伴い、年金、医療、介護などの社会保障給付は、すでに年間100兆円を超える水準に達した。この給付を賄うため、現役世代の保険料や税負担は増大してきた。

　ただし、この負担は単なる増大ということだけでなく、実は、そのかなりの部分は国債などによって賄われるため、将来世代の負担となっている。また、その負担額である公的債務残高はGDPの2倍を超える水準となっており、このことが社会保障制度自体の持続可能性も問われる事態を引き起こしている。

　そこで、日本では、社会保障制度改革推進法（平成24年法律第64号）に基づき、社会保障制度改革を行うために必要な事項を審議するため、内閣に、社会保障制度改革国民会議が設置され、2012（平成24）年11月から2013（平成25）年8月にかけて20回にわたり会議が行われ、報告書が2013（平成25）年8月6日にとりまとめられた。

　さて、このような社会保障制度における抜本的な改革の必要性が示されるようになった日本の背景といえば、この20～30年の社会保障制度改革の経緯については、1990年代初頭のバブル経済の崩壊による日本経済の低迷にはじまり、1990（平成2）年には「1.57ショック」として少子化が社会問題として本格的に意識され、1994（平成6）年には、65

歳以上の人口が14％を超え、「高齢社会」が到来したことに由来するといわれてきた。

　政府は、この間、無策であったわけでなく、第5番目の社会保険として介護保険制度（2000（平成12）年）を成立させたし、2000年代に入って以降に社会保障制度構造改革として、年金制度改革（2004（平成16）年）、介護保険制度改革（2005（平成17）年）、高齢者医療制度改革（2006（平成18）年）を実施してきた。

　しかし、経済状況の悪化や高齢化の一層の進行、医療・介護の現場の疲弊、非正規雇用の労働者等に対するセーフティネット機能の低下等の問題の顕在化により、税収の下降にもかかわらず、社会保障費用は増加し続け、福田・麻生政権時の社会保障国民会議（2008（平成20）年）、安心社会実現会議（2009（平成21）年）において、新しい社会保障のあり方をめぐる議論が開始されることとなった。

　社会保障国民会議は、社会保障の機能強化を提言し、2009（平成21）年税制改正法附則第104条には、消費税の全額が「制度として確立された年金、医療及び介護の社会保障給付並びに少子化に対処するための施策に要する費用」に充てられることが明記された❶。

　民主党政権下においても社会保障の具体的な制度改革と税制改正について一体的に検討が進められ、2012（平成24）年2月には「社会保障・税一体改革大綱」が閣議決定され、その内容を実現するための関連法案が2012（平成24）年の通常国会に提出され、2012（平成24）年8月10日の参議院本会議で可決、成立した。

　2012（平成24）年6月には、社会保障制度改革推進法案が国会に提出され、他の一体改革関連法案と同時に2012（平成24）年8月10日に成立した。社会保障制度改革推進法（以下「改革推進法」という。）では、政府は、改革推進法に規定された基本的な考え方や基本方針にのっとっ

て社会保障制度改革を行うとされ、このために必要な法制上の措置については、法律施行後1年以内に社会保障制度改革国民会議における審議の結果等を踏まえて講ずるものとされた。

② 社会保障制度を支える財政

社会保障給付の水準

　日本の社会保障費は、すでに100兆円を超え、GDPが500兆弱、470兆円程度となっており、対GDP比20％をも超え、国民所得比でも30％を超える水準に達し、巨額の財源によって成立している。先に述べた社会保障制度改革国民会議が実施しようとしている社会保障改革は、この巨額の財源の確保と、同時に日本の財政の健全化を図ることを達成するという、いわば二兎を追う改革である。しかも、そのために必要な財源は税制の抜本改革で確保するとしている。

　この巨額の財源を必要とする日本の社会保障給付の水準は国際的には、それほど高いという実感を国民はおそらくもっていない。また、これも国際的には、その負担は小さいといえるが、このような実感をもつ国民も多くはないだろう。

　さらに、社会保障改革においては、日本における人口の高齢化という現象は何かネガティブな印象を与えることが少なくないが、日本では、人類長年の願いである長寿を実現したのであり、この基盤となる日本の社会保障制度が達成したパフォーマンスは、国際的にみても極めて高いと客観的には評価すべきである。

　それは、世界でも特に高いレベルにある平均寿命と健康寿命の長さや医療の質の評価としてのアクセシビリティのよさ、平等性等々、データ

I 地域包括ケアシステム (community-based integrated care) 構築の背景

に裏づけられた成果からも明らかにわが国の社会保障制度は国際的にみても高い水準にある。

社会保障給付費の構造

さて、こういった素晴らしいアウトカムを示す基盤となってきた社会保障制度を支える財源であるが、この6割は保険料で4割が税財源である。このうち、保険料は労使折半となっている（ただし、国民健康保険があるので若干、被保険者の比率は高い）。4割の税金は総額で概ね40兆円となっているが、このうち国が3、地方が1という配分で、だいたい30兆円くらいを国は負担している 図1-1。

一方、社会保障給付は毎年3兆円程度増加し続けており、公費負担は約1兆円伸びている。これは、サービス水準が高くなっているのではな

図1-1 社会保障の給付と負担の現状（2012年度予算ベース）

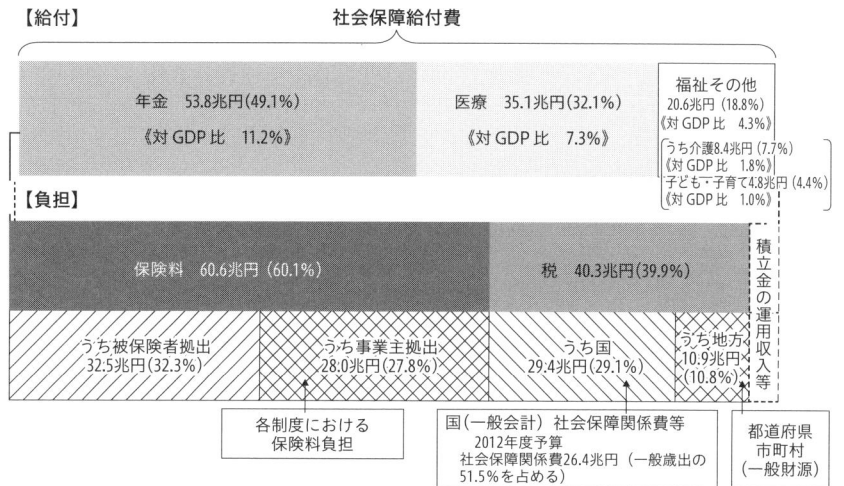

※社会保障給付の財源としては、この他に資産収入などがある。
出典：第6回社会保障制度改革国民会議（平成25年3月13日）参考資料「社会保障制度関係参考資料」17.

くて、サービスを受ける人数の増加による。ただし、ここ20年、日本の経済は成長していないことから、社会保険料の収入は増えていないので、この間、保険料率の引き上げは行われてはいるものの[注1]、不足状態が続いており、この給付の増加分は公費によって補填されてきたのであった。

つまり、社会保障給付に占める公費の割合は高くなるばかりという構造となっている。特に後期高齢者、高齢者の医療は半分公費で各医療保険制度が高齢者医療のための支出にもまた公費が入る。つまり、高齢者の給付は、そのほとんどが公費での負担となるので高齢化が進むと公費の割合が上がるという構造になっている。

また、前述の公費40兆円のうち、国費30兆円という内訳であるが、実は、この公費も税金だけでは賄えておらず、日本の年間90兆円の歳出のうち、これを賄う歳入の半分は赤字公債である。赤字公債の発行額は、44兆円であることから、社会保障給付費のうちの公費といわれている部分の半分は赤字公債によって補填するという構造になっている。

これは、いわば、日本を大きな家族とみると、親の借金を子どもが返すことにしていることと同義であり、今の高齢者にかかる社会保障等の費用の大半を未来の子どもが払うという構造であることを示している。しかも、これから子どもの数は減少する。にもかかわらず、社会保障費用だけで毎年約20兆円が借金として残されていく状況は、国際的に日本が借金大国といわれる所以である。

[注1] 年金や健康保険制度は、健康保険や厚生年金保険などの社会保険の保険料と年金給付額等を算出する基礎として、事務処理の正確化と簡略化を図るために、実際の報酬月額を当てはめる切りのよい額である標準報酬月額が設定されている。制度発足以来、上限改定に関する明確な基準は設けられていなかったが、1969（昭和44）年改正以降は、被保険者の約95％が上下限を除いた標準報酬月額に該当するよう改定が暫時なされている。

財政構造の現状

　もう一つの社会保障制度改革の目的は、財政健全化であるが、1990（平成2）年と、2012（平成24）年の予算とを比較すると、1990（平成2）年の日本の予算は70兆円、この年の税収は60兆円。この年の公債発行額は7.3兆円だった。

　2012（平成24）年は、歳入総額は90兆円である。とはいっても、これは、歳出が90兆円あるから、歳入も90兆円分必要と仮定して、財政的に組まれているだけであり、実際の税収は42兆円であった。しかも税収は約20兆円も減少していた。これは法人税の税収が大きく減少した結果である。しかし、先に述べたように歳出は90兆円であるため、残りは借金で賄うしかなく、44兆円は借金である。これは、後代負担である赤字公債となっており、税収よりも借金が多いというのが、昨今の日本の財政状況である。

　さて、2012（平成24）年の一般歳出は51兆円で、そのうち社会保障の費用が26.4兆円、一般歳出のうち社会保障の占める割合は、20年前は3割だったが、今は5割を占めており、国全体としての歳出は20兆円ほど増加している。そのうちの15兆円は社会保障にかかる費用である。

　これを一般歳出でみると、社会保障の増加額のほうは、歳出全体の増加額よりも大きくなっており、端的にいえば、国の歳出は社会保障費用で増加している。つまり、社会保障費用以外の歳出は減少し、社会保障費用だけが増加している。しかし、先にも述べたが増加分に見合って税収が増加しているわけではないため、借金をし続けていかなければならないというのが、日本のここ20年の財政の構造である。

財政改革の基盤となるもの

　一般に、政治家や市井の評論家たちが財政改革の議論の際に、「よく歳出をカットあるいは削減する」ことで財政の健全化を図るべきだといっている。しかし、その場合の歳出のカットの対象とは、最大、かつ、これからも確実に毎年増加すると予想される歳出項目である社会保障費用となる。つまり、社会保障費用を削減しない限り、財政再建を達成できないというのが日本の現実といえる。

　しかし、疾病に罹患する人も、要介護になる人も、一定程度は存在するように、医療や介護に対するニーズは恒常的に社会に存在するものである。つまり、社会保障費用の削減のためには、国とは関係しない民間の保険や個人・家族の責任で負担するかどうかの選択しかない。

　つまり、国民が自らの健康を保持し続けられるよう努力し続け、要介護の状態になっても自らの努力で生活を維持するという覚悟をするかどうかによるということである。繰り返しになるが、この解決にあたっては、先立っての国政選挙で大敗した政党が述べていたような、「無駄遣いを減らす」とか、「公務員数を減らす」とか、で何とかなるようなレベルの話ではなかったということである。

　現在の国民負担率（国民所得に対する租税負担と社会保障負担の合計の比率）は約39％だが、基礎的財政収支（純利払いを除く財政収支＝PB）の均衡を条件に現在の社会保障給付水準を維持しようとすれば、国民負担率は2050年には70％程度まで上昇すると予測されている。この70％という水準は、現在のスウェーデンの国民負担率の約59％と比較しても高く、日本のこれまでのあり方からはこれを許容できるとは考えにくい。だからこそ、社会保障のあり方を根底から見直していく必要があると考えられている。

　というのも、日本の借金は、だいたい1000兆円くらいであるが、こ

れはGDPの2倍程度と膨れ上がっており、財政破綻問題で揺れていたギリシャやスペイン、イタリアが130％とか140％ぐらいであるので、まさに日本は世界一の借金大国である。さらにいえば、現行の借金は、1945（昭和20）年の太平洋戦争末期の債務残高が197％であったことからみると、第二次世界大戦直後のそれよりも高い状態となっている。

　また、「経済成長をして、税収が上がれば、借金は返せるはずだから、経済成長するのが大事だ、そっちが先だ」という意見もよく聞くが、現行制度の負担と給付を維持するというシナリオでは、PBが悪化し続け、2040年度末時点の公債残高は2700兆円（国内総生産＝GDP比280％）と予測される。構造改革がなければ、社会保障制度だけでなく、財政も破綻する。

　また、経済成長率と長期金利は、長期的には一致するため、成長し始めると、金利が上がり始める。5％成長している国は、長期的には長期金利は5％になる。つまり、経済政策が成功して、成長し始めたら、金利も上がる。つまり、借金の額が多くなければ、税収の増加によって、多少金利が上がっても返済可能といえるが、借金額が大きすぎると借金の利息が上がるわけであるから、利息が成長による税収増よりも大きくなることがある。成長すると、要返済額も増えるので、ある程度、母数となる債務残高を減らさない限り、成長して、税収が増えたとしても、金利が上昇による利払いにそれが吸収されてしまうという構造になりつつあり、このことだけでも、今、日本は、本当に厳しい状況であるというのが客観的な立ち位置の理解となる。

　この社会保障制度という、いわば国のあり方を示すような制度は、当たり前のことであるが、その社会のあり様に応じて創られる。したがって、今日、日本の社会保障制度を改革するというのであれば、現在の日本と、未来の日本のあり様を予測して、それに見合った改革をしていか

なければならない。

　先に示した財政状況が、史上で最悪の状況を迎えているこの時期において、日本の社会保障制度をどのように改革するというのだろうか。これを考えるうえで、まずは、現行の社会保障制度が創られたのは、1960年代から1970年代であることから、この時代の経済背景、社会背景がどのような状況であったかを概観しておこう。

③ 社会保障制度の成立当初から今日までの社会の変化

社会保障制度成立の背景となった時代

　社会保障制度が成立していった時期は、1960年代から1970年代であった。この時期の特徴の第一として示されるのは、雇用が安定しており、正規雇用で終身雇用かつ失業率が1％台という全雇用の時代であったということであろう。この時期は日本のいわゆる高度成長時期で雇用が非常に安定しており、サラリーマンは職域保険に入っていた。サラリーマン以外は基本的には自営業者しかいないため、それ以外は地域保険でほぼ国民はカバーできていた。この時期はかなりシンプルな制度設計で成立していた時代であった。

　第二に、制度が創られたこの1960年代から1970年代という時期は、日本は空前の好況を迎えており、年間の経済成長が8～10％であった。だいたい10年で経済成長が倍になっていた。このため社会保障制度の基本は経済成長を前提とした制度設計となっていた。

　したがって、医療保険も年金保険制度も皆保険制度が達成された後は給付が増大しても、それを支える保険料が徴収できるという時代であった。この時代は、社会保障給付は経済成長を上回って伸びていたのであ

る。しかし、経済が成長することで給料が増えるため、仮に保険料が増えても（保険料率が上がっても）、あるいは税率が上がっても給料の上昇率のほうがずっと大きいので、社会保障の負担が増えても手取りは増えているので、負担増の実感がないままに給付が増えていくという、いわば幸せな時代であった。

　第三は、日本の企業では、終身雇用体制が主となっていたため、企業の福利厚生も極めて手厚かった。また専業主婦が存在できるようになった時代でもあった。このため、家庭や地域にも、まだ一定の介護力があったし、現役世代にとっては、社会保障制度は、補完的な内容で十分であった。つまり、失業はほとんどないし、子育てとか、介護はだいたい家族や地域でカバーできるという時代であったため社会保障制度は相対的に、高齢者を中心に検討すればよかった。

　しかし、50年経って、日本の社会保障制度を取り巻く社会状況は大きく変わった。まず雇用形態の変化が起こった。常用、正規でない、終身雇用でない、あるいはフルタイムでない働き方をする人が増え、保険料収入の減少が顕著となった。

　家族形態も三世代から核家族、さらに、今は単身世帯が急増し、特に高齢者の単身世帯は500万世帯くらい、高齢夫婦世帯が500万〜600万世帯となった。2010（平成22）年の国勢調査の結果による生涯未婚率を30年前と比較すると、男性は1980（昭和55）年に2.6％であったのが、2010（平成22）年には20.1％となり、女性は1980（昭和55）年の4.5％から、2010（平成22）年の10.6％と、それぞれ上昇している❷。また離婚も増え、いわゆる一人親家庭等も増えていることからも、家族の基盤が非常に弱くなっていることが見てとれる。おそらく社会保障制度としては、この家族のあり方の変化が最も大きく影響を及ぼしたし、これからも及ぼすと予想される。なぜなら、社会保障制度は、いわゆる標準世

帯という考え方を基礎として創られているからである。

　想定されている「標準世帯」とは、まず30代までに結婚し、夫が安定雇用に就き、定年まで勤め、子どもを育て、離婚せずに、老後を迎え、配偶者と子どもをもち、経済的に安定した生活を送れる人々というような内容であろうか。これを「標準世帯」として、日本の社会保障制度が創られてきたのである。しかし、こういった世帯は、現在、減少しているし、今後も減少していくと予想される。

　一方で、増加していくのは、これ以外のかなり多様な様相をもった世帯となる。だが、その特徴は、高齢になった際、親密な家族（配偶者や子）か、安定した経済基盤の一方か両方が欠けていることにある。

　先に述べたように、1990（平成2）年ごろまでは、生涯未婚率は2〜3％であったし、離婚率も低く、多くの人々は、標準世帯を形成・維持できた。しかし、1990（平成2）年以降は、未婚率、離婚率ともに上昇している。このうち、離婚の過半数は若年期に生じており、その若年層を中心に失業や非正規雇用が増え、安定的な経済基盤をもてない人、いわゆる標準世帯を維持できない人が、1970年代生まれ以降の世代からは増大している。

揺らぐ家族という基盤

　国立社会保障・人口問題研究所の予測では、今の若者（35歳未満）の4人に1人は生涯未婚と推計されている。2010（平成22）年の時点で50歳男性の未婚率はすでに20％を超えている。また、結婚しても、その3分の1は離婚（2011（平成23）年、結婚約66万組に対し、離婚約24万組）している。このため結婚して離婚せず子どもを育て老後を迎える若者、つまり、これから標準世帯を形成・維持できる若者はおおむね4割で、さらにそのなかで、夫が正社員で安定した経済基盤をもつ

家族はどのくらいいるのであろうか。

　今後のわが国の社会には、こういった標準世帯を形成・維持できなかった人が増えていく。つまり、家族の介護は期待できない人々を想定した制度設計が必要となっている。つまり、標準世帯を形成・維持できない人における家族形態は、先に述べたように多様といえる。しかし、昨今、急速に増大しているのは、これまでほとんど想定していなかった中年の親同居未婚者という集団の増加である。このグループのうち、35歳から44歳までで親と同居している未婚者、すなわち、このパラサイト・シングルといわれる集団は、2010（平成22）年の時点で295万人、同世代人口の16％に達していたが、その人数・割合はさらに上昇している。

　このパラサイト・シングルと呼ばれる集団の失業率は11.5％（同世代では4.5％）、非正規雇用の割合も高く、年収も低い。なぜなら、収入が不安定な男性は女性から結婚相手として選ばれにくく、女性はそもそも不安定雇用が多く、独立もしていないからである。彼らの両親は70歳前後、年金受給している年齢である。つまり、彼らは、親の年金に支えられて暮らしている未婚者であるが、この集団も増えているのである。

　このようなパラサイト・シングルのような、子どもをもたずに高齢に達する人が3割から4割に達するという近い将来において、現在の「標準世帯」を基準に創られている社会保障制度では多くの問題に対応できない。しかも、都市化と過疎化も同時に進行し、地域コミュニティは総体的に弱体化し、稀有の仕組みであった地縁による支援はほとんど期待できない状況に陥っている。

　これまで述べてきたように、1960年代の社会保障制度設計の前提としてきた標準世帯が標準でなくなり、日本の経済成長も鈍化し続けているなか、2012（平成24）年の経済成長率も1.2％で社会保障制度設計当

初の10分の1程度となった❸。このような状況のなかでも医療も年金も介護も福祉制度についても制度改革はしてきた。しかし、結果的にこれらの改革によっては、今後の社会保障の安定財源を確保することも、国民の社会保障上の様々な課題を解決できなかった。だからこそ、この医療も年金も介護も、この際、全部まとめて基本的に組み替えて、既存の制度の枠組みにとらわれない改革をするというのが、今日の社会保障制度改革の背景といえる。

社会保障制度の新たな枠組み

そして、この新たな枠組みとして示されているのが、本書で扱う「地域包括ケアシステム」である。

2011（平成23）年6月に改正された介護保険法では、「地域包括ケア」システムにかかる規定の創設や24時間対応の定期巡回・随時対応サービス、複合型サービスの導入等が行われた。また、この構築のために、日常生活圏域ニーズ調査や地域ケア会議の実施、医療・介護情報の「見える化」等が推進されている。さらに、「認知症施策推進5か年計画（オレンジプラン）」を策定し、今後の認知症施策の方向性を示してきた。

すなわち、今後は、地域包括ケアシステムの構築・推進に向け、さらに、中長期的な視点に立った介護保険事業計画の策定、在宅医療・介護連携の強化、地域ケア会議の推進、ケアマネジメントの見直し、総合的な認知症施策の推進、生活支援・介護予防の基盤整備等が必要との方針が、2013（平成25）年8月の社会保障制度改革国民会議報告書で以下のように述べられた。

『……地域ごとに高齢化の状況が異なっており、また、地域の有する社会資源も異なることから、各地域において地域の事情を客観的なデータに基づいて分析し、それを踏まえて、医療機能の分化・連携や地域包

括ケアシステムの構築など医療・介護の提供体制の再構築に取り組んでいくことが必要となる。高齢化に伴い患者が急増することによって、<u>医療需要が量的に増加するだけでなく、疾病構造も変化し、求められる医療もそれに合わせた形で変化する中で、医療資源を有効に活用し、より質の高い医療提供体制を実現するため、医療機能の分化・連携を強力に進めていくことが必須であるが、その改革の実現のためには、在宅等住み慣れた地域の中で患者等の生活を支える地域包括ケアシステムの構築が不可欠である。</u>』（下線は筆者による）

　わが国が目指すべき地域包括ケアシステムは下線で示したように、今日、先進諸国で求められているヘルスケアシステムの見直しと、同じ文脈で実施することが明らかにされている。

　さて、高齢化が進む先進諸国では、こういった多様なヘルスケアシステムのデザインの改革が行われているわけだが、これを推進する際の理論や方法論において、その理念として示されることが多くなっているのが integrated care である。

　この理念に基づくシステムの変革が先進諸国の多くで取り組まれているが、その出自がヘルスケアシステムの変革のためのツールとしてであり、日本も同様の道をとろうとしていること、そして、これが「地域包括ケアシステムが何か」を理解するための基礎的知識として必須の内容といえる。

④ わが国における地域包括ケアシステム推進の背景

地域包括ケアシステムの定義

　地域包括ケアシステムという言葉は 2005（平成 17）年の介護保険制

度改革において、地域におけるケアのあり方を中心とする改革という文脈で用いられた。また、この具体的な施策としては地域包括支援センターの創設、ケア付き居住施設の充実等の居住系サービスの充実、新予防給付・介護予防事業の創設、小規模多機能型居宅介護等の地域密着型サービスの創設、食費・居住費の見直しなど、利用者に最適なサービスを継続的に提供するシステムの構築を目的に医療・介護などの各種サービスの連携をより一層推進し、制度横断的な改革をするために行われるものであることが説明されてきた。

そして、すでにこの改革が示されてから7年目を迎えた。ここでは、この7年目を迎えた地域包括ケアシステムとは、その用いられる文脈から諸外国で進められている community care や integrated care [4]〜[6]、あるいは community-based care [7]、all-inclusive care [8] と称される取り組みと同義と考えられることを論じていく。

わが国が社会保障改革を達成し、今後、2025年に向けて目指すのは、換言すれば、地域における高齢者のためのケアを包括的な体制から提供することといえ、ここでいう地域における包括的ケア体制が整備されている状況とは、「生活における不安や危険に対して、住居の種別を問わず、サービスや対応が提供される状況」といえる。このことは、原則として安全・安心・健康を確保するサービスが当該利用者の状況に合わせて24時間365日連続して提供されることが理想とされている。

したがって、このように多様な生活問題に対応するサービスが、地域内の様々な社会資源の組み合わせや、これらを複合的に組み合わせたシステムの利用によって、サービスが連続して提供されることを目指したシステムを「地域包括ケアシステム」と定義されるであろう。

家族機能の一部を代替するシステム

　従来、こういった安心な生活の維持と継続には家族の存在が不可欠であった。しかし、ここで目指される地域包括ケアシステムには、同居あるいは隣居、近居の家族の存在は必ずしも想定されていない。

　なぜなら、現状においては、例えば、認知症高齢者が単身で地域生活を継続することは一般的には困難と考えられているが、単身世帯、しかも介護を必要とする高齢者は、今後ますます増加することが予想されることから、地域包括ケアシステムでは、①認知症高齢者は権利侵害から保護され、金銭・財産管理に心配がない、②認知症等の原因疾患の特徴を適切に理解した服薬管理・食事摂取の確認のための巡回型の訪問サービスが容易に利用できる、③これらのサービス提供が本人の意思を確認しながら個別にマネジメントされる、という状況となることとされており、これが実現できれば、たとえ認知症を有し、独居であったとしても安心して地域で生活ができる状態が確保されうると考えられるからである。

　したがって、地域包括ケアシステムとは、いわば家族機能の一部の代替あるいは補完となるケアをシステム的に提供しようと考えられた結果として構想されたものといえる。

　また、一方で、このシステムが必要とされる理由に、日本だけでなく、先進諸国の医療・保健・福祉そして介護にかかる政策において、増え続ける需要について、これらの限られた資源の配分をどのようにすべきかが大きな課題となっており、これを解決するシステムとして地域包括ケアシステムは構想されてきたということを忘れてはならない。

　1990（平成2）年以降、日本はポスト工業社会を迎えており、これに伴って、医療や介護の運営方法は変化せざるを得ない状況となっている。これは、換言するならば、いわば、医療や介護サービスにおいても「商品化」による市場規模の増大とサービス提供者の「脱専門職化（de-professionalization)」が進んだためといえる❾。

介護サービス利用者の多様化

　一方で、こうした需要の増大は、単に人口統計学的な変化によるものだけではなく、より多くの「利用者」が政治にかかわり、運動を起こすようになった。例えば、英国やオランダにおける障害者権利団体や米国の高齢者団体による政治的な圧力の大きさと同様に、わが国においても、介護市場においては、要介護度の軽度な高齢者や、認知症高齢者を対象としたケアのあり方に関しては、多様なステークホルダーによる政治的な圧力が強まりつつある。

　こうした人々は、家族ケアやインフォーマルケアの活用は「互助への過度の期待」とする指摘❿⓫も散見され、介護者と被介護者双方にとって、国の責任放棄あるいは搾取的だとして批判する傾向が強い。いわゆる消費者となった要介護高齢者やその家族らの要望に応えるためのサービス提供の新たなモデルの検討に際しては、こうした複雑な政治的、社会的、経済的変化を積極的に考慮し応えていかなければならない。

新たなサービス提供モデル「統合ケア」の誕生

　だが、基本的には、今日求められている医療や介護にかかるシステムとは、人々が地域において高齢になっても望む生活を続けることができるための医療・社会的サービス・住宅・移送・社会保障・教育・娯楽などの設備などが、年齢に関係なく、最善の形で提供できるシステム基盤となることが求められているといえよう。

　しかし、これらのサービスの調整がうまくいかない場合は短期的にも長期的にも、高齢者のニーズには十分に応えることができない。また、多くの医療や介護の複合的なニーズをもった高齢者は、サービス提供主

体ごとの重複するアセスメントや事業者ごとに異なるケアの方針の不一致に対して、適切なケアを受けていない現状が見受けられるし、そもそも日本では、この適切性を判断する機会は甚だ少ない状況にある。

しかも、これらのサービスの調整のまずさ、結果として重複が生ずることは少なくないことは、これらにかかる無駄な費用が積算され続けることを意味している。このような無益な財源の肥大化は、わが国だけで起こっているのではなく、諸外国でも報告され、多くの国で大きな課題として認識されつつある。

とりわけ慢性的な症状を抱える人々に対しては、質の低いケアが提供されているという報告が多い。これらの疾病をもった人々は、一般に医療と介護あるいは複合的な支援ニーズをもつ人々といえるが、これらの人々に対しては、統合ケア（integrated care）が提供されるべきだというアジェンダは主要なテーマになりつつある。

長寿化が進む多くの先進諸国で、慢性疾患患者に対して適切なケアを提供するためには、これまでの急性期ケアのような、いわば単独の病気に対する短期的介入という方法ではなく、長期的で包括的・継続的なケアへ移行しなければならないとするパラダイムシフトが始まりつつある。

そして、このシフトを促すために多くの先進国で昨今、採られている手法が、ケアサービスの連続性と統合を向上させ、その重要なプロセスとして、ケアの質・アクセス・効率性を改善するための「統合ケア（integrated care）」である。日本は、このシフトを地域圏域という、市区町村が介護保険事業計画において設定した行政単位内で構築していこうという国際的にも稀な試行を始めたといえる。

次部では、この integrated care に関する基本的な理論と、わが国でこれを用いて高齢の慢性疾患をもつ介護を必要とする人々に対応するためのシステムを創る際の課題等について述べる。

● 参考文献

❶厚生労働省（2012）．厚生労働白書（平成24年版）──社会保障を考える．日経印刷，292．
❷同上，37．
❸内閣府（2013）．国民経済計算（GDP統計），最新の四半期別GDP速報 時系列データ
URL<http://www.esri.cao.go.jp/jp/sna/data/data_list/sokuhou/gaiyou/pdf/main_1.pdf>
（2014年1月アクセス）
❹Welton, W. E., Kantner, T. A. & Moriber, Katz, S. (1997). Developing tomorrow's integrated community health systems: a leadership challenge for public health and primary care. Milbank Q, 75, 261-288.
❺Shortell, S. M., Gillies, R. R., Anderson, D. A., Morgan Erickson, K. & Mitchel, J. B. (2000). Remaking Health Care in America. The Evolution of Organized Delivery Systems. San Francisco, CA: Jossey-Bass.
❻Gröne, O. & Garcia-Barbero, M. (2001). Integrated care: a position paper of the WHO European office for integrated health care services. Int J Integr Care, 1, 1-16.
❼Penning, M. J., Roos, L. L., Chappell, N. L., Roos, N. P. & Lin, G. (2002). Healthcare restructuring and community-based care: A longitudinal study.
❽Shannon, K. & Van Reenen, C. (1998). PACE: Innovative care for the frail elderly. Health Progress, 79, 41-45.
❾G・エスピン・アンデルセン（2003）．黄金時代の後に？──グローバル時代における福祉国家のジレンマ．埋橋孝文監訳．転換期の福祉国家──グローバル経済下の適応戦略．早稲田大学出版部
❿堤修三（2010）．介護保険の意味論──制度の本質から介護保険のこれからを考える．中央法規出版
⓫岡崎祐司（2011）．地域包括ケアシステムと地域福祉．京都府保険医協会編．国が進める「地域包括ケア」を考える．かもがわ出版，7-22．

II integrated careをめぐる議論

II-1 integrated care の理論と課題

① integrated care（統合ケア）の定義

統一できない integrated care の定義

　多くの国々は、integrated care（統合ケア）を取り込んだ保健・医療・介護サービスの提供体制の改革を進めようとしている。これに伴って、最近、integrated care に関する研究は増加しており、Armitage による文献調査によれば、すでにおおよそ175もの（integrated care に関する）定義と概念があり❶、しかも、これらの定義や概念は「integrated care における不明確なものの寄せ集め」とも評され❷、研究者らごとに定義があるような状況となっている。

　また、integrated care の多くは、国家施策として取り組みが始められたことから、慢性的な疾病等を抱える人たちのための効果に関する検証❸や、組織的な取り組みに関連する業務についての研究❹❺や、さらには、この integrated care を支える様々なモデル、概念、理論の解説等❷❻〜⓮といった研究成果が、近年かなりの数、発表されている。

　すでに、integrated care に関しては多様な考え方が披瀝されているが、基本的にはケア提供をシステム化する際の基盤となる理念であり、患者のケアの改善を図るという目的のために提供するサービスをよりよく調整するものと理解されている。

　しかし、多くの国々でヘルスシステム（注1）の統合（integrated care）に関するモデルへの関心が高まるなかで、このモデルの概念は統一されておらず、その意味合いには不明確なところがあるとされている。この

ことは、integrated care の理論と実践の両方の面において、この理念が目的としている、ヘルスシステムの integration という改革を阻害する要因の一つとなっている[16]。

Kodner と Spreeuwenberg によれば、「…統合ケアは多義で、しばしば様々な人たちによって異なる意味で使用されている。例えば、米国ではマネジドケア（managed care）、英国ではシェアードケア（shared care）[17]、オランダではトランスミューラルケア（transmural care）[18] 注2 と同一視され、他にも協調ケア（coordinated care）や疾病管理（disease management）とも認識されている」[19]と述べられている。

この他にも「統合ケア（integrated care）」と類似する概念を表す言葉としては、「共同ケア（collaborative care）」「ケースマネジメント」「慢性ケア（chronic care）」「ケアの継続（continuity of care）」「シームレスケア（seamless care）」などがある。

このように多くの用語が類似の概念を示す説明に用いられてきたため、integrated care の概念やこれを示す内容についての比較を共通のフレームワークで分析できない状況にある。

注1

ヘルスシステムはWHOによる定義によると、「健康を促進や回復、あるいはこれを維持することを目標とする全ての活動を示す。また、予め決められた政策方針に従い、人々の健康を改善するために配置された人や機関あるいは資源のことを指し、それらは同時に、人々の道理にかなった期待に応えるとともに、健康を損なった場合にかかる費用負担を抑えるために健康改善を目指す様々な活動を実施するものでもある」とされている[15]。

注2

シェアードケアは、「計画されたケア提供に際して、プライマリケアと特定の専門的なケアを担当する専門職らが共に参加すること」と定義され、トランスミューラルケアは、「責任を共有する一般的なケア提供者と特定の専門的なケア提供者の協力・調整を基本として、患者のニーズの適合を行うようなケア」と定義され、ともに役割や領域の異なる専門職らが一人の患者へのケア提供に際し、協働するというニュアンスが含まれた語となっている。

したがって、先にも述べたが、こういったintegrationが医療の質・アクセス関連のアウトカムに与える効果に関する論文（PubMed等から抽出した、メディカルホームの効果を検討した実証研究論文61件）の多くが効果があったと主張しているものの[20]〜[23]、それらには、方法論や効果測定に問題があったという批判的な論文も発表されており[24]、実際のところ、捗々(はかばか)しい効果はこれまでのところ示されていないのである。

定義を統一できない理由

　以上のように、特に2005年までの間ではヘルスシステム統合のためのモデルや共有された概念的枠組みというものはほとんどなく[25]〜[27]、このことは、integrationが有用であったと説明する際に十分に留意しなければならない点となっている。

　また、このような状況となっているのは、目的とされるヘルスシステム統合（health systems integration）という用語が一般的すぎ、どのような実態をintegrated careとしてとらえているかの幅が広いこと[28]も理由とされ、その実態に関する多様性も特徴であると同時に、この概念を理解する際の難しさを助長している。

　例えば、Billingsは、最初のヨーロッパでの試みを用いて、9か国の現場で働いているスタッフにとってのintegrationの意味を調べ、スタッフは多くの場合、サービス提供の視点、つまり、ケアの調整やチームワークを、integrationとして説明していると報告している[29]。このようなことは、日本でも同じ状況であり、integrationを多職種協働であると理解することは少なくない。このこと自体は間違いではないがこれだけではないということを理解していないと、その実体に関する理解を狭めてしまうことになる。

また、地域包括ケアシステムを生活支援サービスの互助化であると位置づけ、住民による見守りサービスが構築されればあたかも地域包括ケアシステムが構築されたというような浅薄な理解がされてしまうのも先の多職種協働と似たような誤解である。地域包括ケアシステムという用語も、integrated care 同様に多義的な用語といえる。

　ヘルスシステムにおける integration が意味するところとしては、むしろ「複雑なシステムを一つにつなげる接着剤」という説明やあるいは「ヘルスシステムが、より完全で包括的なものになる工程の一つの段階である」[16]といった説明や、いかにして「独立しているけれど内部で相互接続している個体が、与えられた仕事を果たすために、どのような役割を行っているか」[2]という説明のほうが、現段階ではより実態を反映しているかもしれない。

　このような、いわば曖昧な内容を示すにすぎない integrated care を多くの国が政策に取り込んで実施してきたのは、WHO[30]とOECD[31]が、これをケアの目標の本質として示すようになったことの影響が大きい。

　そして、わが国の地域包括ケアシステムもまた国際的には integrated care を実現するモデルの一つとして理解されるべきものであり、これまで述べてきたように、この理念はヘルスシステムの統合におけるデザインの一つとしてとらえるべきであろう。

　それでは、次項では、この多義的な言葉である integrated care を理解するうえで有用と考えられている、integrated care という理念を実現する手法としての integration にかかわる内容を説明する。

② integration のタイプ・強度・幅（範囲）

integration のタイプ

　2000 年前後から先進諸国ではその実体としてはかなり多様な integrated care の実現が目指されているわけだが、いくつか、その核となる内容については、整理がされつつある。

　前述したように、integrated care とは、これを追求することで何を求め、現在、これによって対処している問題は何か、そして、integrated care は「最善」の解決策といえるかが常に検討されてきた。その検討にあたっての観点としては以下のような内容が示されている。

> ①対象としたサービスユーザーグループはどういう人々であるか
> ②integrated care により、いかにしてサービスユーザーグループの抱える不公平性さは解消されるのか

　これらの内容は、いかなる施策であっても明らかにされなければならない内容とされている。また、この integrated care を掲げるプロジェクトの目的の達成のためには、例えば、

> ①（サービス等の）提供に対し、責任の所在、専用の予算の有無、他のプログラムと提携の有無と、いわゆる組織としての調整方法
> ②考慮すべき国家・地方における関係する部署、部門の所在
> ③統合された、その部門、部署の役割は何か
> ④プライマリケアや救急ケアの統合となっているのか
> ⑤公的部門と民間部門の統合か

といった内容をあらかじめ決定しておく必要もあるとされている。

　そして、最終的には integration のタイプの選択はプロジェクト開始

前に決定しなければならないとされている。だが、こういったタイプさえも研究者によっては若干の解釈の違いが存在しているので注意が必要である。

　ここでは、NolteとMcKee[32]が先行研究[33]〜[35]に基づいてまとめた4つのタイプをまず紹介し、これ以外の提案を行ったRosenら[36]の研究に触れながら大きく5つのタイプがあることを紹介する。

integrationの4タイプ

　最初に、NolteとMcKeeらによって示された4タイプを紹介する。第一のタイプとして示されているのは、functional integration（機能的統合）であり、これはシステムのユニットにおける財務管理、人材、戦略的計画、情報管理、品質改良などの機能的統合であり、この統合の目標は「統合システムにおける決断（業務分担、責任、訴訟）が臨床計画と一貫する共有の明白な構造を創ることとされている。また、意思決定者を支えるために、システムが変化に適応できるようにシステムの活動範囲を表す情報システムを導入し、システム内の経済的な資源を取得し、分配すること（つまり経済的誘因を導入すること）でもある」[37]と定義されている。

　第二として、organizational integration（組織的統合）が示されている。これは、例えば、独立した医療機関同士のネットワークの形成や合併、契約、戦略的提携をいう。このタイプは、機関同士の合併や改革を介して行われ、各機関は独立性が保持されている。これらのintegrationは、機関間の契約によって達成される[38]と述べられている。

　第三は、professional integration（専門的統合）と示されている。これは機関や組織内および組織間のヘルスケア専門家による共同作業、集団での実践であり、契約または戦略的提携で実施される。

第四は、clinical integration（臨床的統合）である。これは、患者のケアに際して、様々なスタッフの機能、活動における協調をいう。このタイプの統合が実現されているかの判断は特に「ケアの全体的なフローに関する共通のガイドラインなど使用することで、臨床チームのレベルでは患者ケアが分野内及び他分野の単一プロセスによって統合されているかどうか」[38]を考慮すべきとされている。

　さらに、上記の統合の他に、Fulopらは、統合的な医療介入が成功するためには、この統合に際しての規範的統合がなされていることを強調している。これは、個々のスタッフの価値観の共有が協働的なケア提供を行ううえでは、その調整と保証を行う鍵となり、最も重要だからとの説明がされている。

integrationが示す実態

　一方、integrated careという理念に対応するintegrationについては、1967年に組織理論のなかでLawrenceとLorschは、「差異化と統合（differentiation and integration）」という概念を紹介しており、そのなかで「差異化」とは組織がそれを取り巻く環境の要求にうまく対処していくために必要なプロセスであり、そして「integration（統合）」は組織が一つの実体として機能していくために欠かせない反応と説明している[39]。また、integrationとは、「周囲の環境からの要求によって、いくつかの部門を備えるある共同作業がそれぞれの努力を結集させる必要がある場合の（共同作業の）状態の性質」と定義している[39]。

　MacAdamはintegrationを「あらゆる種類やレベルや形式を示す多様な意味をもった入れ子的概念（すべてを内包する概念）である」と説明している[40]ように、その意味は改善を追求するための方法、過程、モデルを統一したもの全体を指し、これらの各integrationの過程は、い

わば、入れ子構造となっていると説明している。

すなわち、integration は、integrated care の過程、方法、ツール全体を指すものと解釈でき、例えば、日本的にいえば、地域連携パスや多職種チームのケアの方法の統一や病院と診療所のカルテの一元化といった事柄は統合を簡易化させるためのプロセスであるため、integration と称されるのである。

Rosen らによる 5 タイプの考え方

なお、これらの integration について、Rosen らの定義は、先に示した定義と類似しているものの、5 種類のタイプが示されており、以下のような説明がなされている。

第一は、systemic（システム）integration である。これは、政策、ルール、そして規制のフレームワークにおける協調を示す。この例としては、病院外での協調的ケアを推し進める政策やコストの高いケアに代わって、コストパフォーマンスや代替性のあるケアへの置換の促進といった内容を指すとしている。

第二は、normative（規範的）integration といわれるものであり、組織、専門家集団、個人の間での価値観、文化、視点の共有であり、この例としては、統合されるプロジェクトに帰属する構成員らは共通の統合のための目的を設定することや、あるいは、コミュニケーションの際に生じるギャップを解明し、それをなくすように対応することや、イベントを通した臨床的関係と信頼の構築や、サービス使用者や、より広いコミュニティとの関係をもたなければならないことと説明している。

また、Contandriopoulos らは、これらのプロジェクトを実施するためには異なる当事者同士で価値観、規範、作業方法、アプローチ等を一致させ、集団的システム内で利害関係者たちの表現と価値観の一貫性を

確保するのと同時に統合システムと臨床システムの間の一貫性を保つことが意図されていることが必要と述べている[37]。

　以上のことは、いわゆるシステムや機関の統合の中核をなす理念的な統合が組織的統合等を進めていく際に、その構成員すべてに共有化されることが、integrationにとって重要であることを示しているといえよう。

　第三は、organizational（組織的）integrationであり、ここでは、資金のプールや業務歩合制といった公的・私的な契約的・協調的なintegrationとして、例えば、プライマリケア組織の連合体となることや、地方での各機関間での臨床的なパートナーシップの締結といった組織間の提携によるintegrationがその例としてあげられている。

　第四としては、administrative（管理的）integrationが示され、事務管理業務、予算、財政システムの提携を行う方法によって資金提供や情報システムの共有を行うことが必須であると示されている。

　そして、第五には、clinical（臨床的）integrationが示され、ここでは情報とサービスの協調、または患者のケアをガイドラインの下に一本化するといった、従来から提唱されてきた臨床場面での専門職種間のケア提供に際しての連携の例が示されている。

　以上のように、結局のところ、integrationの多種多様な側面を強調した結果、研究者によって、その分類は異なるわけだが、その分類の考え方は類似しており、研究者が選択した用語による若干のニュアンスの違いの程度であるともいえる。

　上記に多様な統合のあり方が示されているわけだが、Rosenら[5]は、先にも示したようにさらに情報的統合と財政的統合を提唱し、情報のやりとりにかかわる過程であれば臨床的情報へのアクセスの共有を促進するとしている。また財政的統合では、慎重に思慮したうえで選んだ組織

間の財政的取り組みの提携を促進するというこれらの統合的プロセスの特性を強調している。

同様に、Kodner❽も、ケアの専門家間の協調的関係に目を向け専門的統合という新たな用語を用いている。彼もまた、このように概念や用語が多様化していくことは、複雑化することで、その理解が困難になるという問題が発生し、好ましい状況といえないと指摘している。

こうしたことから統合理論は未だ確立されている状況になく、今後、その精緻化が求められる状況にある。

表1-1 統合の種類とそのプロセス

統合の種類	統合的プロセスの説明
1．システム的統合	政策、ルール、そして規制のフレームワークの協調と提携 例：病院外の協調的ケアを推し進める政策、多様化する（サービス）提供者の中核の形成、国による刺激策（インセンティブ）の開発、または、医療の必要性があるコストの高いケアを代替するコストパフォーマンスを鑑みたケア
2．規範的統合	組織、専門家集団、個人の間で価値観、文化、視点の共有 例：統合のための共通目的の設置、コミュニケーションの際に生じるギャップを解明し対応する。現地でのイベントを通した臨床的関係と信頼の構築、またはサービス使用者やより広いコミュニティと関係をもつための視点の共有
3．組織的統合	組織間での構造、統治システム、関係の協調 例：資金のプールやPBC（業務歩合制）といった公的・私的な契約的・協調的取り決め。または、プライマリケア連合や地方の臨床的パートナーシップといった協調型組織の形成
4．管理的統合	事務管理業務、予算、財政システムの提携 例：説明責任方法、資金提供、情報システムの共有
5．臨床的統合	情報とサービスの協調、または患者のケアを統合し、一つの過程にまとめる 例：臨床的役割・ガイドライン・専門的教育の拡大。患者の意思決定において患者の役割を明確にする

出典：Sara Shaw, Rebecca Rosen & Benedict Rumbold. Research report overview of integrated care in the NHS : what is integrated care? 2011, Nuffield Trust, 8.（訳は筆者による）
URL<http://www.nuffieldtrust.org.uk/sites/files/nuffield/publication/what_is_integrated_care_research_report_june11_0.pdf> (accessed on 2014.01)

現実に促した integration のあり方

　いずれにしても、あらゆる integrated care は、目的が明確にされなければならないし、これが共有されなければ、このシステム構築に際してのモチベーションは継続できない❺ため、このような多義的な integrated care という概念と、メカニズムとしての integration について整合性をもたせ、日本で integrated care を推進するためには、少なくとも systemic integration、organizational integration、administrative integration、clinical integration の意味するところを理解する必要があるだろう。

　さらに、これらの integration を実現するためには有能なリーダーを統合中の個々の組織やグループから引き入れて改革を推進させなければならない。また利害関係者や組織に対し、統合における目的の共有や資金を通常とは異なる形で使用するための話し合いの方法や合意形成をどのように行うかといった現実的な課題も生じる。

　すなわち、実際に integration を行うにあたっては個々の構成員が現在、自分はどの機関における、どのプロセスでの統合を意図しているのか（organizational（組織的）integration）、あるいは、統合のインセンティブとして、財政的な利得が生まれるのか（administrative（管理的）integration）、臨床現場での専門職種間におけるサービスの協調を求めているのか（clinical（臨床的）integration）、それとも、これらの統合を実現するための構成員の共有の価値観を築く工程にいるのか（normative（規範的）integration）を理解し、integration の実現に努めることが求められる。

　ただし、一言で、integration といっても、多様なタイプがあることと同時に、これらの integration には、どのような範囲（幅）で行われ、あるいは、その integration におけるつながりの強さはどのくらいかと

いうことによる違いがある。このため、このことについては integration の「程度」や「強度」と表現されたりするが、この概念もまた実践するにあたって理解しておく必要がある。

そこで、次に integration を理解するうえでの基礎知識としての integration の強度、幅といった内容に関して説明する。

integration の強度

現行のシステムや組織等における integration を検討する際に目標とするつながりの程度をどのくらいにするのかは、その統合のアウトカムを検討するためにあらかじめ決定しておく必要がある内容である。この強度を考える際には、Leutz による「linkage（連携）」「coordination（協

図1-1　integration の強度

完全な統合
(full integration)
　本格的な資金のプールを行い、特定のサービス利用者集団が抱えるニーズに合致した包括的なサービス開発をできる新たな組織を形成することを可能にする。

協調
(coordination)
　複数の組織にまたがって運営を行う。これにより、様々な保健サービスの協調、臨床的情報の共有、そして異なる組織間で移動するサービス利用者の管理も行うことができる。
（例：ケアの連鎖(chain of care)やケアネットワーク）

連携
(linkage)
　つながりは複数の組織間で発生する。ケアの継続性の向上を図るため、適時に適所へサービス利用者を紹介したり、関係する専門家間のコミュニケーションを簡易化するといった目的で行われる。
ここでの責任は各々のグループが負い、（グループ間での）費用のシフトは発生しない。

出典：Sara Shaw, Rebecca Rosen & Benedict Rumbold. Research report overview of integrated care in the NHS : what is integrated care? 2011, Nuffield Trust, 15.（訳は筆者による）
URL<http://www.nuffieldtrust.org.uk/sites/files/nuffield/publication/what_is_integrated_care_research_report_june11_0.pdf> (accessed on 2014.01)

調)」「full integration（完全な統合）」の区分が参考になる[6]。

　この3区分は、組織等のつながりの強さによって分類がなされており、つながりが弱いとされる段階はlinkageであり、これは、あるシステムのなかで個人が緩やかにヘルスケアのニーズに対処すること」と定義され、この段階には、全体的な調整機能は存在しておらず、全員へサービスを提供するようなシステムであると説明されている。

　これに対して、次の段階のcoordinationは、linkageよりも、より構造化された形態であり、coordinationするといった場合には、「システムは独立しているが、構造的なintegrationが存在する」と定義されている。

　さらに、最も強いつながりを目標とする段階としては、full integrationが定義されているが、これは、例えば、多様な独立した医療や介護サービスの提供主体から、当該患者等に必要なサービスを提供するために、新たに患者の症状に応じた特別な治療プログラムや提供システムを創るものであるとの説明がなされている。

　このことから、急性期において、その退院後の予後をよりよくするために医療やその他のケアを調整する際には、linkageよりも、より明確なサービス提供にあたっての構造化が必要でcoordinationのレベルが望ましいといえる。

　さらに、次のfull integrationという段階は、その患者の治癒にあたって、かなり頻繁かつ高度な医療的介入が継続的に必要とされるうえに濃厚な介護サービスが必要であるため、地域に存在する多様なシステムからサービスを集めて新たなサービス提供体制を創り出すことが求められる。すなわち患者の状況に適合した病院、診療所、居宅介護サービス事業者の機能を抽出し、必要とされるサービスを提供するための医療・介護チームが組織されないと、適切なサービスが提供されないというよう

な状況での完全な integration が目指される状態を示している。

　ここで重要な点は、様々な（統合の）「レベル」間の移行はサービスがより統合する（ピラミッドの上方向への移行）、もしくは（統合の）潜在的に崩壊する（ピラミッドの下方向への移行）という両方の意味の移行が起きる可能性があることを理解することである。

　これは Leutz が指摘している点[41]であり、彼は「一方での統合は他方での崩壊」であると述べている。言い換えれば、保険制度の一部の統合は、一方でスムーズな（統合した部分の）移行が簡易化するものの、他方では断片化が生じるということを意味している。

　また求められる統合の強度は、その統合の目標や実際に（患者のために）integration に携わる人々が働いているコンテクストを抜きに決めてはならない。しかし、様々な利害関係者や組織がいるなかで統合の目的には実質的な齟齬が生じてしまう可能性がある。よって可能な統合の度合いについて同意を求めることは、統合に向けての重要な第一歩といえる。

　統合の目標をトップダウン方式で設定し運営するような状況（サービス提供者の合併を通しての統合）下では、成功する可能性は低い[42]。これらのことを鑑みると、成功する integration プロジェクトというものは、ある患者集団のために、サービスの断片化を解消することに焦点が置かれたものが多いということになる。

　つまり、ほとんどの場合は慢性的症状を抱える人たちや高齢者のケアの提供方法に焦点化されるということになる。というのも、こうした集団のためのケアの協調を行う際には複数の障害が発生するからであり、各々のヘルスケア専門家にとってのモチベーションや目標の設定をすることが共通化しやすいからである[43]。

integration の幅（範囲）

　integration を理解するうえでは、これらの integration の幅（範囲）を意味する水平的統合や垂直的統合という概念も重要である。ここでいう水平的統合とは、ヘルスケアにおいて同レベルのサービス（例えば、在宅生活を送る患者へのかかりつけ医による往診と居宅介護サービス）、または提供者間の組織的共同とコミュニケーションを促進するサービスをつなげる integration を呼ぶ。

　一方、垂直的統合とは、一つの管理下に様々なレベルのケア（例えば、プライマリケア、二次医療、専門医療（三次医療）つまり、急性増悪期における一般病院から、回復期リハビリテーション病院、そして、退院後の訪問看護の利用やかかりつけ医の往診といった医療や看護、介護のステージにおけるケア）をつなげ、integration していくことをいう。

　このように integration を水平的と垂直的を区別するのは、例えば、水平的統合とは医療・介護分野における組織、ネットワーク、グループ

図1-2 垂直的統合と水平的統合

垂直的統合（vertical integration）
- 様々なサービス分野を一つの組織で行うというものである。

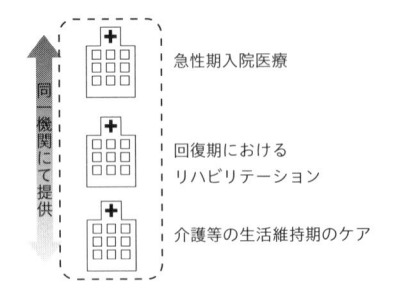

（同一機関にて提供）
- 急性期入院医療
- 回復期におけるリハビリテーション
- 介護等の生活維持期のケア

水平的統合（horizontal integration）
- 様々なケアの連携を改善していくものとされている。リハビリテーションサービスへのアクセスを調整することや、あるいは在宅でのがん末期のケア等。

- A 居宅介護支援事業所
- B 訪問看護ステーション
- C 在宅療養支援診療所
- ケアのための連携

の間での競争や協働に焦点を当てる場合の例を説明する際に使われるからであり、一方、垂直的統合とは医療・介護分野の様々な段階におけるネットワークやグループの統合、すなわち、サプライチェーン、ケア・パスウェイ（care pathway）と呼ぶような事象を示すのに使うからである。

　従来は、ケアのintegrationの取り組みとしては、水平的統合か垂直的統合かのどちらかを選択することとして使われてきた。しかし、医療サービスと介護サービスの間や、または、患者を最初から専門家に診てもらい長期的にケアを継続させる垂直的なケアパスウェイ（地域連携パス）の間で混乱が生じる場合があったと示されている[44][14]。

　また、英国でも垂直的・水平両方向からサービスを合理化して用いることに焦点が置かれてきたが、その代償として、この2つの統合のタイプにおける有効性をうまく引き出せないという点も示されており[44]、これらの統合の概念化についての課題も明らかになりつつある。

integrated careの考え方を実践に応用する

　さて、integrated careを理念とした取り組みには、そのつながりの程度によって、多くの方法が存在するわけだが、いかなる方法をとっても、これらがスムーズにつながり（linkage（連携））、coordination（協調）を介して、full integration（完全な統合）へと、何事もなくスムーズに移行することはほとんどない。

　例えば、医療機関同士のintegrationが管理事項の共有化だけ行われる場合、実際の医療・介護サービスの提供に際してはほとんど影響はない。なぜなら、臨床場面では従前どおり専門家間の臨床情報によってサービス提供はなされるわけで、たとえ管理情報の共有がなされても臨床情報に関しては、自施設以外の臨床情報を積極的に取り込もうとする努力

はほとんどされないと予想されるからである。

　また、こうした臨床的ネットワークの形成は、一朝一夕にできるものではなく、相当の時間がかかるし、人的資源の移動によってさえも簡単には実施できないと考えられるからである。

　すでに Leutz が指摘していることであるが、医療と介護の現場では、必ずしもすべての患者にとって、full integration は必要ではなく❺、ほとんどの患者は、linkage、coordination レベルでのサービス提供が望まれる状況であるとしている。すなわち、日本においても、諸外国においても、full integration と呼ばれる統合した組織を必要とし、この組織にケアの全プロセス（資金調達を含む）に変更をもたらさなければならないような強い integration を必要とする患者はそれほど多くはない。

　Leutz は、このため coordination（協調）や full integration（完全な統合）を必ずしも発展段階というものとしてとらえず、むしろ、この２段階は切り離して考えるべきとしている。すなわち、「既存のシステムによる、サービスや手当の優れた協調を行うというよりは、むしろ、完全統合のプログラムは資源を支配し、直接的に管理する新たなサービスや手当を規定する」❻ものと定義しており、この段階が必要な患者像を明らかにすることは、日本でも、諸外国でも、integrated care の実現に求められているものであるともいえる。

　つまり、coordination（協調）とは、「各管理者は、緊急システムや他のシステムの間で手当やケアを協調するために配置される」とされ、多くの場合「現存のシステムにおける別々の構造」を介して稼動する。

　したがって、日本がこの段階の integration とその対象となる患者やその利用者像を明らかにし、その人数をどのくらいに推定するかといったことは、そのコストを算定する際に極めて重要な情報とはなるが、ここが明らかにされることだけが必要であり、何か、新たな組織を創り出

すことが常に求められるというわけではないのである。

また、linkage（連携）の段階は、「軽度・中等度の機能障害をもち、安定した健康・機能状態（つまり、安定性を損ない緊急ケアが必要となることがないような状態）をもつ様々な人を対象とするサービスの統合、または新しいニーズの識別を行うために最も適切な次元と言える」[6]と

図1-3 integrated careを構成する人々、機関における観点

政策立案者
統合に適した政策、規制、財政上の取り決めを設計する。適切なケアの制度・過程・質の基準を開発する。統合した制度やプログラムの全体的評価のサポート。

サービス提供者
専門家・組織・制度という枠を超え、サービス・業務・患者のケアの協調を図る。

介護支援専門員（ケアマネジャー）
サービスの利用者の支援者となる。保健・医療・介護サービスの提供と協調を行う。

保険者（サービス管理者）
統合の考え方と価値観の共有化、その継続。資金の監視と資金調達のフローの管理を継続する。協働している対象の協調を図る。多様なスタッフの監視を行う。複雑な組織的な構造・関係の管理を行う。

主任介護支援専門員（主任ケアマネジャー）
統合した提供者の登録を行う。
ケア提供についての妥当性を判断する。
統合したケアをモニタリングし、管理する。
質や安全性の低いものを除外する。

利用者（サービスユーザー）
情報の共有化がなされたケアという、優れたケアを経験する。

評価者
国家・地方で決められた測定方法に合わせintegration（統合）を測定し、評価する。これにより、科学的根拠に基づく統合が成立できる。

コミュニティ
臨床現場でのサービス形成を助ける。

中心：利用者（要介護者・患者）のためのintegrated care

説明されるように現段階の日本では、まさにこのlinkageレベルのつながりの充実が求められているといえる。むしろ、喫緊の課題は、このlinkage段階のつながりでは、適切なサービスが提供できない者がどのくらいの規模で存在するかを明らかにすることといえる。

日本における連携とは

　Leutzの定義を用いると、日本でよくいわれる連携には、3つのレベルがあることが説明できる。まず、日本の地域保健の分野でよくいわれる連携が大事というような表現は、「linkage（連携）」レベルを指している。これは、相互理解の日常化を示し、必要に応じて他の団体に照会して回答が得られるような状態を指しており、いわゆる顔の見える関係を日常的に創ることが大事というような段階を指している。

　次の「coordination（協調）」では、それぞれの個人や団体は、既存のシステムのなかで個々に調整の責任をもち、調整の場をもっているが、特定の状況については協働して、その業務を実施するという状況を指す。地域圏域内で医療や介護、保健分野の専門職、あるいは、行政の担当者が集まって、その圏域で支援が必要でありながら、様々な理由で困難とされている事例について定期的に会合をもつことができている段階が、ここにあたる。

　次の「full integration（完全な統合）」とは、いわば利用者に必要なサービスをオーダーメード的に創らなければならない状況を示す。尾道市で実施されている尾道医師会方式（尾道モデル）のように往診をする医師らによって、患者に最も適切なサービスが提供され、これに加えて、在宅介護や看護、福祉用具というような多様な提供主体の資源を提供する当事者が同一の場に集まり、ここで、患者独自のサービス提供が計画され、モニタリングされていくといった尾道モデルはいわばfull integrationに

近いが、これを実現できる地域圏域は日本ではわずかであろう。

　以上のような3つの概念の違いを、医療や介護の現場の情報の共有、その提供方法、そしてサービス方針の考え方の違いとして考えていくと、まず「linkage（連携）」という段階は、『情報は、必要なときに尋ねれば、与えられる』状況を示しているといえよう。

　次の「coordination（協調）」の段階においては、『情報は定期的な報告によって共有される』が、最後の「full integration（完全な統合）」という段階は『日常的に関係者によって利用されている共通の情報システムがすでにある』という状況といえる。これを実現するためには、かなり大がかりな組織再編が要請されるだろう。

　さらに、研究者のなかには、「full integration（完全な統合）」を組織・管理レベルで行うもの、「coordination（協調）」を臨床・サービス提供レベルで行うものというような区別を提案する者もいる[45]。この場合は、「別々の構造で組織がサービスと資金調達基準に対し、各自責任をもっている」[6]段階であるとしており、今日の組織のあり方の多様性から、このつながりの強さに応じた組織全体としての連携だけでなく、一部統合、合併というような多様な考え方も今後は提示されることになると予想される。

③ integration 実現のための概念的モデル

　本節では、各国で実施され、多くの識者によってレビューされてきたintegration実現のための既存のモデルを紹介する。ここで紹介するモデルはそのレベルの考え方によって、①システムレベル、②連続的または順次的、そして③プログラム／サービスレベルの3種類に分けられて

まず、①システムレベルのモデルとは、複数の組織の多くのレベルにおける構成要素を統合させようとする試みから成立しているレベルをいう。②の連続的または順次的なモデルとは、統合されたモデルの継続性に着目したモデルである。③のプログラム／サービスレベルのモデルとは、特に慢性疾患をもった患者、あるいは、それに付随して慢性的な痛みがある患者などの特別な集団に着目したモデルである。

　ただ、これらの３つのモデルのタイプは、区別されているように見えるものの、それぞれの境界は厳密ではなく、その特徴を強調しての分類がなされており、各モデルには、それぞれ重要な点があると示されている❹❻。

システムレベルのモデル

　システムレベルのモデルには、システムにとって何が重要かに着目したモデルから、システムの変化に着目したモデルまで多岐にわたっている。

　1990年代初期には、「組織的パフォーマンスおよび変化」に着目したモデルがBurkeとLitwinによって開発された。これは「システムの変化を成功させるために重要とされる組織」と「あるべき変化を達成するために各領域をどのようにつなげるか」という２つの要素が含まれたモデルであった❹❼。

　Millerは、図1-4に示したようなモデルを応用し、「戦略、リーダーシップ、行動、組織文化に特に注目した変化」があったヘルスケア統合モデルとして紹介した。このモデルにおける重要な仮定は、「変化は外的な要因によって起こるもの」ということであり、ある組織の価値観や規範のシステマティックで抜本的な組織文化の変化は、その組織の気質をも

図1-4 Miller によって適用された Burke-Litwin の変化モデル

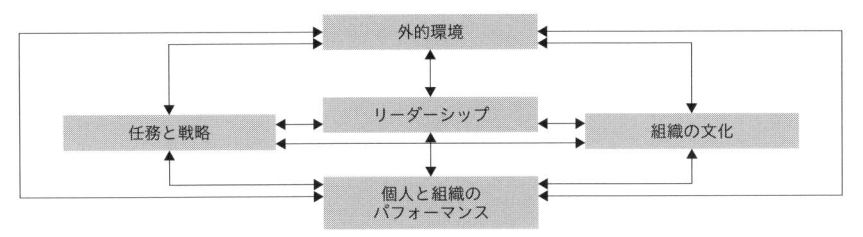

```
              外的環境
                ↕
任務と戦略 ↔ リーダーシップ ↔ 組織の文化
                ↕
            個人と組織の
            パフォーマンス
```

出典：Miller, J. L. (2000). A post-mortem on healthcare integration: An organizational development approach. Healthcare Leadership & Management Report, 8, 9.（訳は筆者による）

変化させるとしたところにある。

　この考え方では、個人は自分の組織についての変化を必ず感じるとし、組織の文化の変化は主に組織のリーダーによって達成されるとしている。このため彼はリーダーシップをこのモデルの中心的要素に置き、これが良くも悪くもすべての統合に影響を与えることを強調している[48]。

　Lukas らは、米国の Veterans Affairs Midwest Health Care Network のアウトカムの測定法として用いられた統合されたシステムの得点表（integrated system scorecard）を創り、これが以下の 3 つの要素から構成される線形的な特徴をもったモデルであることを示した[49]。

　このモデルの第一の要素は、ネットワークの構造、機能、プロセスを含む統合の構造があることで、これには、システムレベルの統合を高めることを期待した第二の要素が含まれている。さらに、これらの構成要素は結局のところ、システムのパフォーマンスの向上ももたらすことが第三の要素であると説明されている。

　Markoff らによる「関係システム変化のモデル（relational system change model）」は、Wellwsley College の Stone Center で進められてきた心理学的な関係を基盤としたモデルと、Institute of Health and Recovery で用いられていた関係システムの変化を表すモデルが基

礎となっている。Markoff のモデルは、「システムは、いかなるレベルにおいても人間同士の関係性、つまり、他者との関わりという文脈において発達し、成長し、変化するもの」としたモデルであった。つまり、人々を取り巻く環境や構造を変化させることで、そのシステムもまた変化するものであると説明した[30]。また、このモデルにはシステムの変化を促進するための以下の4つの戦略が示されていた。

①異なるレベル間の情報の流れを活性化するためには、システム内の複数のレベル間にネットワークを構築する。
②システム変化の効果の可能性、協力の促進、関係者を関連する計画に組み込むことについての総合的な理解を形成するために、提案された変化に影響を受けるだろうと考えられる構成員を集める。
③争い、不一致、緊張の原因となる可能性のある物事を特定し、話し合う。
④すべてのメンバーが発見とアウトカムをインプットできるように協力的に相互に助け合える環境を整備する。

表1-2 システムレベルとしてのヘルスシステム統合のモデル

Burke & Litwin, 1992	組織的パフォーマンスと変化のモデル (A Model of Organizational Performance and Change)
Lukas et al., 2002	統合されたシステムの得点表 (Integrated System Scorecard)
Markoff, Finkelstein, Kammerer, Kreiner & Prost, 2005	関係あるシステムの変化のモデル (Relational Systems Change Model)
Miller, 2000	Burke-Litwin の変化モデル (Burke-Litwin Change Model)

連続的または順次的なモデル（progressive or sequential models）

　ケアの連続性を重視するモデルも提案されている。これらのモデルに共通していたのは、ヘルスシステムの統合は最終的な目的ではないという考え方である。つまり、これらのモデルはヘルスケアのパフォーマンスの向上を達成するための一つの手段として考えられており、「システムがそれ自体で、地域、患者、そして購入者に価値を付加するもの」として定義されている[51]。

　Boonらは、統合的ヘルスケアモデルを概念化するにあたり、約200の文献のレビューを行い、この結果、「価値観、構造、プロセス、アウトカム」の4要素が重要であると述べている。また、統合を高めるヘルスケアの実践には、「①併行的な実践、②相談による実践、③協力しあう実践、④調整された実践、⑤多分野によっての実践、⑥学際的な実践、そして、最終的には、⑦統合的実践」へ進展することを示した。

　彼らの統合モデルでは、病気の治療という観点よりも、むしろ全人的な健康とその福祉の促進が強調されている。また、より統合されたモデルである学際的なケアチームによる実践のアウトカムについては、その評価に際して、さらに複雑さと多様性が増すことが特徴とされている[52]。

　一方、Fleuryによる連続的モデルとは組織間の関係の密度を基礎としたモデルである。これらのモデルには相互の調整から成立する最も

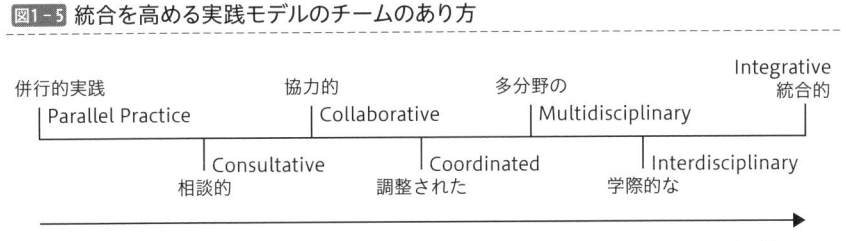

図1-5　統合を高める実践モデルのチームのあり方

併行的実践　　　　協力的　　　　　　多分野の　　　　　Integrative
Parallel Practice　Collaborative　　Multidisciplinary　統合的

　　　　Consultative　　　Coordinated　　　Interdisciplinary
　　　　相談的　　　　　　調整された　　　　学際的な

出典：Boon, H., Verhoef, M., O'Hara, D., & Findlay, B. (2004). From parallel practice to integrative health care: A conceptual framework. BMC Health Services Research, 4, 1-5.（訳は筆者による）

フォーマルではないモデルから連携し、システム統合を前提とした最もフォーマルなモデルがある。そして、このモデルは運営、形式、認可、範囲、問題という5基準の段階によって分類されている[33]。

このモデルにおける運営とは、システムにおける意思決定とコントロールを意味しており、その形式には、システム間の（複数の）組織の間で使用されている戦略として、電話をかけることから契約という段階に至るまで多様な連携の形式があるとされている。

また認可とは組織の説明責任を示し、例えば、同業者による監視、目標による管理の基準によることが示されている。

さらに範囲として、例えば、パートナーの数、多様なかかわりの濃さを表すとされ、システム内の組織が網羅している地理的領域や市場シェアという意味があると説明されている。

最後の問題のレベルによるモデルとは、そのシステムによって提供されたケアが、その患者のもつ問題に因っていることを意味している。この問題に対しては、「ほぼ調整の必要がないケア」か、「慢性的なケア」の必要性か、「複雑でない健康問題へのサービス」か、あるいは「複雑で、慢性的な健康問題を抱える患者のケア」かといった問題に対応するケアの分類が示されている。

今日、integrated care が目指されている背景には、従来の救急医療的なサービスの重視という観点からでなく、全人的なケア調整が可能となる統合モデルによるサービス提供が求められているという背景がある。その際には、「連続的または順次的なモデル」は、システムレベルの統合の際に適用できるモデルとなるだろう。

一方、Konrad によって提案されたモデルは、インフォーマルからフォーマルな仕組みへというケアの連続性に沿った保健、医療、介護領域のサービス統合を分類しようとしたものである。このモデルの最初の

統合レベルは、パートナーや業者との間での簡易な情報共有やコミュニケーションがあり、次のレベルとしては、協力・調整・共同作業、そして団結した関係というように、より多くの活動や資源が共有され組織構造が一体化するような連続的なレベルが想定されている。そして、最終的なレベルとしては、一機関が患者のニーズに総合的に対応するモデルであるとの定義がなされている❺。

Leutzは、患者のニーズなどに関するいくつかの領域を基盤にしたヘルスサービスにおける統合の3つのレベルのモデルを提案している❹❺。ここで示されている患者の状況の特徴は、安定、重症度、彼らの症状が発症してからの長さである。また、これらの症状に対しての介入やサービスの緊急性、頻度、ニーズの複雑さといった観点もモデルの要素として示されている。

以上のような多様なモデルは、日本の多くの地域で構築が進められている地域包括ケアシステムへの応用ができるだろう。

ここでは、変化を起こす主体に着目したモデルを紹介したが、ヘルスシステム統合のプロセスにおいては、組織というものが有機的で、それは様々な段階でよく変化するという認識が重要である。

表1-3 連続的または順次的なモデルとしてのヘルスシステム統合のモデル

Boon et al., 2004a	併行 − 相談 − 協力 − 調整 − 多様な専門分野 − 分野横断 − 統合モデル (Parallel − Consultative − Collaborative − Coordinated − Multidisciplinary − Interdisciplinary − Integrative)
Fleury, 2006	組織間の関係の連続性からのモデル (Continuum of Inter-organizational Relations)
Konrad, 1996	統合のレベルを示した順次的なモデル (Levels of Integration)
Leutz, 1999, 2005	統合のレベルを示した連続的なモデル (Levels of Integration)

これらの各モデルの組み合わせ方には、規則はなく自由に目的に応じたモデル選択がなされ、どのモデルを組み合わせてもよい。したがって、自治体としては、地域包括ケアシステムを構築する際に、どのようなモデルを組み合わせるかという点が重要となる。それは、まさに各々の自治体自身が優先する問題が何かということ、それを決定できるかということに尽きる。

プログラム／サービスレベルのモデル

　各国で患者のアウトカムを向上させようとするために、これまで行われてきたサービス統合の多くは、いわゆるプログラムレベルでのサービスの調整を改善することを重視してきた。これらのモデルとしては、ケースマネジメントや在宅ケアモデル、ポピュレーションヘルスマネジメントモデルや、病院をベースとした一次ケアモデルなど、様々なモデルが示されてきた。

　Batterhamらは、一般開業医（GP）の統合のためのモデルを開発し、確証的因子分析等によって、GPの統合のためのモデルを開発し、検証した。このモデルでは、患者ケアと公共の健康との統合に着目しており、これらは様々な因子、例えば、GPの柔軟性や、GPの患者に対する情報提供がどのくらいかや、GPと多職種とのチームワーク、GPが患者の代弁者となってケアを調整すること、あるいは、GPが患者が入院している間もかかわるといったことが、統合に影響を与えることが検証されてきた[56]。

　これは、GPの役割が統合に大きな役割を果たしていることを示したモデルといえ、日本においても地域の開業医との連携を考えるうえで参考になる。

　また、前述したポピュレーションヘルスマネジメントは、Byrnesに

よって提示されたモデルである。これは費用効率のよいケアが提供されていたときの患者集団のアウトカムに着目したモデルである。このモデルは健康状態の審査により高リスク集団が抽出され、この関連する費用などを算定したうえで全体のサービスの計画に利用するというモデルである。このモデルの特徴は、予見性の高さであるが、同時に患者の満足度やアウトカムの向上を目指した患者ケアを行うためのケアマネジメントモデルが示されていることに特徴がある。

また、このモデルは、公衆衛生や疾患、医療経済、アウトカム研究からの知識を統合し、最も費用効率が高く、高品質なケアを提供するための特定の疾患を対象としたケアをマネジメントするモデルとしても紹介されている[57]。このモデルこそ、2006（平成18）年の介護予防事業において検討されるべきものであった。

しかし、日本ではこのモデルで示された高リスク集団の発見という入口でつまずいた。この経験からは多様なスクリーニング手法から目的にあった手法を選択することがいかに重要であるかが示されているといえよう。

また、Weissは、主に予防に着目したモデルを提示し、その第1段階として、Wellness（ウェルネス）の管理に関するモデルには、健康の促進と自己管理を含むとしている。このモデルは、介護予防事業への応用が可能であり、特に高齢期の健康な生活を維持するための自己管理モデルはこれからもさらに有用となることが予想される[58]。なお、このモデルの第2段階として示されている疾患管理（disease management）モデルは、リスクの削減、早期発見、慢性疾患への介入を含むとしているが、これも要介護高齢者のなかの要介護度が比較的高い者において利用できるモデルである。

なぜなら、これらの要介護度が高い高齢者は介護だけでなく、慢性疾

患を併発している者の割合が高いからである。また、彼らは急性増悪のリスクも高いことから、こういった疾病管理を含むモデルは実効性が高いだろう。

　そして、軽度の疾病に関する管理（illness management）では、病気の再発防止、一時的な病気の管理を含んだ管理が行われるモデルが示されているが、これは、高齢者が急性増悪で入院し、その退院後のモデルとしても有効と考えられる。こういった多様なモデルをいかに応用できるかが、今後の自治体における地域包括ケアシステムの構築の推進においての一つのメルクマールになるかもしれない。

日本のケースマネジメントの現状

　ケースマネジメントモデル[58]〜[61]は、ヘルスケアにかかるサービス統合を、これに専ら従事する人として「ケースマネジャー」という職を創り、彼らによって、サービスやケアの統合を達成するというモデルである。このモデルも日本では利用されてきたものである。

　日本の介護保険制度の導入に際しては、このケースマネジメントモデルが参考にされた。ただし、これには日本流のアレンジが加えられている。このモデルで示されているケースマネジャーは、一般に、入院時から退院して地域に戻るときまでの患者のケアを調整することを業務としている。

　だが、日本では、これを介護保険制度における予防給付や介護給付のマネジメント業務を専ら行う者と規定した。そして、この名称はケアマネジャーとなった。したがって、日本ではケアマネジャーは医療サービスとの接点はほとんどない者として位置づけられた。このため、日本では入院時から退院、そして、介護事業所からのサービスまで連続してマネジメントする、本来のモデルで示されたケースマネジャーにあたる専

門職は存在していないし、企図されなかった。

　日本では、いわゆる介護保険制度上でのサービスの連絡調整を行う者としての介護支援専門員、通称でケアマネジャーと呼ばれる者は特に在宅における多様な供給主体からの給付管理を行う者として位置づけられた。別の観点からいえば、ケアマネジャーを居宅で生活をする要介護高齢者が提供を受けることになる多様な居宅における介護サービスの水平的統合を実現する者として位置づけたともいえる。

　先に述べたケースマネジメントモデルと日本の介護支援専門員の業務は共通点が多いが、根本的な差は医療サービスを含まないという点にある。これもまた、国際的な integrated care の文脈からは、日本独自の制度として運用がなされたことになる。

　すでに、退院後の在宅ケアに着目したヘルスサービス統合のモデルは O'Connell らによって示されていたことから[60]、介護保険制度発足時に医療との連携を視野においてケースマネジメントモデルの適用を検討しておけば、今日、違った風景が見えていたかもしれない。なぜなら、この O'Connell らのモデルでは、患者が病院から自宅へ移行する際の責任を共有するという多職種で構成されるチームによるケアモデルが提示され、このケアは患者の苦痛の緩和に効果があることも示されており、有用なモデルであったと考えられるからである。

これからのケースマネジメント

　今後の医療と介護の統合を図る地域包括ケアシステムには、このようなモデルを組み合わせ、地域でのマネジメントが効率よく実施できるようにすることが求められている。

　その他にも障害児やその家族のために統合されたケアのケースマネジメントモデルも King らによって示されている[59]。これは、今後の地域

包括ケアシステムの範囲として、こういった障害をもった子どもを含めることも検討する自治体にとっては大いに参考にできるモデルといえる。

さらには、サービスや情報共有の場を協働して設置するモデルががん患者❺⁰や精神病患者❺¹を含む様々な集団に対するモデルとして示されている。このモデルは、様々なサービスを提供するために、協力して働く幅広いヘルスケア専門家たちを統合することも目的としており、このモデルには、専門家による支援会議、支援のための電話の設置、専門家間の情報の共有といった具体的な方法も示され、これも精神病床が多い日本にとって有用なモデルとなるだろう。

精神医療に関しては、Wulsinらは、一般医療と精神病ケアの統合のために病院を基盤としたモデルを提供している。このモデルは、症例検討会の実施やHIV／AIDSなど高リスクの臨床分野における専門家の介入も含んだモデルである。例えば、精神病患者の支援をしているセンターやグループホームにおける医療ケアの組み込みというようなモデルは薬物乱用患者に焦点を当てたプログラムや認知症患者の多様な症状への対応にも応用できるモデルとなっている❺¹。

以上のように地域包括ケアシステムが必要とする医療や介護、そして公衆衛生にかかるサービスを提供するシステム統合のモデルはまさに多種多様で、すべての自治体が利用できる何か一つ絶対的なモデルはないようである。

このため、これまで先進諸国の政策担当者らは当該国の文化や慣習にあったモデルをいろいろとカスタマイズしようとしてきたが、これは難しいことであり、成功例というのは未だない状況にある。

また、患者ニーズに沿った最良の補完的モデルを選択するためには、システムが成功するための方針やその成功に至るプロセスを理解することが重要であるが、これについても、integrated careやintegrationに

ついての知識や経験が不足していることが原因でうまくいっていない。

各種モデルの日本への適用

　先にも述べたが、結局のところ、日本の地域包括ケアシステムは自治体が自らの問題に即して、これらのモデルのなかから最も適切なモデルを一つではなくいくつか組み合わせてカスタマイズしていくしかない。このため、モデルを選択する際の優先度を考えるにあたっての、integrated care やその手法としての integration の基礎的な知識が必要である。

　わが国では、これまでどちらかというと、良さそうな一つのモデルを提示し、このアレンジは認めるものの、原則、一つのモデルを採用するといった方式をとってきた。

　しかし、現在、自治体に求められているのは、これだけ多様なモデルから何かしら自治体の目標に即したモデルを選択をしなければならないということであるし、その選択に際しては、integration すべき方法論が適用可能か、事前に吟味しなければならない。これは自治体にとって、

表1-4　プログラム／サービスのモデルとしてのヘルスシステム統合のモデル

Batterham et al., 2002	医師の統合 (Physician integration)
King et al., 2006	障害児のためのサービス統合 (Service integration for children with disabilities)
O'Connell, Kristjanson & Orb, 2000	シェアードケア、ケースマネジメント、在宅ケア、協力的実践、クリニック、がんセンターの統合モデル (Shared Care, Case Management, Home Care, Collaborative Practice, Clinics, Cancer Centres)
Weiss, 1998	予防に着目したモデル (Prevention-focused Model)
Wulsin et al., 2006	病院を基盤としたモデル、プライマリケアを基盤としたモデル (Hospital based models, Primary care based models)

おそらくは初めての経験である。

　後述するが、integrationにおけるベストプラクティスにもまた、多様なモデルそれぞれに存在するのである。このことをまずは理解しておく必要がある。

④ integrated care の測定とその評価

integration モデル選択にあたっての視点

　モデルを選択する際に考えておかなければならない点は、これを導入した結果としてのアウトカムをどのように測定し、評価するかということである。アウトカムとしては、ケアの質の変化やサービスユーザーの満足度の変化があるが、これをどのように測定するかは、あらかじめ設定し、これを明らかにしない限り、いかなるintegrationモデルも選択できないのである。さらに、こういったモデルの評価や測定には理念としてのintegrated careの実現がどのくらい進むかについて検討しておかなければならない。そして、その測定には量的手法と質的手法の両方が用意されなければならないだろう。

　これまで諸外国では、integrationの測定方法として、医療記録を監査する方法や、ある圏域内での入院率の変化の分析や管理者による自己評価、財務データの公開とその推移に関する分析、管理者や臨床の専門職に対するアンケート調査、介護保険施設や関係医療機関の施設長や院長等との面接といった質的あるいは量的方法が実施されてきた。

　しかし、こうした測定は組織的統合や運営的統合（すなわち、構造やプロセス）の程度（強度）に重点が置かれ、アウトカムに対する評価はほとんど行われてこなかったといわれている。また、integrationがな

された結果について、その導入と、その後の影響の両方をアセスメントできる測定ツールはなく、これに資する指標を明確に記している研究もほとんど存在しない❶㉖。

例えば、ある種の介入に対する評価といっても以前からあるサービス提供モデルと現行の統合化されたモデル評価を比較しようにも、従前のサービス提供モデルの評価が十分に把握されなければ評価ができないし、この理念としてのintegrated careがもつ潜在的な付加的な利益を評価することは不可能とされてきた㊸のである。

このため、多くの研究者は適切な測定具・ツール・アプローチを開発していくことの重要性を繰り返し述べており❶❻❽❿㉖〜㉔、この開発のための研究にどのような点に配慮すべきかについても以下のように述べている。

まず、integrated careを評価するためのアプローチとしては、より広範囲のケアシステムに対応できる手法として現地のコミュニティやユーザーグループが適切な質的ケアを受けるうえで生じる課題に対し、その対策となる計画のレベル（計画が複数ある場合）と、その計画の連携を見極めることができるモデル・構造・プロセスに関する多用な条件下での統合でも、それを測定できる標準化した有効的なツールが必要であると示している。

また、integrated careの特定の目的・側面への適応に焦点を当てた特別な測定ツールや政策決定者や計画者が様々なケアに関する制度と環境でも用いることができる普遍的なツールも必要とされている。

さらに、定性的アプローチと混合的手法アプローチ、すなわち比較事例研究（comparative case study）や現実的評価（realistic evaluation）といったもので、どの統合的プロセスが、誰を対象に、どのような状況で機能するかという個別の理解が容易にできるための評価尺度や長期に

わたり統合的プロセスを追うことができる測定ツールが必要なことが示されている。

この他、政策担当者にとっては、現時点で統合化された提供組織によって得られたアウトカムの長期的影響を評価でき、慢性的症状を抱える患者らに対して、これらの人々へのサービス提供計画の改革がどのように行われ、これが、患者らにとって、どのような利得となったかを、中長期的に評価できる測定ツールも用意しておかなければならないと述べている。

測定ツールの必要性と課題

日本で、例えば地域包括ケアシステムを構築するための多様なintegrationの効用を測定する場合には、あらかじめ圏域を設定し、この地域圏域内での病院への入院率等のシステム構築前後変化や退院後の予後の推移を縦断的に評価するといった介入研究が考えられるが、これらは経年的調査研究になることから、その測定と評価に関しての道具立てについて慎重に検討しなければならない。

臨床的統合については、これまで複数の提供者によって実施されてきた患者に対するケアが多職種が協働で提供することによってケアが適正化されたという場合は、この協働化の過程を、それらのケアや医療や介護サービスの提供にかかる記録、例えば、看護実施計画書や居宅介護支援計画の内容を精査する方法を用いて評価できる。さらに、この記録を監査するシステムを取り込むことで第三者による評価も可能となるだろう。

さらに前述したように社会保障改革の目標とされている医療保険や介護保険制度の費用の増加の抑制のための運営的統合という達成を評価するには、患者の一入院の平均総費用がどのように変化したかを調査する

ことで、その測定と評価は同時にできるかもしれない。

　以上のように、integrationの測定や評価というものには、国レベル、自治体レベル、あるいは、病院さらには具体的な臨床レベルでのサービス提供者のレベルでの測定と評価が存在する。このため、今後、測定する、評価するということを検討する際に留意すべき点はintegrationに関連するプロセスやアウトカムのいずれかに的を絞るか、どの段階の統合の評価をするかを決定するかという点になる。

　すでに英国保健省は、2010年から試験的にintegrationの評価を新たな測定アプローチを用いて行っており[65]、先駆的な試みとして、同計画では、integrationの影響を受ける複数の個人を一つの集団として、これらの集団の病院での利用状況を追跡し、integrationの前後の利用状況を分析するというプロジェクトを実施している。

　ただ、英国とはいえども、こういった介入する対照群を無作為に選ぶことはできないので、過去の膨大な情報（データ）のうちから、比較の対照群は選出されることになるため、普遍的な成果がみられたという報告にはなっていない[66]。それでも、英国におけるこれらの試行とその結果については、日本にとっても有用な資料となりうると予想される。

　いずれにしてもintegrated careを理念とするシステムの評価にあたっては、統合化されたケアと、従前の断続化されたケアはどういった事象によって見分けられるかを明らかにしておく必要がある。また、従前と現在の統合の強さの比較をする場合には、以前の未統合のモデルと比較すると、何がどのように異なるかを統合の実施前に明確に示しておく必要がある。

　つまり、integrationの評価にあたっては、その比較のための測定ツールが必要であること、これを適切に選択できること、また、その効果をintegrationに関連する構成員が理解することができることが特に重要

と考えられているのである。

　日本では、このintegrationを国家施策として、2005（平成17）年に実施した経験があるが、これは、諸外国に先駆けて実施された介護と公衆衛生活動のintegrationのモデルの実現であった。

　次項では、これが、これまで述べてきたintegrated careの理論からみて、どのような政策であったのかを検討し、次に、2012（平成24）年から改めて推進されようとしているcommunityを基盤とするintegrationが、どのように展開されようとしているのかについて考察する際の資料とする。

II—2 integrated care 理論からみた日本の地域包括ケアシステムとは

① integrated care のはじまり

専門職による分業化がもたらした integrated care

　英国では、NHSとその他3つのヘルスサービス部門（プライマリケア・二次医療・三次医療（専門医療））がそれぞれ独立しているため、患者に必要な協調がなされていないことが長年にわたっての課題となってきた。これは医療技術領域で進んできた技術革新によって、高い専門性を要する業務が増え、医療処置が分業化されてきたことも理由の一つにあげられる。

　近年、医療領域では、新しい医療技術ごとに専門職が生まれており、これら専門職は、それぞれ業務独占をしている。そして、現在は、この専門性に基づいてサービスの提供が規定されるという、専門職単位の分業体制が確立している。このように多くの専門職がまさに乱立しているような状況は患者にとっては良い点も悪い点もある。

　良い点としては、専門性が確立した職種による専門性の高いサービスが受けられる可能性が高い。つまり、ある種の業務のみに精通した者が実施するような業務独占制度が成立していくことによって、患者は比較的質の高いサービスを受けることができる可能性が高い。

　一方、悪い点に着目するならば、患者は、診断のためのアセスメント、薬剤の投与、内服、その他の多様なサービスを受けるために、少なくとも1年間に5人の専門職と2人のプライマリケアを担う内科医に会わなければならないというようなデータがあるくらい、患者は多くの専門職

の間を行き来しなければならなくなっている。

　これは、利用者の利便性を著しく阻害していることはいうまでもないが、さらに問題となっていることは、ほとんどの先進諸国で患者は、これらの医療、看護、介護といったサービスを利用するために患者自らが各種サービスの選択と、これらのサービスのコーディネートをしながら、サービスを受けなければならない状況にあることといえる。

　つまり、多くの患者は、自らが必要とするサービスを最適にコーディネーションできる医療や看護、介護領域に関する専門知識もそれを行う能力も備わっていないにもかかわらず、ある程度までは自らがコーディネートせざるを得ない状況となっているのである。

　このため、すでに1960年代には、多岐にわたる専門分野のケアをどうするかは課題となっていたし、1970年代には、これにパートナーシップを考えた取り組みも考えられていた。また、1980年代には、プライマリケアから専門医療までの協調的な取り組みとして医療計画の共有やケース・ケアマネジメントの試みがなされていた。1990年代には、さらに関係機関の協力的取り組みが進められ、マネジドケアや、疾病管理手法が採用されてきた。

　1997年から2010年まではイギリス労働党は、質・効率・患者のアウトカムの向上をさせることを目的として、専門職種間の協力的取り組みや、これらのすべてのシステム全体を動かす取り組みとしての包括的な提供ネットワークが患者中心ケアという視点から検討され、より優れた統合に対するニーズを強調した「integrated careへの道筋」を示してきた。そして、このintegrated careの実現は、臨床側、管理側、サービスユーザー側の利益を合致させ、さらに患者のケア協調の改善を行うとされたのである。

　このように英国のintegrated care推進の対象となったのは、高齢の

慢性疾患患者であったが、これらの患者に対しては、プライマリケアサービス、二次医療サービス、地域ケアサービス、成人用の社会ケアサービスの再編成の試みがなされつつある。

つまり、専門化された医療現場において、患者に提供する医療サービスの質的向上や、これら医療サービス提供制度の効率性や有用性を向上させるために、integrated care という理念が示されてきた。

そして、この目的として、患者サービスに生じる断続性の解消や、より協調的かつ継続的なケアの提供を可能にし、特に慢性疾患患者に対する医療サービス等をより効率的にすることが求められ続けている。さらに、今、最も英国で進められているのは後述するセルフケア、あるいはセルフマネジメントと呼ばれる integration である。

integrated care が要請された背景

自らの疾病の治癒にあたって、どのような医療サービスが適切であるかを判断する能力は多くの日本国民には備わっていないにもかかわらず、この選択は国民自身が行わなければならない。あるいは、その代行を多くの場合、偶然に左右されて主治医となる医師に事実上、任せる体制を選択せざるを得ない。

しかし、国民はその医療における情報の非対称性により、自らの選択が成功したか、失敗したかを判断することもできない状態にある。このため、このことそのものが課題になることはほとんどなく、医療領域において、ユーザーである国民がこれら医療機関間の integration を要請した例はほとんどない。

一方、医療制度に関する政策を担当する者らは肥大化する高齢者医療費の抑制という、その財政的な課題の解決を求めて、1990年代に、医療分野の臨床における統合とシステム化を計画した。そして、さらに、

医療サービス提供体制の効率化のために、当時、医療と介護領域でのサービス提供体制の混乱が生んだ「社会的入院」と呼ばれる必要悪となっていた制度の是正を目指した。

この是正は、医療制度単独での解決は困難であったことから、介護・福祉領域まで統合の範疇を広げるという方法が採用された。このような経過がたどられた理由は、そもそもintegrated careは医療体制の低パフォーマンスの改善を目的として、医療と介護の連携を進めるためのヘルスケアシステムとしてデザインされたものであったからである。つまり、ある意味において医療から派生したシステムの統合には適した理念となり得た。

すなわち、この理念は何度も述べてきたように慢性疾患を抱える患者にとっての効率的な医療体制の構築という政策的課題に対する一つの回答として生まれてきたものであり、このシステムの対象は伝統的な医療体制の主要なターゲットであった急性増悪による短期的な介入で治癒に至るという急性期疾患への対応をするという体制を速やかに慢性疾患モデルへと変革するために生み出されたものであった。

多くの先進諸国でも、このような課題に取り組むために多くのヘルスケアシステムのデザインが試行されてきた。このような背景からWHOの高齢者の統合ケアのためのヨーロッパ事務局では、早々に、integrated care（統合ケア）は、この新たなヘルスケアシステムの理念となると示し、このintegrated careの定義として、「財源レベル、行政レベル、および／または提供者レベルにおいて、保健医療セクターおよび福祉セクターの内部と両セクター相互において、結束、提携、協力を創出するためにデザインされたテクニックと組織モデルの離散集合体」[17]とするものと提示した。

これにより、integrationは、脆弱な集団の増大する複雑なニーズの

管理での連続性を改善するためにデザインされた柔軟性のある一連のメカニズムの結果として概念化されつつある。さらに、「診断・治療・ケア・リハビリ・健康促進などに関するサービスの投入・分配・管理・組織化をまとめて一括するというコンセプトであり、ここでの『統合』はサービスのアクセス・質・利用者満足度・効率性を向上させる手段である」[57]と定義されており、医療と介護のケアの統合を進めるためには、サービス決定や提供にかかる各種業務を、どこまでシステム化するかが課題と示された。

介護保険制度が日本の integrated care を推進した

わが国では、2000（平成12）年に介護保険制度を施行し、その介護サービスの提供にあたっての計画書の作成をケアマネジャーが代行するというシステムが用意され、事実上、利用者の代わりに介護サービスの提供にあたっての連絡調整という integration 機能を果たす職種を生み出した。

このような仕組みを公的制度の下で国が制度施行のために、政策の一環として創るという方法が採られた国は少ないが、これが日本で用意された理由は、介護サービスが介護保険制度実施前に日本独自の措置というシステムに基づいて提供されていたという歴史があったためであろう。

制度が施行される前までは、介護サービスを受ける高齢者は一般に経済状況が悪化し、血縁、地縁も乏しい社会的弱者であるとしてとらえられており、介護サービスのマネジメントを高齢者自身が行うということが相当に困難であると考えられていたため、公的な機関に所属するケースワーカーと呼ばれる社会福祉の専門職がこれらのサービス調整をしていた。

このため日本では、高齢者に対する介護保険給付に限っては、サービ

ス提供に際して、民間に市場を開放し、多様なプロバイダーがかかわることも予測されたことから、これらの居宅事業者間の連絡調整を専らの業務とする介護支援専門員（ケアマネジャー）という職種を新たに成立させた。

しかしながら、その際に政策担当者は現実的には介護支援専門員が介護サービス計画を作成するにあたって、提供するサービス担当者の臨床的統合を図らなければならないのだということを自覚していたかどうかは不明である。なぜなら、こういった臨床的統合を進める人材として、当時、想定されていた介護支援専門員がもちうる資質では、到底、これをできるはずはなかったと考えられるからである。

しかし、こういった職種をあえて創らなければならなかった背景としては、介護保険制度という、国民の負担を増やすことになる制度を導入するにあたって、時の政府は、大票田である高齢者集団に対して十分な配慮をしてこの介護保険制度を実施するのだという、制度改革後のパフォーマンスを見せる必要があった。また、制度発足に向けて、介護支援専門員の資質の詳細を議論し、確定する余裕もなかった。

なぜなら、このような能力をもった人々は現在の日本においてさえも稀少であり、この存在価値も高いことから低廉な価格が予定されていた居宅介護支援というサービスにそのような高い品質を期待することはできなかったと予想されるからである。

結果として、日本では、このようなケアマネジメント機能については、専ら、介護サービスの提供システムを補填する体制とし介護保険制度の円滑な運営を図ったことは、いわば、ケアマネジャー（人）によって、integrated care という理念を達成しようとしたものの、これは十分に機能しないことも想定されていた。しかし、これもまた、ヘルスケアシステムのデザインの一つのあり方といえる。

② ヘルスケアシステムのデザインとしての 2006年版「地域包括ケアシステム」

介護と公衆衛生的な予防活動との integration

日本では、介護保険制度実施の際に介護支援専門員による integration という、いわばケースマネジメントモデルのデザインを採用していたが、想定されていたとおり、integration 機能は低かったため、2005（平成17）年に早くも介護保険法は改正され、2006（平成18）年4月から新たな integration モデルが採用された。

介護保険制度発足からわずか5年後に採用されたこの integration モデルは、介護予防事業という名称の介護サービスと公衆衛生的な予防活動との integration であり、まさに改革であった。また、この改革の中核となるプレーヤーは介護保険制度の保険者である市区町村とし、実際の integrated care の実現に資する活動は地域包括支援センターという公と民の共同体を発足させた。これは国際的にもユニークな取り組みと評価できる。

しかし、このシステム構築は、一部の成功例はあったものの、そのほとんどは失敗に終わった。以下では、この失敗に至る経緯について説明する。

integrated care を実現する困難さ
①利用者が必要と考えるサービスと、真の意味での適切なサービスとの乖離

医療サービスと同様に介護サービスの提供は介護保険制度の下で普遍的な誰もがもっている権利として扱われてきた。これは介護保険制度前に収入や資産審査に基づいて提供されてきた福祉的サービスと全く違った特徴であった。これによって、サービス需要は大きく増加し、これに

伴って介護サービス市場も大きく広がっていった。

　多くの介護サービスを利用したい高齢者は、例えば、その提供に普遍的な権利をもつとされる医療サービスについて、自らが選択することが困難であるという意識があり、どちらかといえば、医師に決定を任せるという行動をとってきたし、現在もおおむね、同様の状況にある。

　しかし、介護サービスは自らが選択することをよしとし、さらに、介護保険制度は、このサービス選択にあたっては、サービス事業者側に存在する介護支援専門員というケアマネジャーにその代行を認めた。

　しかも、この介護支援専門員にはサービスの適正化を図るためのサービスの調整やそのサービスの質の管理をするだけの資質は要求されていなかったため、この結果として大幅に介護サービス利用量は増大した。

　2005（平成17）年の介護保険制度改革における政策担当者の意図は、介護支援専門員のサービスの調整能力の代替を保険者に任せ、少なくとも要介護度が低い高齢者だけでも状態に応じた適切なサービスを提示するシステムにしたいと考えたものと推察される。

　こういった要介護状態になりうるリスクをもった高齢者（虚弱高齢者）集団に対しては、介護サービスと公衆衛生活動をintegrated careの理念の下に一元化し、この段階での臨床的統合の場として地域包括支援センターが想定されたのであろう。

　しかし、介護サービスの消費者となっていた高齢者にとって、いわゆる介護予防サービスと高齢者自身が必要であるとした介護サービス、例えば、家事援助サービスとの間には、あまりに大きな乖離があり、その利用は伸びなかった。

　政策担当者としては、これを調整する機能を地域包括支援センターの主任介護支援専門員をはじめとし、公衆衛生活動の専門職である保健師が実施するように制度を設計しているわけだし、たとえ、この主任介護

支援専門員が機能しなかったとしても、保険者がこのintegrationを推進する当事者であることから、当然、調整できるだろうと考えた。

だが、ここで保険者機能を発揮し、給付のコントロールができた自治体はわずかであった。この改革において示されなければならなかったのは、介護予防事業は公衆衛生的な予防活動と介護サービスとのintegrationであるという説明であったし、なぜ、このような取り組みがなされなければならないかという説明であった。

しかし、こういった本質的な内容は、国民にも、当事者となった高齢者自身にも、さらにいうなれば、介護支援専門員にも、保険者にも、今もってほとんど理解されていない。このことは、あらゆるintegrationの基盤となるnormative（規範的）integrationがない状態での組織的統合や臨床的統合はうまくいかないという定理どおりの結果が示されることになったといえる。

つまり、2005（平成17）年の改革は「介護予防」というかなり抽象的な目標だけを国が示し、これをトップダウン方式で設定し、運営させようとした状況であった。RamseyとFulopが考察しているように、こういう方式のintegrationが成功する可能性は低い[42]、ということを図らずも証明した。

さらに、こういったintegrationの成功には、その前提となるnormative（規範的）integrationがいかに重要であるかを示す結果でもあった。

②サービス事業者間の調整の困難さ

地域で介護サービスを提供している民間事業者間の調整を事業者間で実施することは困難であった。つまり、ある事業所のサービスが別の事業所のサービスと重なっているからといって、そのいずれかを事業者同

士で調整すること、あるいは抑制、停止するという行動は当時も、そして、今でも極めて困難なことである。

　そもそも民間事業者間は他の事業者のサービスを詳細に知ることができない状況にあったし、介護保険制度の上限内であれば、高齢者は自らのために整えられた既存のシステムのなかで自らが必要と考えるサービスをできるだけ使いたいと考え、実際に利用するという行動様式をとっていた。もちろん、サービス事業者らは、たとえ二重になろうと、いわゆる無駄と思われるサービスがあったとしても、それを事業者間の調整で抑制するという行動をとることはあり得ない。

　ここで、新たに創られた日本の介護支援専門員が何らかの役割を果たせるかといえば、その多くの介護支援専門員は、サービスを提供する事業者側に所属しているため、自らが所属する事業所のサービスを停止するかといえば、そのようなこともまたあり得ない。だからといって、自らが所属していない事業所のサービスを停止させるということも、実際上は難しかっただろう。そもそも、サービスを公平に評価し、その二重性や適切性をチェックせよということ自体、その基準が示されていないなかで、相当に難しいことであった。

　おそらく、ここで地域包括支援センターの主任介護支援専門員が介入し、保険者の代行者として計画の監査を行うということぐらいは想定されていたのかもしれない。しかし、このようなことをできる人材が介護保険制度5年で十分に養成されていたかは不明であるし、13年経過した現時点でも、この人材がどのくらいいるのかについての公的な資料は存在していない。こうした実態把握を行うためには、やはり保険者が保険者機能をもって実施するしかないといえる。

③シングルエントリーの困難さと
多様なアセスメントや統合された情報システムの欠如

　医療サービスを利用するためには医師による診断を必要とするし、介護サービスについては要介護認定が必要である。さらに前者は、医療保険制度によって医療サービスが提供され、後者は介護保険制度によって介護サービスが提供される。このように、高齢者が医療や介護サービスを受けるためには、ヘルスシステムのエントリーが必須となる。

　ただし、利用者に認知症の症状がある場合や高齢者虐待などの特別な支援が必要な場合はこれらの新しいサービスを受けるためには、さらなるアセスメントを受ける必要があるとされている。医療や介護、福祉サービスの必要性の決定のためには、何か共通のアセスメントによって、同時に判断できることが望ましいが、これはまだ開発されていない。

　また、これらのサービスにかかる情報は多くの市区町村で一本化されておらず、縦割り行政の負の影響を受けている。しかも多くの行政組織はそれぞれが独立した業務を実施していると考えており全体的な視野からシステム全体の効率性を高め、重複を減らそうという動機が働きにくい労働環境となっている。

　以上のような障壁は、1990年代に先進国で共通の内容となっていた。日本では、これらの課題をある程度予見し、これを解決するために地域での介護にかかるサービスについての共同作業と協力体制の中核的機能を果たすという目的で地域包括支援センターが設置されている。この設置にあたって強調されたのは利用者中心のケアという理念であったし、ここでシングルエントリーという目標も出されていたが、これらはまさに、integrated care の中核の理念であった。

　さらに、日本のヘルスケアのデザインとしての地域包括ケアシステムは保険者である市町村が一つの組織として地理的に定義された人口の実

質上すべてのヘルスサービスの責任を担うところに特徴があった。したがって、先に述べた②の複数の異なる提供者によるサービス調整を保険者が管理するための仕組みは構築できるはずであった。

そして、こういったヘルスケアシステムの統合は確かにケアの質改善の一つの可能性を示しており、組織の効率性を上げるためには決定的に必要であった。そして、そのアウトカムは、ネットワークを通じた費用削減とシステムの発展も可能なはずだった。

しかし、今、地域包括ケアシステムが日本の至る所で機能しているかといえば、残念ながら、そういった状況にはない。

地域包括ケアシステムが構築されなかった理由

地域包括ケアシステムが構築されなかった理由は、先に述べたように繰り返しになるが、第一に、保険者が地域包括ケアシステムというintegrated care の目的を十分に理解していなかったことにある。第二に、これを創らなければならないという規範的な統合は介護保険制度という、いわば保険システムと福祉サービスの提供システムの統合であり、これが新たなシステムデザインであるという認識がほとんど醸成されなかったことにある。第三に、当事者には、これらの介護や公衆衛生活動を integration しなければならないという、integrated care に関する知識も手法もほとんどないに等しかった。第四に、当時、諸外国で実施されていたこれに類する計画やその導入を指示する最良のモデルに関しての情報も、極端に乏しかったことがあげられよう。

つまり、日本で着手された公衆衛生活動と介護との integration は、確かにそのアイデアはユニークであったし、日本のこれまでの公衆衛生活動の輝かしい歴史からみれば成功の可能性は高いと判断されたであろう。しかし、実行に移すにはあまりにもエビデンスを欠いた試みであっ

たといえる。

　これについては、2005（平成17）年の介護保険法改正時に、厚生労働省は介護予防（新予防給付）により要介護状態の発症・悪化を予防でき、その結果、介護給付費の伸び率を大幅に抑制できると主張し、その根拠となる「文献集」を公表したが、これには、介護予防による長期的な健康増進効果と費用抑制効果は証明されていなかったとの論文が示されている[68]。

　このことからも地域包括支援センターの当事者にとって介護予防事業は、その効果もわからないままに具体的にどのように実施すべきかの道筋も示されることなく、その実施が義務化されたように思えたのではないか。このため、その実施においても懐疑的な意見は少なくなかった。この結果、介護予防事業の対象となった高齢者の理解を得ることもできず、要支援を要介護1に変更するための調査上の心得のようなものが出回るといった本末転倒というようなモラルの低下ももたらされた。

　また、この介護予防事業は新設された地域包括支援センターが担うこととされたが、この事業ではエビデンスづくりを目標とした膨大な文書を要求した。この文書作成のためにセンターに配置された3職種、すなわち、integrated care における臨床的統合を担うべく配置された保健師、社会福祉士、主任介護支援専門員のうちの保健師が専らこの文書作りを一手に引き受け、この仕事に忙殺され、他の主任介護支援専門員や社会福祉士は、この業務に携わらないというような分業体制が成立したところは少なくなかった。

　当然ながら、この地域包括支援センターの仕事の意義を見出すことができず、結果として地域包括支援センターの本来の目的であった医療や公衆衛生と介護の integration の推進は、ここ10年、ほとんど実現していない。もちろん、これらの活動がもたらす予防の効果についてのエ

ビデンスづくりに携わった地域包括支援センターの職員たちの膨大な活動のほとんどは、彼らには徒労として記憶されたことであろう。

このような状況で保険者が介護予防事業を核とした地域包括ケアシステムというintegrationを推進することは難しかったであろう。なぜなら、前述もしたとおり、これを実施するには要介護高齢者、その家族、介護事業者、そして地域住民の規範的統合がなされる必要があったにもかかわらず、これが達成できた保険者はほとんど存在しなかったからである[69]。

③ 2012年度、新たな「地域包括ケアシステム」の推進

臨床的統合、水平的統合というintegrationモデルの活用

2005（平成17）年にはじまった地域包括ケアシステムは各地でほとんど構築されなかったにもかかわらず、社会保障国民会議は今後の日本における社会保障制度の基盤として、「できる限り住み慣れた地域で在宅を基本とした生活の継続を目指す地域包括ケアシステム（医療、介護、予防、住まい、生活支援サービスが連携した要介護者等への包括的な支援）の構築に取り組む」という、いわば、communityを基盤として、integrated careを推進するという方向性を明示した。

そして、これを構築していくための今後のサービス提供のあり方としては、「在宅サービス・居住系サービスの強化として、切れ目のない在宅サービスにより、居宅生活の限界点を高めるための24時間対応の訪問サービス、小規模多機能型サービスなどを充実させることや、サービス付き高齢者住宅を充実させる」と述べた。

また、このシステムを推進する際には医療と介護の連携を強化し、在

宅要介護者に対する医療サービスを確保することや他制度、多職種のチームケアを推進すること、小規模多機能型サービスと訪問看護の複合型サービスを提供すること、退院時・入院時の連携強化や地域における必要な医療サービスを提供するといったことを示し、医療と介護のシステムにおける多職種協働を報酬体系に位置づけるという臨床的integrationを推進することが提言された。

　これを推進するために、まず、2011（平成23）年6月に介護保険法の改正が行われ、地域包括ケアシステムの実現のための新サービス（定期巡回・随時対応サービス、複合型サービス）の創設が行われた。この定期巡回・随時対応サービスは、すでに2006（平成18）年に夜間対応型訪問介護が創設されており、朝と夜の2回の訪問といった多様な訪問介護の形態の創設が期待されたが、現在の訪問介護は、受給者1人1日当たりの平均訪問回数が0.6回、要介護5でも1.1回と1日当たりの訪問回数は少なく、1回当たりの訪問時のサービス提供時間は30分以上が7割を占めていると報告された[70]。

　これは、このサービス類型が夜間のみのサービス類型であったことが原因との言説もあるが、おそらく、communityでの施設的なケア展開という、在宅と施設のサービスのintegrationであるというコンセプトが全く理解されなかったことが理由であり、結果として、これは利用されないサービスとなっていったものと推察される。

　しかし、このサービスをより要介護高齢者の生活に合致した形態のサービス提供ができるようにするために、2011（平成23）年6月に介護保険法の改正が行われ、日中・夜間を通じて訪問介護および訪問看護が定期的な巡回訪問とともに、必要に応じて随時対応する新サービス「定期巡回・随時対応型訪問介護看護」として創設された。

　この結果、日中・夜間を通じて1日複数回の定期訪問と随時の対応を

介護・看護が一体的にまたは密接に連携しながら提供するサービスとなった。さらに、このサービスは地域密着型サービスとして創設され、サービスの提供事業者の指定は市区町村が行うこととされた。まさに、このサービスは、community を基盤とした介護と看護の臨床的な integration ツールの導入であり、水平的統合を目指した方向性といえる。

また、このサービスを提供する事業所の類型としては、1つの事業所に介護職員および看護職員を併せて配置し、その事業所から訪問介護サービスと訪問看護サービスを一体的に提供する一体型事業所と、事業所には看護職員を配置せず、訪問介護サービスのみを行い、訪問看護については連携する地域の訪問看護事業所が提供する連携型事業所の2つの類型が設定され、基本報酬は2つの類型ごとの要介護度別月額包括報酬として設定されることになった。これは介護と看護の提供システムにおける組織的統合を促す仕掛けであり、このサービスが広がっていくことは地域包括ケアシステムの推進となると期待されている。

小規模多機能型居宅介護を利用した水平的統合

2006（平成18）年に創設された小規模多機能型居宅介護は平均要介護度3.5程度の受け入れが想定されていたが、2011（平成23）年時点の調査で明らかにされた結果は利用者の平均要介護度は2.63であり、国の想定よりも軽度の利用者の受け入れとなっていた。

2010（平成22）年に小規模多機能型居宅介護事業所を対象として実施された調査からは、医療ニーズへの対応が必要であったため登録されなかった利用希望者が存在していることも明らかにされた。

さらに、別の調査からは医療ニーズに対応できる看護職員の配置が一定以上されていれば、これらの医療ニーズのある要介護高齢者も受け入れるとの回答をした事業所もあり、重度者を中心にしたサービス提供を

するためには、特に医療ニーズのある利用者を受け入れる体制が必要とされることがわかった。

そこで、2011（平成23）年6月の介護保険法改正では小規模多機能型居宅介護と訪問看護の機能を有した複合型サービスが創設された。これは、前述した定期巡回・随時対応サービスとともに重篤な障害をもった高齢者や終末期の在宅療養者の地域での生活を可能にするために、community（地域）が基盤となった医療と看護と介護のintegrationを進める機関となることが想定されている。

先にも述べたように、多くの高齢者が地域での生活を可能にするためには、介護だけでなく医療サービスや看護サービスがそのニーズに合わせて円滑に提供されることが求められている。

訪問看護を核とした水平的統合

2012（平成24）年度の介護報酬改定では、特に訪問看護については、短時間かつ頻回な訪問看護のニーズに対応したサービスの提供の強化という観点から、時間区分ごとの報酬や基準の見直しが行われた。これは、短時間型の訪問看護が高く評価されたことを示しており、看護がより介護とのintegrationを実態として進めることを期待して、実施された改定である。

さらに、看護は医師と協働で在宅での看取り対応を強化する観点から、死亡日および死亡日前14日以内に2日以上ターミナルケアを行った場合にターミナルケア加算が算定できるように算定要件の緩和も行われ、community（地域）における医療と看護のcoordination（協調）を進めるための改正が着々と進められている。

また、医療機関からの退院後に円滑に訪問看護を提供できるようにとの観点から、入院中に訪問看護ステーションの看護師等が医療機関と共

同して在宅での療養上必要な指導を行った場合や初回の訪問看護を提供した場合については、新たに退院時共同指導加算（600単位／回）および初回加算（300単位／月）が新設された。これは医療機関と地域看護とのcoordinationの推進が意図された報酬であり、同時にcommunity（地域）とinstitution（機関）とのlinkage（連携）を図るという期待から設定された報酬といえる。

　重度者・医療ニーズの高い利用者の状態に応じた訪問看護の充実を図る観点からは、特別な管理を必要とする利用者について、加算の対象範囲の拡大を行うとともに、気管カニューレの使用者などの一部の状態についても報酬における算定基準の評価が引き上げられた。

　このように医師と看護師の協働だけでなく、さらに他の職種との連携に関しては、2012（平成24）年4月から一定の研修を修了した介護職員による痰の吸引等が、医師の指示の下で可能となった。その際、看護職員との情報共有や適切な役割分担の下で行われる必要があるため、訪問介護事業所と連携して利用者についての計画の作成支援を行った場合を看護・介護職員連携強化加算（250単位／月）として評価することになった。これは、資格制度によって限定され、integrationが進めにくかった状況に対して看護と介護の業務面での臨床的統合を図った施策といえる。

　以上のように、2012（平成24）年度の診療・介護同時報酬改定では、社会保障と税の一体改革を推進する施策の一つとして、integrationの取り組みには、かなり具体的な報酬が新設された。これらは社会保障制度の抜本改革を経ての建て直しのためには、こういった医療と介護のintegrationへの道筋が必須であることを示しており、2012（平成24）年度の同時改定はこれを実現するための、いわば介護や診療報酬というシステム面からのintegrationの仕掛けをしたものと説明できる。

④ 日本における地域包括ケアシステム整備における評価の考え方

地域包括ケアシステムを評価する指標

　これまで述べてきたように地域包括ケアシステムの構築は超高齢社会となる日本にとっての喫緊の解決しなければならない政策課題となっている。ただし、統合されたケアの提供によって、どのようにケアが改善したかといったことを評価・測定する方法は、第Ⅱ部第1章第4節で示したとおり、国内外ともに十分なエビデンスが示されていない。

　これまでの評価に際しては、統合の実践にかかわる関係者の数や統合ケアの実践にかかる様々なプログラム、あるいはシステムの構成、その目標などが、評価項目として多く用いられてきた。しかし、統合の実施に関する指標は、それほど多くは示されてきていない。

　例えば、システムレベルの統合を評価する指標としては、ヘルスケアの文脈においては、バランススコアカード（balance score card：BSC）の適用例がある。BSCは、KaplanとNortonによって開発され[21][22]、財政的なパフォーマンスを基本に認知的な組織のパフォーマンスの不適切性を計測するために開発がなされたものである。BSCは、組織の適合性について、「ビジョン、戦略、技術、文化」の固有の構成要素ごとに計測するために、それぞれを鍵となる指標を特定化するという方法をとる。

　また、このBSCは、「戦略の成功に極めて重要な利害関係者のうち、誰のために何の視点で捉えるのかといった点から、①株主の利益に対して財務の視点、②顧客の利益に対する顧客の視点、③業務プロセスの視点、④職員に対して人材と変革の視点をもって、各視点に応じて戦略目標を立てる」手法と定義されている。

　市町村においては、限られた地域の社会資源を用いて、成果の最大化

を図ることが必要であり、このためには目標に細かく、優先順位を付けることが大事であり、これはプロジェクトのはじめに設定されなければならない。また、限られた社会資源によって住民の価値の最大化を図るためにこれら投入する資源には「集中と多様性のバランス」が求められる。この他に、事業には、「職員の成長」によって、組織目標の達成への貢献と自己実現の両者が達成されること、その結果として、「職員満足度」が高まり、これを繰り返して、上昇スパイラルを形成していくことが期待されている。そして、このような行政経営の戦略を考え、決めていくこと、すなわち「意思決定」は、前にも述べたことであるが、住民の生活に影響を与え、住民の行動指針となるため、意思決定過程の透明性と住民参加ができる仕組みを考えなければならない[73]。

このようなシステム全体にわたる成果を示すためにどのようなことを検討しなければならないかについては、先行研究があり[51][74]、「機能的な統合」「臨床的な統合」「専門家の統合」の3つの側面からの評価測定を行うことが提案されている[46]。

表2-1 は、統合分野と指標の例を示しているが、例えば、2012（平成24）年から実施されている認知症の初期集中支援チームというモデル事業の評価をする際にどのような指標を考えるかにあたって、ここに示された指標は参考となるだろう。ただし、このように地域包括ケアシステムに応用可能な統合ケアの評価・計測ツールについての研究はごくわずかである。そのなかでは、BSCは引用が多く、様々な機関がそのツールの使い方を説明している。このBSCは適応性が高いため、システムのレベルにも提供者のレベルにも使える多目的なツールとなるかもしれない。

一方で、このBSCツールは、統合自体を図るよりも制度の実績、つまりアウトプットを一般的に図るツールであるため、自治体ごとにビ

表2-1 統合の構成や関連のある指標の例

統合の種類	統合分野	指標の例
機能的な統合	●文化	●システム全体にわたる同意され共有されている価値や規範
	●戦略的計画	●戦略的計画や共有している1年を通しての目標の数
	●品質保証	●共通の政策の数
	●インフォメーションシステム	●同一の医療記録
臨床的な統合	●臨床プロトコルの開発	●臨床的実践のガイドラインの数
	●医療記録の利用	●ユニットを越えて共有されている医療記録の内容の割合
	●臨床的結果のデータの利用	●院内感染等を起こした件数
	●臨床的サービスの分担	●他の組織でも共有されている臨床的サービスの割合
	●協調的な臨床的活動	●臨床的施設が重複している度合い
医師の統合	●診療グループの形成	●グループで診療を行っている医者の割合
	●説明責任の共有	●共通の認定(注)を受けた医師がいるユニットの割合
	●医師の報酬	●医療スタッフの育成がユニットを越えて行われている

注:ここでいう認定とは、医師の臨床実績や資格の有無によって外部審査機関によって付与されるものをいう。
出典:E Suter, et al. (2007). Health systems integration. DEFINITIONS, PROCESSES & IMPACT: A RESEARCH SYNTHESIS, 50. Table 5.4: Components of Integration and Examples of Associated Indicators(訳は筆者による)

ジョンに応じたアウトカムを設定し、これをベンチマークとした独自の評価指標を設定することがより望ましいといえる。

保険者機能の評価

さらに、地域包括ケアシステム構築に際しては、すでにこの基盤となる自治体における介護保険事業への取り組みの程度、つまり保険者機能について客観的に把握することが重要という知見が示されている。

2005(平成17)年の介護保険制度改革でこのシステムの構築が目指された際には個別支援を通した地域社会の要介護者に対する支援システ

ムからの構造的転換が求められており、自治体は保険者として、よりマクロ的な介護と医療の連携を企図した提供システムの構築が期待されることとなった。だが、この改革に際しては自治体として実施すべき施策や保険者機能がいかにあるべきかといった自治体固有の責務への言及は明らかではなく、このため自治体の保険者としての機能がどのような実態にあるのかについてのエビデンスは十分に示されてこなかった。

　すなわち、「医療と介護の連携」「自立支援」「要介護者の尊厳の保持」そして、「生活の場で介護支援を実施すること」「地域保健医療システムの再構築」といった実現のために保険者としての自治体がどのような機能を果たすべきなのか。また、このシステムの要と期待されて発足した地域包括支援センターを自治体はどのように位置づけ、ここで、いかに包括的支援事業を実施していくかといったビジョンは、これまでは必ずしも明示されてこなかったといえる。

　このため、このシステムの実現に向けて努力してきた自治体は日常生活圏域のニーズ調査や地域ケア会議等の取り組みに代表される和光市[25]などの一部の自治体のみに限られ、とりわけ、全国の介護保険事業の取り組みの実態は明らかにされていない。

保険者機能の評価のために

　2012（平成24）年4月施行の「介護サービスの基盤強化のための介護保険法等の一部を改正する法律」では、地域包括ケアシステム実現のために医療、介護、予防、住まい、生活支援サービスが連携した要介護者への包括的な支援（地域包括ケア）の推進、日常生活圏域ごとに地域ニーズを的確に把握した計画を策定（第5期介護保険事業計画による管理強化）といった明記がなされたものの、これを実施するにあたってのわが国における保険者である自治体の準備状況に関するエビデンスはか

なり乏しい状況にあるといえよう。

　おそらく地域包括支援センターおよび地域密着型サービスなど市町村主導による地域包括ケアシステムの具体的な構築が早急に求められてはいるものの、その具体的な取り組みに関しては保険者ごとに大きな格差があることが予想される。

　特に過疎地では、若年層を中心とした人口の流出や著しい高齢化が進行しており、一人暮らし高齢者や高齢夫婦世帯の割合が高く、高齢者サービスそのものが不足し、その提供が困難となっているといった問題がある。また、保険者である市町村の財政力の差は顕著である。地方財政改革による慢性的な財源不足に陥っている市町村は地域のニーズを発掘することも、これを反映したサービスを開発することもできないといった問題が顕在化しつつある。

　表2-2で示す保険者機能評価項目は、2009（平成21）年度にエキスパートレビューによって、以下の7カテゴリ「①事業計画・政策立案の状況」「②地域連携の仕組みづくり」「③自治体としての地域包括支援センター職員への支援」「④介護支援専門員（ケアマネジャー）支援」「⑤介護サービス事業者支援」「⑥サービスの苦情・相談体制」「⑦高齢者虐待対応・権利擁護対応・やむを得ない事由による措置・成年後見制度等」と、これらの下位項目として選定された40項目である。これらの項目は、さらに、回答率や法令根拠に基づいているかといった観点から、「①事業計画・政策立案の状況」「②地域連携の仕組みづくり」「③自治体としての地域包括支援センター職員への支援」「④「介護支援専門員（ケアマネジャー）支援」「介護サービス事業者支援」」「⑤高齢者虐待対応・権利擁護対応・「やむを得ない事由による措置」・成年後見制度関連」の5カテゴリ24項目とされた。この24項目の設問の詳細と法令根拠との対応は表2-2のとおりである。

表2-2 保険者機能評価項目（24項目版）

問1	「事業計画・政策立案の状況」	法令・通知
1-1)	介護保険事業計画の進捗状況を定期的に点検していますか。 （※ここでは財政運営上、計画（見込み）に対して給付状況（現状）がどう推移しているかを点検しているかお尋ねしています。）	介護保険法第117条、介護保険事業に係る保険給付の円滑な実施を確保するための基本的な指針（平成18年厚生労働省告示第314号）第二_四_3
1-2)	介護保険給付状況の分析を行っていますか。	介護保険法第117条、介護保険事業に係る保険給付の円滑な実施を確保するための基本的な指針第二_二_1
1-3)	2025年に向けた中長期的な高齢者人口、高齢化率、要介護高齢者の推移を推計していますか。 （※部内資料であっても推計していただいていれば「1．はい」とお答えください。）	介護保険法第117条、介護保険事業に係る保険給付の円滑な実施を確保するための基本的な指針第一_二
1-4)	2025年に向けた中長期的な要介護高齢者増に対応する自治体（保険者）としての介護基盤整備方針を検討していますか。	介護保険法第117条、介護保険事業に係る保険給付の円滑な実施を確保するための基本的な指針第一_二
1-5)	高齢者のニーズに応じた自治体（保険者）独自の施策（一般財源事業）やサービスがありますか。	介護保険法第5条第3項
問2	「地域連携の仕組みづくり」	法令・通知
2-1)	医師会、歯科医師会、保健所、地域包括支援センター、福祉事務所、ケアマネジャー等の保健・医療・福祉の関係機関による地域ケア会議や連携会議開催等の開催状況について、開催の有無とその頻度についてお答えください。	地域包括支援センター運営協議会については、介護保険法第115条の46第4項、介護保険法施行規則第140条の66第4項。個別ケース担当会議（地域ケア会議）及び地域全体の連携推進のための会議については、介護保険法第115条の46第5項
2-2)	自治体（保険者）として、地域の医療機関、介護保険施設、居宅サービス関係者等と連携した地域連携パス（医療連携パス）の仕組みがありますか。	介護保険法第117条、介護保険事業に係る保険給付の円滑な実施を確保するための基本的な指針第二_二の二_8
問3	「自治体としての地域包括支援センター職員への支援」	法令・通知
3-1)	自治体（保険者）として、地域包括支援センター（ブランチ・サブセンター含む）の定期的な連絡協議や情報共有の場を設定していますか。	介護予防支援事業所としては、介護保険法第115条の26
3-2)	自治体（保険者）として、地域包括支援センター（ブランチ・サブセンター含む）からの提案・要望などに基づいて、事業や講座などを新規に実施したことがありますか。	
3-3)	自治体（保険者）として、地域包括支援センターの評価を行っていますか。	
問4	「介護支援専門員（ケアマネジャー）支援」「介護サービス事業者支援」	法令・通知
4-1)	介護支援専門員（ケアマネジャー）の連絡協議会組織等を設置していますか。	介護保険法第115条の45第1項第5号

4－2）	自治体（保険者）として、介護支援専門員（ケアマネジャー）を対象とした会議や研修会を定期的に主催していますか。	介護保険法第115条の45第1項第5号
4－3）	自治体（保険者）として、ケアプランチェックやケアプラン評価を実施していますか。	介護サービス計画の検証：介護保険法第115条の45第1項第5号
4－4）	介護支援専門員（ケアマネジャー）から相談のあった「支援困難ケース」について、地域包括支援センターは関係機関を集めた地域ケア会議やカンファレンスを開催していますか。	地域包括支援センターの設置運営について（平成18年厚生労働省老健局3課長通知）：4（1）（2）
4－5）	自治体（保険者）として、介護サービス事業者ごとの連絡協議会組織等を設置していますか。	介護保険法第115条の45第1項第5号
4－6）	自治体（保険者）として、介護サービス事業者を対象とした会議や研修会を定期的に主催していますか。	介護保険法第115条の45第1項第5号
4－7）	自治体（保険者）として、介護サービスの内容や自治体独自の高齢者福祉サービスを紹介する「しおり」や「ガイドブック」「介護サービス事業者リスト」を作成し、ケアマネジャーや市民等に配布していますか。	○包括の周知：地域包括支援センターの設置運営について（通知）9 ○成年後見周知：地域支援事業の実施について（平成18年厚生労働省老健局長通知）
4－8）	自治体（保険者）として、地域密着型（介護予防）サービス事業所に対する指導・監査の状況についてお答えください。	介護保険施設等の指導監督について（平成18年厚生労働省老健局長通知）
問5	高齢者虐待対応・権利擁護対応・「やむを得ない事由による措置」・成年後見制度関連	法令・通知
5－1）	自治体（保険者）として、「市町村・都道府県における高齢者虐待への対応と養護者支援について」（平成18年4月厚生労働省老健局）だけではなく、その内容を補完するような自治体（保険者）独自の高齢者虐待の対応マニュアルや方針を作成していますか。	高齢者虐待の防止、高齢者の養護者に対する支援等に関する法律第3条・第16条、国マニュアルp.17〜22
5－2）	高齢者虐待や権利擁護に関する関係機関との連絡・連携組織を設置していますか。	高齢者虐待の防止、高齢者の養護者に対する支援等に関する法律第3条・第16条、国マニュアルp.17〜22
5－3）	高齢者虐待の通報があったケースについて、地域包括支援センターと連携して、事実確認・カンファレンスを実施していますか。	高齢者虐待の防止、高齢者の養護者に対する支援等に関する法律第3条・第16条、国マニュアルp.17〜22
5－4）	高齢者虐待対応用の一時保護施設やシェルターを確保していますか。	高齢者虐待の防止、高齢者の養護者に対する支援等に関する法律第10条
5－5）	成年後見制度について、市町村長申立の仕組みを設けていますか。	高齢者虐待の防止、高齢者の養護者に対する支援等に関する法律第9条・第28条、老人福祉法第32条・第32条の2
5－6）	老人福祉法上の「やむを得ない事由による措置」が必要であると判断した場合に施設入所措置などを含め権限を行使した平成22年度の件数をお答えください。	高齢者虐待の防止、高齢者の養護者に対する支援等に関する法律第9条

これらの評価項目を用いて自らの自治体の評価を職員自身が行い、このうちのどの状況に課題があるかを認識することが、まずは求められることになるだろう。

　すでにこれまでの先行研究から、介護保険事業に対する全国の自治体の実施状況において比較的実施率が高い事業は、「介護支援専門員（ケアマネジャー）支援」であることや、一方、低い事業としては、「地域連携の仕組みづくり」や「自治体としての地域包括支援センター職員への支援」「事業計画・政策立案の状況」といった内容であることがわかっている。

　また、自治体は監査・指導や市民への広報や苦情や相談の窓口の明確化や情報の共有化への努力はしているものの、中長期的な展望に関する整備指針は2割程度の自治体でしか実施されておらず、介護サービス事業者や地域密着型サービス事業者への研修等の開催といった、より細やかなサービスの質の向上や確保に向けた取り組みは不十分であり、全体的には介護保険事業への取り組みは低調なことが課題として示されている。

　さらに、これらの課題については、自治体間の差も大きいことが明らかにされており、例えば、地域包括支援センターの整備状況の差異に関する先行研究からは整備状況において、❶人口規模が大きく人口が密集している市区町村、❷医療や福祉に従事する者が多い市区町村、❸広域的な対応を実施している市区町村で早期に活動を開始し、❹高齢者の割合が大きい市区町村で活動開始が遅れる傾向があるといったエビデンス[76]が示されている。

　さらに、介護事業の実施については、その市区町村の人口や人口密度、高齢化率との関係性が示され、人口規模が大きいほど実施数は高く、高齢化率が高い保険者ほど実施数が低い傾向が明らかにされてきた。これは、地域包括支援センターの整備だけでなく、自治体の介護保険事業全

体への取り組みにも人口規模や高齢化率が関連していることが示されたことといえ、重要な知見であった。

　この他にも高齢夫婦世帯率、高齢単身世帯率別実施数の平均値の比較からは、いずれも高齢夫婦世帯率、高齢単身世帯率が高い保険者ほどこれらの保険者としての事業は実施されていない割合が高くなる傾向があった。

　これは、支援が必要な高齢者夫婦や単身の世帯割合が高いほど、当該自治体では介護保険事業が実施されていない、すなわち、より手厚いサービスが必要な人々の割合が高い自治体でサービスが不十分な状況であったことを示唆しており、大きな課題と考えられてきた。

自治体における保険者機能の理解度の差

　integration を推進するには、人口規模が小さく、自治体の行政機構も小さいほうが進めやすいという利点があるようだが、あまりに規模が小さいと、同時に、財政的な基盤が弱いこととおおむね同義となる。このように、自治体の integration の進め方は、財政力指数、実質収支比率、実質公債費比率との関連性が高いようである。

　保険者データを用いた先行研究では保険者の財政状況がサービス利用率などに影響を及ぼすといった研究結果❼がみられるが、その多くは都道府県レベルのデータや単一の保険者データを用いた分析であり、市区町村におけるデータを分析した唯一の先行研究からは、すでに、いずれも財政力指数が高いほど、実質公債費比率が低いほど、介護保険事業の実施数には高い傾向がみられている。

　わが国のように小規模な自治体を多く抱える国にとって、介護保険事業を自治体が実施していく際の困難さと、一定規模の人口や財源が乏しい小規模な自治体における integration の方法論には、さらなる検討が

必要であろう。

　2009（平成21）年度に実施した調査では自治体の先に示したデータ（有効回答290自治体）を用いて、評価項目の妥当性の検討を行い、保険者スコアを算出し、自治体（保険者）を4つのレベルに分類する提案も行われたが、スコアが高いグループを実際に訪問し、第三者が評価したところ、他者評価と自己評価の回答が一致しない自治体も少なくなかった。これは回答者である自治体が「保険者機能」を正確に理解していない状況であることを示していた。

　このため2013（平成25）年度老人保健健康増進等事業[注3]においては、調査項目を吟味し、わかりやすい10項目程度とし、さらに、この調査に回答するためのガイドブック（以下「ガイドブック」という）を作成することが予定されている。

　前述の事業では、地域包括ケアシステムの構築を進めるにあたり、各自治体が取り組むべき方向性と具体的なintegrationの手法について事例収集および検討を行い、上記ガイドブックと合わせて自治体に事例集を配布し、多様な方法を選択するための目安も提示することで自治体の取り組みを支援することも検討されている。

　このように、日本では昨今、改めて、integrated careを理念とした地域包括ケアシステムの構築と、その推進のための政策や研究的な事業が進められつつあるが、諸外国でも多様な取り組みがなされており、このなかには、日本にとって参考となる事例も散見されることから、次部では、諸外国を含め、昨今、実施されているintegrationのフレームワークや、具体的なプログラムについて紹介する。

[注3] 三菱UFJリサーチ＆コンサルティング株式会社による平成25年度老人保健健康増進等事業「介護保険の保険者機能強化に関する調査研究」において検討がなされているところである。

参考文献

[1] Armitage, G. D., Suter, E., Oelke, N. D. & Adair, C. (2009). 'Health systems integration: state of the evidence', International Journal of Integrated Care, 9(17), 1-11.
[2] Kodner, D. (2009). 'All together now: a conceptual exploration of integrated care', Healthcare Quarterly, 13 (Sp), 6-15.
[3] Oxman, A. D., Bjorndal, A., Flottorp, S. A., Lewin, S. & Lindahl, A. K. (2008). Integrated Health Care for People for Chronic Conditions. Oslo: Norwegian Knowledge Centre for the Health Services.
[4] Shortell, S. M. (2000). Remaking Health Care in America: The evolution of organised delivery systems. San Francisco: Josey Bass.
[5] Rosen, R., Mountford, J., Lewis, R., Lewis, G. H. L., Shand, J. & Shaw, S. (2011). Integration in Action: Four international case studies. London: Nuffield Trust.
[6] Leutz, W. N. (1999). 'Five laws for integrating medical and social services: lessons from the United States and the United Kingdom', Milbank Quarterly, 77(1), 77-110.
[7] Grone, O. & Garcia-Barbero, M. (2001). 'Integrated care: a position paper of the WHO European Office for Integrated Health Care Services', International Journal of Integrated Care, 1(e21).
[8] Kodner, D. L. & Spreeuwenberg, C. (2002). 'Integrated care: meaning, logic, applications, and implications-a discussion paper', International Journal of Integrated Care, 2(e12).
[9] Simoens, S. & Scott, A. (2005). 'Integrated primary care organizations: to what extent is integration occurring and why?', Health Services Management Research, 18(1), 25-40.
[10] Lloyd, J. & Wait, S. (2005). Integrated Care: A guide for policymakers. London: Alliance for Health and the Future.
[11] Edgren, L. (2008). 'The meaning of integrated care: a systems approach', International Journal of Integrated Care, 8(e68).
[12] Ehrlich, C., Kendall, E., Muenchberger, H. & Armstrong, K. (2009). 'Coordinated care: what does that really mean?', Health and Social Care in the Community, 17(6), 619-627.
[13] Stein, K. V. & Reider, A. (2009). 'Integrated care at the crossroads-defining the way forward', International Journal of Integrated Care, 9, 1-7.
[14] Lewis, R., Rosen, R., Goodwin, N. & Dixon, J. (2010). Where Next for Integrated Care Organisations in the English NHS? London: Nuffield Trust.
[15] WHO Health Systems Strengthening Glossary [online glossary]
URL<http://www.who.int/healthsystems/hss_glossary/en/index5.html> (accessed on 2014.01)
[16] Kodner, D. L. (2002). The quest for integrated systems of care for frail older persons. Aging, Clinical & Experimental Research, 14, 307-313.
[17] van der Linden, B., Spreeuwenberg, C. & Schrijvers, A. (2001). Integration of care in the Netherlands: the development of transmural care since 1994, Health Policy, 55: 111-120.

⑱Smith, S., Allwright, S. & O'Dowd, T. (2007). Effectiveness of shared care across the interface between primary and specialty care in chronic disease management, Cochrane Database Syst Rev, CD004910.

⑲Kodner, D. & Spreeuwenberg, C. (2002). Integrated care: meaning, logic, applications, and implications: a dicussion paper, Int J Integr Care, 2: e12.

⑳Cookson, R. (2005). Evidence-based policy making in health care: What it is and what it isn't. Journal of Health Services Research & Policy, 10, 118-121.

㉑Fox, D. M. (2005). Evidence of evidence-based health policy: The politics of systematic reviews in coverage decisions. Health Affairs, 24, 114-122.

㉒Lavis, J. N., Posada, F. B., Haines, A. & Osei, E. (2004). Use of research to inform public policymaking. Lancet, 364, 1615-1621.

㉓Moynihan, R. (2004). Evaluating health services: A reporter covers the science of research synthesis. New York: Millbank Memorial Fund.

㉔Alexander Jeffrey, et al. (2012). Does the patient-centred medical work? A critical synthesis of research on patient-centred medical homes and patient-related outcomes. Health Services Management Research, 25(2):51-59.

㉕Boon, H., Verhoef, M., O'Hara, D. & Findlay, B. (2004a). From parallel practice to integrative health care: A conceptual framework. BMC Health Services Research, 4, 1-5.

㉖Coster, G. (1998). An academic perspective on the development of integrated care. Healthcare Review Online, 2, (10).

㉗Marriott, J. & Mable, A. L. (1998). Integration: Follow your instincts, ignore the politics, and keep your eyes on the ideal model. Canadian Journal of Public Health, 89, 293-294.

㉘Marriott, J. & Mable, A. L. (2000). Integrated health organizations in Canada: Developing the ideal model. Healthcarepapers, 1, 76-87.

㉙Billings, J. R. (2005). What do we mean by integrated care? A European interpretation. Journal of Integrated Care, 13, 13-20.

㉚WHO (2000). WHO The World Health Report 2000-Health systems: improving performance. Geneva:World Health Organization.
URL<http://www.who.int/whr/2000/en/index.html> (accessed on 2014.01)

㉛Hofmarcher, M., Oxley, H. & Rusticelli, E. (2007). Improved health system performance through better care coordination. Paris, OECD.
URL<http://www.oecd.org/dataoecd/22/9/39791610.pdf> (accessed on 2014.01)

㉜Nolte, E. & McKee, M. (2008). Caring for people with Chronic Conditions: A Health System Perspective: Maidenhead Open University Press.

㉝Shortell, S. M., Gillies, R. R. & Anderson, D. A. (1994). The New World of Managed Care: Creating Organized Delivery Systems. Health Affairs, 13(5): 46.

㉞Simoens, S. & Scott, A. (1999). Towards a Definition and Taxonomy of Integration in Primary Care. Aberdeen: University of Aberdeen.

㉟Delnoij, D., Klazinga, N. & Glasgow, I. K. (2002). Integrated Care in an International Perspective. International Journal of Integrated Care, 2(1): e04.

㊱Rosen, R., Mountford, J., Lewis, R., Lewis, G. H. L., Shand, J. & Shaw, S. (2011). Integration in Action: Four international case studies. London: Nuffield Trust.
㊲Contrandripoulos, A-P., J-L. Denis, N. Touati & C. Rogriguez. (2003). The Integration of Health Care: Dimensions and Implementation. Working Paper No 4-01. Groupe de researche interdisciplinaire en santé. Montréal: Université de Montréal.
㊳Fulop, N., Mowlem, A., Edwards. Building Integrated Care: Lessons from the UK and Elsewhere. London: The NHS Confederation, 2005.
URL<http://www.nhsconfed.org/Publications/reports/Pages/Buildingintegratedcare.aspx.> (accessed on 2014.01)
㊴Lawarence P. R. & Lorsch J. W. (1967). Organization and environment. Managing differentiation and integration. Cambridge, Harvard university Press.
㊵MacAdam, M. (2008). Frameworks of Integrated Care for the Elderly: A Systematic Review. CPRN Research Report. Ottawa: Canadian Policy Research Networks. Available at www. cprn. org.
㊶Leutz, W. (1999). Five laws for integrating medical and social services: Lessons from the United States and the United Kingdom. Milbank Quarterly, 77, 77-110.
㊷Ramsey, A. & Fulop, N. (2008). The Evidence Base for Integrated Care. London: King's Patient Safety and Service Quality Research Centre.
㊸Simoens, S. & Scott, A. (2005). 'Integrated primary care organizations: to what extent is integration occurring and why?', Health Services Management Research, 18(1), 25-40.
㊹Goodwin, N. (2008). 'Diagnostic delays and referral management schemes: how "integrated" primary care might damage your health', International Journal of Integrated Care, 8, e78.
㊺Suter, E., Oelke, N. D., Adair, C. E. & Armitage, G. D. (2010). Health Systems Integration Healthc Q. 2009 October; 13(Spec No): 16-23.
㊻Suter, E., Oelke, N. D., Adair, C. E., Waddell, C., Armitage, G. D. & Huebner, L. A. (2007). HEALTH SYSTEMS INTEGRATION-DEFINITIONS, PROCESSES & IMPACT :A RESEARCH SYNTHESIS. Research Report on Arbata Health Service, Cargary Religion.
㊼Burke, W. W. & Litwin, G. H. (1992). A causal model of organizational performance and change. Journal of Management, 18, 523-545.
㊽Miller, J. L. (2000). A post-mortem on healthcare integration: An organizational development approach. Healthcare Leadership & Management Report, 8, 5-15.
㊾Lukas, C. V., Meterko, M., Lowcock, S., Donaldson-Parlier, R., et al. (2002). Monitoring the progress of system integration. Quality Management in Health Care, 10, 1-11.
㊿Markoff, L. S., Finkelstein, N., Kammerer, N., Kreiner, P. & Prost, C. A. (2005). Relational systems Change: Implementing a model of change in integrating services for women with substance abuse and mental health disorders and histories of trauma. The Journal of Behavioral Health Services & Research, 32, 227-240.
㉛Gillies, R. R., Shortell, S. M., Anderson, D. A., Mitchell, J. D. & Morgan, K. L. (1993). Conceptualizing and measuring integration: Findings from the health systems

integration study. Hospital & Health Services Administration, 38, 467–489.
㊾Boon, H., Verhoef, M., O'Hara, D. & Findlay, B. (2004a). From parallel practice to integrative health care: A conceptual framework. BMC Health Services Research, 4, 1–5.
㊿Fleury, M. J. (2006). Integrated service networks: The Quebec case. Health Services Management Research, 19, 153–165.
54Konrad, E. L. (1996). A multidimensional framework for conceptualizing human services integration initiatives. New Directions for Evaluation, 69, 5–19.
55Leutz, W. (2005). Reflections on integrating medical and social care: Five laws revisited. Journal of Integrated Care, 13, 3–12.
56Batterham, R., Southern, D., Appleby, N., Elsworth, G., Fabris, S. & Dunt, D. et al. (2002). Construction of a GP integration model. Social Science & Medicine, 54, 1225–1241.
57Byrnes, J. J. (1998). Do integrated healthcare strategies enhance quality? Integrated Healthcare Report, July, 6–10.
58Weiss, M. E. (1998). Case management as a tool for clinical integration. Advanced Practice Nursing Quarterly, 4, 9–15.
59King, G. & Meyer, K. (2006). Service integration and co-ordination: A framework of approaches for the delivery of co-ordinated care to children with disabilities and their families. Child: Care, Health & Development, 32, 477–492.
60O'Connell, B., Kristjanson, L. & Orb, A. (2000). Models of integrated cancer care: A critique of the literature. Australian Health Review, 23, 163–178.
61Wulsin, L. R., Sollner, W. & Pincus, H. A. (2006). Models of integrated care. Medical Clinics of North America, 90, 647–677.
62Strandberg-Larsen, M. & Krasnik, A. (2009). 'Measurement of integrated delivery: a systematic review of methods and future research directions', International Journal of Integrated Care, 8, 1–10.
63Vrijhoef, B. (2010). Measuring the Impact of Integrated Care. London, Nuffield Trust seminar, 26 March.
64Ahgren, B. & Axelsson, R. (2005). 'Evaluating integrated health care: a model for measurement', International Journal of Integrated Care, 5(31).
65Ling, T., Bardsley, M., Adams, J., Lewis, J. & Roland, M. (2010). 'Evaluation of UK integrated care pilots: research protocol', International Journal of Integrated Care, 10.
66Ouwens, M., Wollersheim, H., Hulscher, M. & Grol, R. (2005). 'Integrated care programmes for chronically ill patients: a review of systematic reviews', International Journal of Quality in Health Care, 17(2), 141–146.
67Gröne, O. & Garcia-Barbero, M. (2001). Integrated Care: A Position Paper of the WHO European Office for Integrated Health Care Services. International Journal of Integrated Care, 1: e21.
68二木立（2006）．新予防給付の行方──長期的な健康増進効果と費用抑制効果は未証明．社会福祉研究．95:20-28.
69太田貞司，森本佳樹，大口達也（2011）．地域包括支援センターの地域づくり機能と地域包括ケ

アシステム．平成22年度厚生労働省老人保健健康増進等事業，地域包括支援センターの機能強化および業務の検証並びに改善に関する調査研究事業報告書，54-63．
⑩社会保障審議会介護保険部会（2010）．介護保険制度の見直しに関する意見．2010年11月30日
⑪Kaplan, R. S. & Norton, D. P. (1993). Putting the balanced scorecard to work. Harvard Business Review, 71, 134-147.
⑫Kaplan, R. S. & Norton, D. P. (1992). The balanced scorecard-measures that drive performance. Harvard Business Review, 70, 71-79.
⑬関山昌人（2013）．顧客価値創造のための行政マネジメント第5回経営学者等の考えから学ぶ経営管理（下）．月刊地方財務8月号．
⑭Devers, K. J., Shortell, S. M., Gillies, R. R., Anderson, D. A., Mitchell, J. B. & Erickson, K. M. (1994). Implementing organized delivery systems: An integration scorecard. Health Care Management Review, 19.
⑮東内京一（2011）．地域包括ケアと地域リハビリテーション──埼玉県和光市の取り組みを中心に（特集 地域包括支援とリハビリテーション）．地域リハビリテーション．6(8), 574-578．
⑯山内康弘, 筒井孝子(2010)．地域包括支援センターの活動開始時期に関する計量分析．介護経営．5(1), 39-47．
⑰清水谷諭, 稲倉典子（2006）．公的介護保険制度の運用と保険者財政──市町村レベルデータによる検証．会計検査研究．第34号．

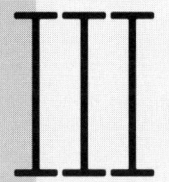

III 地域包括ケアシステムを構築するためのintegrationの方法

III-1 integrated care を実現するための様々な方法

① integrated care を実現するフレームワーク

　本書では、日本における地域包括ケアシステムは国際的にはケアの統合を意味する integrated care の文脈上にあることを紹介してきた。今後、各自治体が地域包括ケアシステムを構築するにあたっては integrated care の概念を理解し、自らの自治体の特性に合わせて、どのような integrated care を実現すべきかのビジョンが必要となる。

　また、ヘルスケアサービスにおける integration には、様々な利害関係者の調整や既存の政策との関係性の整理、当該地域における人口推移にかかわる問題、ケアの哲学、財政等が影響を与える❶〜❸。このため、これまでも述べてきたようにすべての組織や状況を反映したモデルとして、一つのモデルを使って説明することは不可能である。

　つまり、ヘルスケア提供システムの複雑性、サービスを受ける人々の多様性、ケアのレベルなどを鑑みれば、何らかの統一されたモデル、すなわち、地域包括ケアシステムのモデルがただ一つ提示されることはあり得ない。

　したがって、わが国で介護予防事業がはじまった際に、すべての自治体で、この予防モデルに沿った事業が実施されてもうまくいかない自治体が発生したこと自体は必然だったといえよう。

　自治体は、これまで提示されてきた多様なモデルやその有用性を理解し、その地域にあったモデルの選定ができるようにならなければならない。

そこで、ここは、HollanderとPrinceが提示したintegrated careのフレームワークについて触れ、それらの日本における応用可能性について検討する。

5つの必要条件

日本では、高齢化のピークを迎える2025年を見据えて、早急に地域包括ケアシステムを構築しなければならない。自治体は、すでに存在している多様なモデルから自らの特徴に合致したモデルを選択しなければならない。しかし、そのモデルを選択することもまた、それほど容易ではないと考えられる。

そこで、ここでは地域で継続的なケアサービスを確保することを目的とした、実戦的な枠組みとして、HollanderとPrinceが提示した5つの必要条件を紹介する❹。

これは、フレームワークとして紹介されているものではあるが、これから地域包括ケアシステムを構築しようとする自治体にとっては、今後、行うべき指針を検討するためには有益であろう。

> ①ケアシステムのメリットを信じる
> ②一連のサービスと持続可能な資金提供に対する確約
> ③ケアにおける社会心理学的ケアモデルへのコミットメント
> ④患者中心のケアへのコミットメント
> ⑤エビデンスに基づいた意思決定へのコミットメント

長期的にケアを必要とする人々へ適正にケアにかかわる資源を分配しようとするには、まずは、これから創ろうとするケアシステムにはメリットがあるということをこのシステムを利用することになるすべての利用者、事業者にも信じてもらうことが前提となる。

利用者（患者）はそれぞれ特別の課題をもっているが、統合されたケアシステムによって最良の対処法が実施されると信じることが求められるのである。現在、分断されているシステムを統合することは、必ずメリットがあると信じてもらうことを必須とすることは、個々の自治体において、その圏域にあった理念としての integrated care を示さなければならない。この実現にあたっては、その地域の住民間の規範的統合が何よりも重要である。これがないと 2005（平成 17）年から実施してきた介護予防事業のように失敗に終わってしまう。

　患者のニーズに合わせた継続的なケアシステムを提供するという合意が成立したら、次の段階ではすべてのサービスが十分に整備されるためには持続的な資金が必要であるという合意を得なければならない。

　また、これは社会全体でこの資金の供給が必要だという規範を醸成することと同義である。だが、これを基礎に十分なサービスの提供をすることに対しては、厳格な資金運営体制の構築が前提となる。

　医療や介護という領域には多くのステークホルダーが存在する。人命を救う医療サービスは明らかに重要であり、その後の継続的なケアシステムにおいて提供される介護や看護サービスもまた必要不可欠なものであることを認識してもらわなければならない。なぜなら、このシステムによって提供されるサービスは、長期にわたって提供されるという特徴があるからである。だが、これに要する財源には限りがある。

　だからこそ、このサービスを提供するにあたっては、患者はその身体機能や環境のなかでできる限りのことを患者自身が行うという規範の下でセルフケアやセルフマネジメントが基盤となることも認識してもらわなければならない。その際に、社会心理学的ケアモデルの関与がなされることは、医療以外のサービスが重要であることを示している。

　先にも述べたが、おそらく、2005（平成 17）年から実施された地域

包括ケアシステムにおいては、この基本的な理念の合意がなく始められ、現在もまた、この状況が継続していることに問題がある。

　地域包括ケアシステムによって提供される統合型のケアの効率化には、政策決定者や行政の管理者、ケアの提供者らがそれぞれの方針や実践について、「私のやっていることは、サービス利用者（患者）のためになっているか？」「このケアは、どのようなことにつながるのか？」が、常に確認できる体制がなければならない。だからこそ、利用者のための利益がない、逆に有害であるような手法が採られていることが判明した場合は、その実践を変更しなければならない。そのためには、最初のintegrated careの推進における理念は、まさに、理念として破綻しない、すべての人々が合意できる普遍的な内容が掲げられていなければならない。

　例えば、本来、日本においては、介護支援専門員（ケアマネジャー）が第一に着目すべき点は、決められた財源の中で利用者（患者）のニーズに最も適切な対処法が導かれ、患者に提案できているかという点であった。

　ここで留意すべきは、介護支援専門員は、このサービスが提供されている財源の知識が豊富でなければならないということである。つまり、予算を理由にサービス変更をすることはあってはならないということである。このようなことが起こるとシステム全体において、利用者の不信感を生じさせることになり、結果として制度の安定化を損なうことになるからである。

　したがって、例えば、予防給付を地域支援事業の下で実施することを説明する場合に、「国が決めたから」、あるいは「予算がないから」ということは理由にしてはならない。当事者にどのようにして納得してもらうかについては、規範的統合の下で保険者で統一した回答と説明ができ

る体制を整備しなければならないのである。

integrated care を実現するフレームワークとしての 10 の実践的方法

さて、日本の地域包括ケアシステムの構築は遅々たる状況にあるが、今後の対応策を検討するために、以下に integrated care を基盤とするコミュニティの組織化のための 10 のベストプラクティスを紹介する。この 10 のうちの前半の 5 つは、システムの運営に際しての要件であり、後半の 5 つは、臨床的な要件として示されている。

①管理上のベストプラクティス

方法 1：思想を明確に記し、方針に組み込む

　地域包括ケアシステム構築をするにあたっての前提条件を明確に示し、住民が理解し、これを受け入れてもらうことである。これは、先にも述べたが、システム統合にあたって最も重要な事項は、規範的統合だからである。いかなる理念の下でシステムが統合されるのか、そして、それにはどのような意義があるのかが示されない限り、決して構成員の理解は得られない。

方法 2：一元化、高度にコーディネートされた運営管理

　地域包括ケアシステムを構築する際の最大の問題点は自治体に存在するいわゆる保健医療福祉サービスの担当者があらかじめ決められた領域の対象者としてしか、住民のニーズを判断できないことである。

　地域包括ケアシステムの構築に際しては、この構成員となるのが、あらゆる年齢層であり、これらすべての階層へのサービスが対象となるのである。したがって、これらの運営が一元化され、資金管理できるかということが課題となる。

現在は、こういった運営の責任は対象別、サービス別に存立しており、これを一元化し、運営することは全く想定されてこなかった。自治体の職員も特定のサービスについては、一元化が困難な場合があり、これを実行させることは現実的でないと考えているかもしれない。だが、できるだけ運営を一元化することを考えていかなければならないのである。

　例えば、学校教育で特別なニーズを抱える児童への支援サービスを自治体の地域包括ケアシステムのなかで扱うことは検討に値する内容である。このことについては、すでに2006年にKingらによって障害児やその家族のための統合ヘルスケアサービスのケースマネジメントモデルが示されている❷。これからの地域包括ケアシステムに、障害をもった子どもへのケアを含めることは目指すべき統合的なケアモデルとして有用な視点といえる。

　さて、一元化された運営の構造とは、資源の配置や戦略的プランの開発、システムレベルでの人材に関する問題の合理化、システム全体の情報システムの開発などを現実的な課題として検討することを可能にする。

　このような構造はケア提供者側に対しては、先に述べたように高齢者や在宅で養生する患者だけでなく、障害児、母子家庭、父子家庭へのホームヘルプサービス等、地域には多種多様なサービスが存在することを気づかせることになり、それへのアクセス方法を知らせることとなる。これは、住民にとって大きなメリットとなる。

方法3：一元化された財政管理

　地域包括ケアシステムにかかる財源管理を統一して行うことは、効果や効率性、ケア提供の質を最大にするための前提となる。また、この実現はサービス間の資金の移動を可能にする。

管理者にとっては、資金の上限の格差、利用者が支払う料金のばらつき、求められる条件や資格のばらつき、似たようなサービスであるのに報酬に差があるサービスや、方針に一貫性がないといったシステム全体での様々な実践上の問題発見とその解決にもつながる。

　例えば、統一された資金管理ができると、施策をよりよく実践している地域包括支援センターや、よいマネジメントを行っているケアマネジャーに報酬を与えることが可能となる。つまり、効率的なマネジメントを通じて浮いた資金を新たなサービスの開発やサービスの質の向上にあてることもできることになる。

方法4：統合されたICTシステム

　統合されたICTシステムによって、アセスメント情報が統合されることを目指すことで、患者やその家族は患者の状況を繰り返し話す必要がなくなる。患者から集められた情報やサービスの利用しやすさ、コスト、人口のデータなどは、研究や運営、治療などに関する分析の基礎となる。

　また、これらの情報はサービスの給付に関する認定、現在のサービスや医療処置等の効率性の確認をする際の基礎となるだけでなく、その分析によって提供されているサービスの質の向上に寄与しうる。

　さらに、これらのシステムによってサービス提供に関して、容易に地理的なエリアの特徴を判断するための指標の基礎も提供することになり、地域包括ケアシステムにおける圏域を設定する際の資料となる。

方法5：エビデンスに基づいたマネジメントへの助成金や報酬

　効率的で事実に基づいたマネジメントを行うためには、適切な財源が用意されなければならない。意志決定者や自治体の担当者、サービス提

供者はそのサービス提供やその他の活動の事実に基づいて、サービス提供システムが効率的に運営されるための管理者になることが求められる。

　これは、エビデンスに基づいたマネジメントやサービスの提供の有用性を認識し、この段階に応じた新たな助成金や報酬システムを構築する際に役立つ。

②臨床上のベストプラクティス
方法６：初回にシステムを利用する際の窓口の一元化
　利用者が参加するための入り口となる窓口が一つになることにより、サービスの提供における審査も統一化しやすくなる。このことは不必要なケアを受ける人を少なくすることにも寄与することになり、結果として、地域包括ケアシステム全体の効率性を高めることになる。

　また、このシステムの窓口の一元化は患者個人が多くの立場の人と話してどのようなケアが自分に必要か、どのように利用したらよいのかを自分自身で探し出さなくてもよいことと同義とならなければならない。

　一般に、一元化されない窓口が採用されているシステムにおいては、人々は自分にとって適切で利用可能なケアに関する知識が乏しいため、適切なケアを得るために多くの機関をたらい回しされることになる。そして、結局、全く何のケアも受けられないことが少なくない。これを是正するのが、窓口の一元化といえる。

　また、この一本化は、サービス提供者の数が限られている場合、アセスメントを標準化し、システムへの新規加入の優先度を透明化し、加入の手続の際のスピードをコントロールすることにも寄与する。

方法 7：システム全体におけるアセスメントとケア提供の範囲の標準化

　利用者のニーズに対して、幅広いサービスを利用できるケアプラン作成を保証するために、システム全体でのアセスメントとケアの範囲は標準化されなければならない。ケアプランはサービスの範囲やサービス提供者からのサービス量を示すものとなる。

　ケアプランに基づいて患者はそのサービスを受ける場が設定される。つまり、そのサービス提供の場所が、施設や地域の患者の自宅でも患者の状態に適切な利用場所に用意されることになる。

　また、これを行うためには、それがサービス提供計画の策定や管理を担う専門職に提供する情報の妥当性や信頼性が検証されたアセスメントツールに基づかなければならない。地域でサービスを受ける場合、システムの効率性を高めるのはこの調整がうまくいった場合となる。

　日本の場合は、現時点では、地域で提供されるケアは費用が安いため、この場におけるアセスメントとサービス提供が、利用者（患者）のニーズに即した最も効率的なケアを提供する可能性を高めることと同等の意味をもつことになる。

方法 8：システム全体で統一された利用者（患者）分類システム

　統一化された利用者（患者）の分類システムは、いわゆる同一条件での比較を可能とする。例えば、同じ要介護度の利用者であれば、一方はコミュニティでのケア提供、他方は施設型のケアを受けているとする場合には、どちらのほうが効率性が高いかを判断できる。現在、地域包括ケアシステムを構築しようとしている自治体に、このような効率性に関する発想はほとんどないが、今後は同じ要介護度で、同様のサービス提供タイプの利用者（患者）を分類し、これに応じたプランを提供するプログラムの開発が求められることになる。

方法9：進行中のシステムレベルでのケースマネジメント

　利用者（患者）が、サービス提供にかかわるプランの変更を求めた場合は利用者（患者）のニーズと今提供されているサービスが適合しているかを確認して、プランを調整していかなければならない。もし定期的なモニタリングを怠ることで利用者（患者）の状態を悪化させることになった場合はより費用のかかる急性期病院へ入院などが必要になる。このような事態を避けるためには、定期的なモニタリングシステムが必要であり、これはシステム全体の効率を高める方法でもある。

　一般に、多くの利用者（患者）にとっては、継続的に同じ担当者がサービス提供にかかわることが最善であると考えられている。これを日本の介護サービスに置き換えて考えると、在宅から施設など違う形態の介護サービス利用に移行しても、同じケアマネジャーが担当するほうがよいということになる。

　今後、地域包括ケアシステムが推進されれば、施設サービスへのショートステイ、そして施設に滞在していた利用者（患者）が、また地域に戻るといった往来が頻繁に行われることが一般的となると想定される。

　その結果、ケアの要求に最もよく応えるということは、システムレベルでケースマネジメントを必要とすることになる。これを想定した場合、複数のケアマネジャーが必要か否かは明らかといえる。

方法10：患者やその家族の積極的関与

　現在、多くの利用者（患者）とその家族にとっての不満は、ケア提供者や行政、サービス提供計画の策定や管理を担う専門職からの情報が少ないということである。この問題を解決するために、政府や自治体、サービス提供者団体は、独自のウェブサイトを立ち上げ、患者の基本情報や今後対処すべき問題などに関する情報を提供してきた。ここでの問

題は、利用者（患者）に行われているサービスについての情報を平易な言葉で提供していないこととされている。

特に在宅で提供されているサービスの種類は多く、この内容がわかりにくい。このため、サービスの情報をわかりやすく伝え、利用者（患者）やその家族の積極的にケアに参加できる環境を創ることは大事であろう。

図1-1 Hollander と Prince による integrated care を実現するためのフレームワーク

哲学および方針の必要条件
①ケアシステムのメリットを信じる
②一連のサービスと持続可能な資金提供に対する確約
③ケアにおける社会心理学的ケアモデルへのコミットメント
④患者中心のケアへのコミットメント
⑤エビデンスに基づいた意思決定へのコミットメント

継続的なシステム/コミュニティケアを組織化するためのベストプラクティス

管理上のベストプラクティス
1. 思想を明確に記し、方針に組み込む
2. 一元化、高度にコーディネートされた運営管理
3. 一元化された財政管理
4. 統合された ICT システム
5. エビデンスに基づいたマネジメントへの助成金や報酬

臨床上のベストプラクティス
6. 初回にシステムを利用する際の窓口の一元化
7. システム全体におけるアセスメントとケア提供の範囲の標準化
8. システム全体で統一された利用者（患者）分類システム
9. 進行中のシステムレベルでのケースマネジメント
10. 患者やその家族の積極的関与

全体的な連携
1. 管理上の統合
2. 境界線上の連携システム
3. スタッフの共有

病院との連携
1. 特別なケアのためのサービスの購入
2. 病院の in-reach アプローチ
3. 地域の医師のコンサルテーション
4. さらなるケアサービスの医療統合
5. 境界線上の連携機能
6. 調整の義務づけ

プライマリケアとの連携
1. 境界をつなぐ機能
2. スタッフの共有
3. 医師の報酬を見直す
4. 連続的な地域モデルとプライマリケアモデルの融合

その他の社会的サービス等との連携
1. 特別なケアサービスの購入
2. 境界線上の連携システム
3. 高レベルの分野横断的な委員会

② カナダでのフレームワークを用いた評価の例

カナダにおける統合ヘルスシステムの特徴

　患者中心のケアは、integrated care を進める一つの大きな理由となるが、この新しいヘルスケア提供のための戦略❺～❽の推進は、同時にプライマリケアと地域の健康を向上させることと同じ文脈で語られることが多い。

　これまで述べてきたように、医療や介護サービス提供のあり方には、特にその構造と財政の点において、この数十年は国家施策の中核的課題となっており❾❿、まずは、専門職の共同作業と協力体制、ネットワークを通じた費用削減に関心が向けられる。

　カナダでも、ここ 10 年、integrated care の推進が図られてきたが、これらのサービス提供を「地域化」というワードで説明し、これにより画期的な変化が起こっていると紹介されている❾～⓬。

　これまで紹介してきた英国や、主にマネジドケア等によって、その取り組みが進められてきた米国、そして脱施設や在宅ケアコーディネーションを積極的に進めてきた北欧等の国々は、ヘルスシステムの統合という点では、カナダより先行していた。

　しかし、後発のカナダの成功と、ここで実施されている PRISMA ⓭と呼ばれる integration モデルは、ヘルスケアシステムの統合化に際して、「地域化」という政策が特徴と示されており、他国の integration とは異なる方法が採られていることから注目を集めている。

　PRISMA とは、Program of Research on Integration of Services for Maintenance of Autonomy の略であり、カナダのケベック州で試験的に 1999 年から 9 年間にわたる実証事業を経て、現在も実施されている coordination（協調）レベルのモデルである。このモデルには、

6つのメカニズム（コーディネーション、ケースマネジメント、シングルエントリーポイント、標準化されたニーズ評価、ケースマネジャー、情報共有システム）というツールが利用され、これらがすべて連動して、統合が実現するとされている。

さらに、この手法は一つの組織が地理的に定義された人口の実質上すべてのヘルスサービスの責任を担うとの説明がされている[14][15]。したがって、サービスの地域化は、それまで複数の異なる提供者がばらばらの場所で提供していたすべての領域のケアを再構築し、管理する方法として説明されている。

カナダでは、「この（システムの）連続体の中にあるサービス、提供者、組織は、サービスを補完・調整し、継ぎ目のない統一されたシステムを継続して利用者に提供できるように、協力して働く」と定義され、統合されたヘルスシステムはすべてのレベルのケア（つまり第一次・第二次・第三次・回復期／リハビリ・長期的ケア）を網羅するということが明示されている[16]〜[18]。

このカナダ政府の取り組みは、日本が目指す地域包括ケアシステムとの共通点が多いといえる。このシステムは、その効果的なコミュニケーションと標準化された手続きの結果として、質や安全性の面でより高いパフォーマンスを提供していると報告されている。また、このシステムは人的な資源を共有することや分断されたシステム間で重複するサービスという資源の損失を解決するかもしれないといわれている[19]。だが、その結果はまだ十分に実証されていない[20]。さらに統合されたヘルスシステムの利点と考えられているものには、ケアの利用に際しての患者満足度の向上や全体のケア調整が向上することや健康についての予防的な施策などが挙げられるが、この点についてもそのエビデンスはこれから示されるというところのようである。

カナダにおける評価プロジェクトの概要

　このカナダの integrated care における実践的なフレームワークは先に述べた Hollander と Prince による integrated care のフレームワークによって以下のような検討がなされている[21]。

　カナダの各州政府は、選択した integrated care フレームワークに対する「哲学および方針の必要条件」を明示していた。また、ほぼすべての州で「管理上のベストプラクティス」は非常に重要と考えていたにもかかわらず、まったく実行されていなかった。

　例えば、integrated care システムの主要な機能の一つに統合化された情報システムの利用可能ということがある。これも全州で重要と回答はしているにもかかわらず、このシステムが整備されていた州はなかった。

　さらに、ほとんどの州で財源の一元化もなされておらず、わずか5州だけが継続的なケアサービスについての一本化された窓口があったにすぎない。意思決定へのコミットメントに対してのインセンティブについては、全州で取り組まれていなかった。

　このように先駆的な取り組みをしてきたカナダでさえも、integrated care システムを支援するための一元化された管理的構造は、重要であると回答しているにもかかわらず実現はされていない。

　しかし、「臨床上のベストプラクティス」においては、各州ともに多少なりとも成功例が示されていた。例えば、7つの州でケアの一元化された窓口、または、連携がされたシステムを有していると回答していた。

　この他に、9つのすべての州には、州内全域で共通の評価およびケア認定の手法があった。また7つの州には、システムレベルの患者分類システムがあった。そして、6つの州では現在使用中のシステムレベルでの症例管理を行っていた。さらに、すべての州には、患者の家族と連絡

を取るメカニズムがあった。

　しかし、連携メカニズムは、ほとんど機能しておらず、例えば、人種を超えた管理的連携メカニズムについては、州の半数はまだ、この機能を重要であるとは考えておらず、これを有していたのは、わずかに2つの州だけであった。

　病院との連携は、8つの州で病院に在宅介護のケースマネジャーを設置していた。また、半数の州が不要な入院を予防するために病弱な高齢者の自宅へ往診を行う医師を設置していた。

　また、ケベック州のRHA 注1 だけは、こういった不要な入院をすることで病院が代替をした日数分の料金を在宅側が支払う責任があるというシステムをもっていた。これは、このような不要な入院日数は施設や地域ケアシステムの失敗を示すものと考えられているからである。

　プライマリ医療との連携は、5つの州が現行の病弱な高齢者のケアに対しての医師の報酬は相応しいものであると回答し、また、4つの州が医師は往診の報酬として適切な額であったと回答していた。

　オンタリオ州には、在宅介護のケースマネジャーがプライマリケアのオフィスにおり、その連携を担っていた。さらに、調査対象となったケベック州の1つのRHAおよびプリンスエドワードアイランド州には、一次診療医との在宅介護プログラムの調整に携わる医師も存在していた。

　その他の社会福祉サービスとの連携は、半数の州で様々なレベルの支援サービス付き住居への入居資格に関する施策があった。6つの州には

注1

RHA（Regional Hearth Authority）は、健康増進といった公衆衛生やヘルスケアサービスの提供を州政府から委託されて行う行政統治機構を指す。カナダには10の州と3の準州があり、それぞれ州ごとに数は違うがRHAがある。

高齢者に必要となるケアを供給するための計画をするシステムが構築されていた。

カナダ各州における integrated care 推進のための方策

　州政府や RHA が高齢者向け integrated care の向上において最も重要であると考える次のステップは、医療サービス（病院、医療）とソーシャルケアサービス（長期療養施設、在宅介護、その他の地域サービス）を扱う2つの異なったヘルスケア局をもつ2つの州（ニューブランズウィック州とプリンスエドワードアイランド州）では、この2つの行政機関の間に合同行動計画を立てることであると回答されていた。また、オンタリオ州は、現在、今後3年間にわたり7億ドルを投じた高齢者向けの統合地域ケアサービス「在宅高齢化計画」設立の実施段階にあるとされていた。日本においても同様に、介護保険制度における介護保険事業計画と地域医療計画を合同で計画するといった方法は、地域包括ケアシステムの推進には有効な方法となるだろう。

　カナダでは、RHA への在宅介護および長期ケアサービスが確立していないノバスコシア州では、2009年までに在宅介護と継続ケアサービスを RHA に移管させることと回答されていた。このように、州によっては、integrated care を推進するためには、これを実現する機関を一本化する、あるいは、合同で業務を実施するスキームを創るという提案がなされていた。これも組織的統合の一つとして興味深いモデルといえる。

　この他に、マニトバ州の RHA は、最も重要な次のステップとして、ホームドクターとコミュニティサービスの統合をさせていくと回答していたが、日本の開業医にも地域で提供されているサービスの理解を深めてもらうことは重要だろう。

日本でも自治体の規模によるが、カナダと同様に医療と介護を縦割りにせず、一本化できるように行政機構を再構築することは、医療と介護の連携を進める方法としては有効かもしれない。

　いずれにしても、カナダ各州で実施した統合的な継続ケアの枠組みにおけるベストプラクティスの機能の評価を日本の自治体で実施してもらうことは当該自治体が、どのフレームにおいて、長所と短所があるかを検討することになるだろう。

　さて、すべてのカナダ州政府は医療改革課題の一環として、在宅地域介護サービスの分野により多くの予算を配分していた。これは、そうすることで高齢化、家族介護者への支援提供の必要性を示し、緊急および居住型長期ケアの乱用を減少させるためであると説明されている。そして、入院や居住型長期ケアを利用する以外に方法がない人々の看護を可能にする技術を進歩させるといったことも検討されているという。

　このようにカナダは、州別に integrated care システム構築の方法や向かい合っている課題が異なっていることを、先に示したフレームワークから明らかにしている。

　日本でも同様の調査が実施されれば、例えば、管理的 integrated care と臨床的なものにおけるベストプラクティスの違いや、その連携について明らかにされる可能性は高い。そして、自治体の integrated care の進捗の具合にはばらつきがあることや自治体にとっては施策として何が最も優先すべき課題かを明らかにすることができ、有用なデータが入手できることになるだろう。

③ 各国における integrated care を実現する具体的なケア提供プログラム

ケア提供プログラムの integration レベル

　これまで integrated care を実現するフレームワークを紹介してきたが、海外には integration を包含した具体的なケア提供プログラムがある。これらのプログラムは、これまで紹介してきたフレームワークを定式化した「継続的なシステム／コミュニティケアを組織化するためのベストプラクティス」の一つともいえる。

　例えば、Hébert は、先に示した Leutz の3つの統合（integration）のレベル[22]（linkage、coordination、full integration）を援用し、これらのプログラムを概括している[13]。

　まず、linkage レベルについては、患者のニーズによって情報の紹介や専門職間の協働を促す、という統合のレベルであり、組織がケアのプロトコル（過程）を発展させている過程として理解される。しかしながら、この段階は組織の運営を行ううえで、法律や責任の所在、作業ルールといったものを遵守する必要があり、統合的なケア提供という観点においては制約が多いともいえる。

　概ね、ケア提供機関における統合のレベルはこの linkage レベルに留まっているとされている。

　逆に、最も統合レベルが高い、full integration レベルにおいては、統合的なケアを提供する組織（一つの構造体とは限らず、複数の組織からなるサービス提供組織によって運営されることもある）がすべてのサービスに責任をもつことになる。

　このレベルのケア提供プログラムとしては、California On Lok Project[23]（USA）、PACE[24]（Program for All inclusive care；USA）、

CHOICE [25] (Comprehensive Home Option of Integrated Care for the Elderly) といったものがある。

　これらのプログラムは、利用者の評価とケアを基本とした学際的チームによって、デイセンターを中心に実施されている。利用者は比較的厳しい条件（障害の程度等）によって選別され、プログラム実施対象外とする排除のクライテリア [注2]（BPSD 等による）も存在する。これらのシステムは、たいてい同時に保健医療・福祉の提供機関としての機能も有している。サービスは、同一機関においてシステム化された手順により提供されるか、あるいは外部の機関と連携して、サービスが病院、特別な医療ケア、長期ケア施設に提供される。

　一方、デイサービスセンターを含まない統合ケアプログラムとしては、Social HMO [26]（USA）、SIPA（Services intégrés pour les personnes âgées fragiles）等がある。これらのプログラムでは、サービスは、サービス提供のために雇用された人、あるいは、すでに何らかのサービス利用によって、つながりをもっている組織によって提供される。

　full integration レベルの統合ケアプログラムは、保健医療、福祉分野だけでなく、その他の分野も複合的に運営している。これらのモデルでは、統合ケアプログラムがカバーしない領域のサービスを利用しない限りは、すでにシステム化されたサービスの過程やサービス提供構造を変えることはめったにない。これらのプログラムにおいては、利用者にかかるケアのコスト管理が重要な視点となっていることが多いとされて

注2

クライテリア（criteria）とは基準（規準）であり、決断や分類のための固有の資質や特徴を指す。例えば、脳死判定基準における基準は、クライテリアである。スタンダード（standard）も基準と訳されるが、こちらは卓越性や達成度の所定の水準を指す。

いる。

またcoordinationレベルは後述するPRISMAが該当する。このレベルは、様式化された患者のニーズを評価し、利用者のもつケアニーズの複雑性に対してケアをマネジメントし、サービス提供を行うためのプログラム実行と改善がなされる。また、各組織はそれぞれの構造を保つが、傘のような構造で互いの活動に際して参加することができ、利用者のニーズやケア提供過程に応じて、ケア資源を提供する、あるいは、ケア提供過程の一部をなすとされている。このレベルは、full integrationと比較し、特定の分野に留まらないことが特徴とされている。以下に比較表とそれぞれのモデルの構造の模式図を掲載する（表1-1 図1-2）。

表1-1 coordinationレベルとfull integrationレベルにおける統合ケアプログラムの要素

統合ケアの要素	coordination model (e.g., PRISMA)	full Integration model (e.g., SIPA, PACE, CHOICE)
保健医療システムとのつながり	システムに組み込まれている	同一機関における囲い込み
協働・連携	すべてのレベルにおいて重要（政策、機関のマネジメント、臨床的業務）	臨床的業務においてのみ重要
ケースマネジャー	重要（外部のサービス提供機関との協働）	重要（学際的チームと協働）
シングルエントリー	重要	重要ではない
個別サービスプラン	重要	重要
独自のアセスメントツール	重要（すべてのケア提供機関に対して）	重要（内部におけるケア提供過程において）
電子化された臨床チャート	重要（すべてのケア提供機関に対して）	内部での使用のみ
予算	ケア提供機関との交渉（コスト管理は重要ではない）	コスト管理が重要となる

図1-2 coordinationレベルとfull integrationレベルにおける統合ケアプログラムの構造

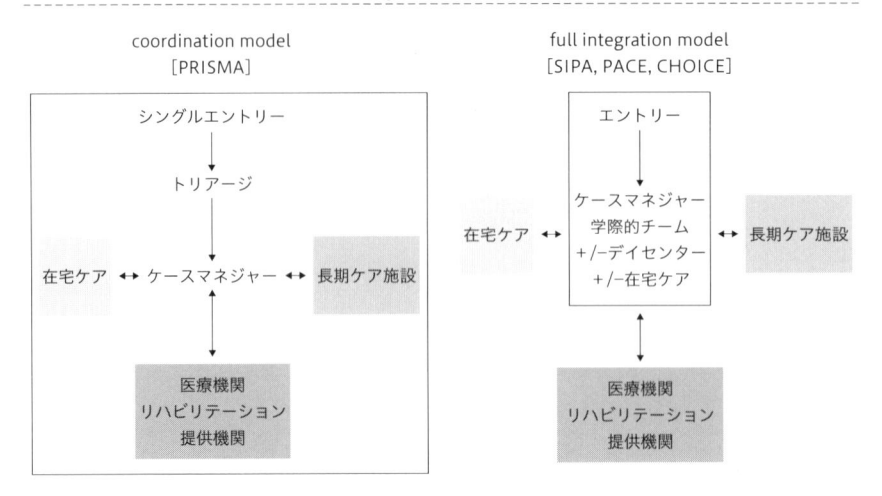

```
coordination model              full integration model
   [PRISMA]                     [SIPA, PACE, CHOICE]

   シングルエントリー                    エントリー
        ↓                            ↓
     トリアージ                      ケースマネジャー
        ↓                          学際的チーム
在宅ケア ↔ ケースマネジャー ↔ 長期ケア施設   在宅ケア ↔ +/−デイセンター ↔ 長期ケア施設
        ↕                        +/−在宅ケア
     医療機関                          ↕
   リハビリテーション                   医療機関
     提供機関                       リハビリテーション
                                    提供機関
```

　integrated care の取り組みは、決してスムーズに linkage から coordination を介して full integration へと直線的に移行することはない。構造・組織・行動を改革する際と同様に、ケアを integration する際も完全な改革が必要な場合もある。

　このように様々な利害関係者や組織が integration をしていく段階には、図1-2に示すような、関係者、あるいは、関係機関間の同意を得ることが重要な第一歩となる。これがなされず、個々のサービス提供者間の経済的観点からだけの合併によって、その integration の目標がトップダウン方式で設定されるような場合には、integration は成功する可能性は低い[27]。

　なぜなら、こういった integration の成功には、必ずその前提となる normative（規範的）integration が重要だからである。繰り返し示してきたことであるが、統合に際しての目標とは、integration される個々の事業体の規範の統一なしには決定できないということである。

④ 諸外国における integrated care の取り組みの日本への応用可能性

日本における様々な integration の段階

　日本では、この integration に関する研究が脆弱であることを反映し、またシステムとして成功している事例が非常に少ないことから、依然として、このシステムがいかなるものかが十分に理解されていない状況が続いている。このようなことが背景となって、integrated care のアウトカムに関する研究成果もほとんどなく、特にコストについては介護保険料と保険者機能との関連を示した成果[29]以外には示されていない状況にある。よって、先に述べた地域化を核としたカナダの integrated care のあり方は日本にとっては興味深い内容といえる。

　だが、日本では臨床的な文脈における統合はすでに1990年代から主に医療領域で推進されてきている。これは諸外国では、clinical integration（臨床的統合）といわれ、患者へのケアとサービス機能やその活動を整備していくことと定義されてきた[16][18][29]。

　このレベルの integration が着目しているのは、ケアの連続性と調整、病気の管理、ケア提供者間の良好なコミュニケーション、情報の円滑なやり取り、検査や治療の重複を排除することである[16]。このため、こういった臨床的統合を統合的なシステムとして成功させるために患者記録やサービス提供のための中央システム、また最良の実践手順を標準化しなければならないとされている[30]。

　Leutz[22][31]は、このような患者のニーズなどに関するいくつかの領域を基盤にしたヘルスサービスの統合を3つのレベル（linkage、coordination、full integration）で提案しているが、ここでいう患者のニーズとは、安定、重症度、症状の慢性化、介入とサービスの緊急性、頻度、

ニーズの複雑さといった観点から把握される。

　linkage レベルの患者のニーズは比較的単純であるとされている。したがって、適切な情報と良い照会だけでニーズは満たされる。おそらく日本の介護保険制度における給付として、単一のサービス、例えば、通所サービスのみを受けている要介護高齢者は linkage レベルと分類できるかもしれない。

　coordination レベルは、ケアマネジャーがケアシステム全体の利益とサービスを調整する必要がある。

　そして、full integration レベルは、十分なヘルスサービスの統合が必要で2か所以上の事業所からサービスを受けている。医療を含むサービスを必要としている要介護高齢者らは、このレベルといえる。このレベルの integration レベルは高度であり、多様なニーズをもつ比較的小規模の人数が対象となる。

　また、この full integration レベルは、サービス統合を促す者としてケースマネジャーの関与が求められる[2][32]〜[34]。ここでいうケースマネジャーは、患者が入院時から退院して地域に戻るときまですべての患者のケアを調整するが、医療・看護・介護サービスすべての integration を行うマネジメント能力は、わが国のケアマネジャーにはこれまで期待されてこなかった。

　なぜなら、入院から、退院、そして在宅といった医療やケアの場所を移動していく患者のニーズに対応するための計画を作成するには、健康の促進や自己管理を含む疾病管理（disease management）の知識が必要だからである。これには公衆衛生的な観点からの疾病リスクの早期発見、慢性疾患の管理や介入を含む医学的な知識が必要とされるが、こういったことを理解するだけの基礎的な教育を現行の介護支援専門員（ケアマネジャー）には要求していないからである。さらに、退院後は、

病気の再発防止、急性期の管理もケアマネジャーの手腕にかかるとなると、相当の医学的知識とマネジメント能力が要求されることになる。

しかし、Leutz は、ここで述べたような高度なケースマネジメントを必要とするのは full integration レベルだけであると言っており、日本の要介護高齢者のなかでも一部の人に過ぎない。したがって、日本に存在している 54 万 6000 名のうちの実働 14 万人のすべてのケアマネジャーにこの能力が必要とされるわけでない。したがって、これからわが国で推進する地域包括ケアシステムにおける臨床的統合を実現できる能力をもったケアマネジャーを選抜する方法を検討すればよいだけかもしれない。

日本における integration の推進

日本の社会保障と税の一体改革法案もまた政策における integration といえるが、これにより、サービス提供機関の垂直的統合や保健医療・社会分野のケアとの統合を進めようとしてきた。

今後、日本でも、例えば、英国がすでに進めている保健ケア提供者と社会ケア提供者の共同監視を簡易化するため、英国 NHS が規制を緩和し、ケア提供者の共同作業に対し、金銭的インセンティブを行うといったことや、保健と社会的ケアの間で統合ケアの発展を目指すといった施策は、検討すべき施策の一つとなるだろう。

また、わが国では、サービスの統合を改善するための方策として、その多くを診療報酬等を使って、サービス提供者間の障壁をより低くする、あるいは解消することに焦点をおいてきた。先に紹介したように臨床的統合についても診療報酬としてチームケアによる加算やケアカンファレンスにかかる報酬を新設してきたが、さらに税と社会保障一体改革法案では医療と介護の効率的な提供についての具体的な整備指針が示されつ

つあり、政策実行側と提供者間の協調も、統合の一部㉟として検討すべき時期に入った。

　今のところ、英国のような共同化したアプローチを行っている国はそう多くはないようであるが㊱、GP運営共同体を発展させ、二次医療をプライマリケアチームに介入させていくといった新たなケア共同体の提案は㊲、日本でも、国保病院を核とした地域包括ケアシステムなどで実現できる可能性はある。

　一般に、日本の政策立案者らだけでなく、先進諸国では、健康上のアウトカム（有効性）や平等を基にして政策を決定することを、それが数値で計測可能な作業なのに、嫌がることが多い㊳〜㊵。これは、多くの利害関係者間の調整が難航するためである。このため有効で平等な医療システムの方向性を一本化することが極めて困難か、あるいはとうてい不可能と信じられてきたからである㊶。

　いずれにしてもintegrated careをヘルスケアシステムに取り込むためには、そのパフォーマンスを計測する方法が必要である。しかし、これには目指すべきアウトカムが定義されなければならない。したがって、integrated careを理念とした地域包括ケアシステムを構築するためには政府は、そのアウトカムを示すことが必要であり、その戦略を策定するにあたってのモデルの吟味が必要な時期が来たともいえる。

　しかし、これまで本書において解説してきたように、統合にかかわる言葉や用語は多様化・複雑化し、その理解が困難になるという問題が発生している。このような傾向があることはやむを得ない。なぜなら、統合の形態は、国やその組織によって多様だからである。

　ただし、少なくともここで説明してきたように、統合の形態が多様であることに留意し、今後、日本の自治体において、地域包括ケアシステムを検討する際にはその自らの地域圏の特徴を鑑み、新たに実現すべき

システムを構築するというプロセスが求められてくることは間違いない。その際には、現在、示されている多様なモデルのあり様やその特徴を理解しておかなければならないだろう。

III-2 日本の地域包括ケアシステム構築に向けたフレームワーク

① フレームワークからみた推進の条件

サービス提供に際しての最適な規模の設定

　地域包括ケアシステムが推進されるためには、適度な規模、すなわち適正な圏域設定がなされなければならない。つまり、大きすぎても、小さすぎてもよくない。よい地域包括ケアシステムは、様々なレベルで、患者あるいは利用者らとのかかわりと参加を促すプロセスを備えていなければならないからである。

　住民のニーズや好みをよりよく理解するため、また、そのニーズを達成する際に適度な規模でのサービス提供体制を編成できることが、今後の地域を基盤とした統合的なケア提供の効果をより大きくすることになる。

　諸外国では、すでに適切な規模、圏域設定をどの程度で実施すると効果があるかを検証した研究が、これまでにいくつか散見される。これらを検討すると、例えば、認知症の早期診断をするためのシステムを最も有効に機能させるためには、どのくらいの人口規模が適切かと考える場合には、むしろ、必要とされる医師の人数や診療所の数といった供給側から検討していくという戦略のほうが有効のようである。

　もちろん、その際には、医師への臨床におけるチームケアを推進するための研修や、リーダーシップ訓練やプロジェクト管理についての支援が提供される仕組みがなければならない。

　また、地域包括ケアシステム構築のための条件には前章で述べたよう

に情報システムの整備が挙げられ、このシステムのインフラを効率化することは、今後は、特に重要となるだろう。

サービス提供にかかる情報共有システムの整備

　例えば、日本で最も地域包括ケアシステムの構築が推進されている自治体の地域包括支援センターでは、職員が当該自治体の圏域別の住民の医療、介護および健康データベースにアクセスできる。これは一つの方法論であるが、このようなシステムを効果的に利用するためには、センターの職員が新しいデータシステムと財政的・作業的・臨床的・管理的データの統合を行い、これを活用するための適切な訓練がなされるような研修システムがあることが前提となるだろう。

　このように地域圏域において、サービスに関する臨床と健康の包括的な範囲のなかで、患者へ継ぎ目のないケアを提供するためのサービスの統合が成立するためには解決すべき課題は少なくない。

　この地域包括ケアシステムが全国でさらに推進されていくためには、共同でケアの計画を立てるための多分野・多職種横断的な連携、アセスメントの情報の共有、学際的なケアマネジメントを行うための情報技術と意思決定プロセス、さらには、様々な組織や職種の従事者が共通の目標をもつことを促すことへの財政的な支援や、その他の奨励策を積極的に行うことは重要であろう。

　ヘルスシステムの統合を確固たるプロセスを経て実現するためには、運営、財政、組織、臨床とサービス提供のすべての組織レベルで、患者のニーズに合致し、必ず成果をあげることを目指したプロセス別の戦略をもつことが必要なのである[42]〜[45]。

② 戦略的なマネジメントによる自治体ビジョンの設定

目標設定の必要性

　日本の地域包括ケアシステムは当該地域の社会資源の実情に合わせて構築すべきものである。国際的にもケアの統合に向けた取り組みには、様々な規模と形態があるとの報告がされている。

　先行研究では、ケアの統合をどのように行うのかという「モデル」に着目した研究が多く実施されているが、英国の保健省によって実施された統合ケアの事業であるICP（integrated care pilot）は、それぞれの地域の状況に合わせて統合された様々な活動を自由に開発し、導入する[46]とした戦略の下で様々な統合モデルが試されている。ただし、それでも共通の目標は必要とされている。

　その英国のICPにおける目標設定は、①ケアを利用者のより身近なところで提供すること、②利用者の視点から見たケアの継続性を保つこと、③ニーズが最も大きい利用者を特定し、支えること、④予防ケアの提供を促すこと、⑤病院で提供する必要がないのに病院で提供されているケアの量を減らすことという5つが示されている。

　こうした目標設定は、例えば、2013（平成25）年度からすすめられている認知症初期集中支援チームの目標設定の前提として、自治体で定めておくべき事業のベースとなるビジョン設定として参考になる。なぜなら、認知症初期集中支援チームの活動については、同様に、共通の目標はオレンジプラン上で示されているが、各自治体が事業を遂行するにあたっては、独自のモデルでの実施がされることになるからである。

事業推進のためのマネジメント

　マネジメントには様々な手法があるが、ここでは日本の自治体におい

ても導入が進められている戦略計画に基づいてマネジメントを行う戦略マネジメントを取り上げる。

戦略マネジメントとは、地域や自治体のビジョン（方向性・将来像）やミッションを提示し、これに沿ったかたちで政策目標のプライオリティづけ・目標水準の設定を行うことである。ビジョンとは、自らの組織や部門の「目指す将来像」である。

例えば、"日本で一番高齢者にやさしい自治体になること"がビジョンであり、一方、ミッション（使命）は、自分たちの組織や部門の「果たすべき責務」となる。すなわち、"日本で一番高齢者に充実したサービス提供すること"が果たすべき責務となる。そして、その際の戦略マネジメントにおけるビジョンの策定は、組織戦略の立案と同義であり、ミッションの策定は事業戦略の策定にあたる。

なぜ、こうしたビジョンやミッションが重要であるかについては、これを明示しないと、特に行政組織というところは、前例の踏襲的な活動を選択する傾向が強いからである。このため、新しいアプローチで統合型のケア提供を行う地域包括ケアシステムを進めるためには、戦略マネジメントの視点を自治体職員が意識すること、すなわち、「規範的統合」が重要になってくる。

さらに、ここでいう戦略マネジメントと従来型のマネジメントと比較すると、その核にある戦略計画が異なっている。第一に、計画の策定方法が違う。従来型においては、総合計画がボトムアップ型で策定されるのに対し、戦略計画型のマネジメントにおいては、トップダウンあるいは、ミドル・アップ・ダウン型で策定される。第二の相違点としては、戦略型マネジメントのほうが、ビジョン・政策目標が具体性に富んでいるということである。

いわゆる従来型のマネジメントによる総合計画は、ビジョンや政策目

標が具体性を欠き、包括的・抽象的文言にとどまるのに対し、戦略計画では、ビジョンの明示と政策目標の具体化と数値目標が設定されるのである。

また、総合計画型の場合は、各部課での自律的な執行計画の策定・実施を尊重するが、戦略計画型では、政府・行政、地域などのビジョンを戦略計画手法の活用によって描くことになる。

そして、この計画における戦略マネジメントは、概ね次の3ステップにおける条件がある❼。

①ビジョンが明確であり、政策目標の優先順位がある
②個々の施策目標が具体的で数値目標化されている
③ビジョンや政策目標が組織全体に浸透し、共有されている

このような戦略マネジメントによってビジョンが設定される場合には、高齢者福祉計画・介護保険事業計画や基本計画などの各種行政計画で設定した目標と今回の目標との整合性を図ることは重要になる。

なぜなら、日頃の活動や地域ケア会議のなかで区域ごとのニーズや課題を把握している地域包括支援センターとの協議やヒアリング等を通して、必要な政策や事業の立案につなげ、各種行政計画等に、今回の事業の内容を盛り込めるかどうかの吟味が当然求められることになるからである。

また、現在実施されている認知症の初期集中支援チームの編成と、このチームの方向性が示された自治体の認知症施策のあり方を示すビジョンの設定には、関係機関等との連携や市町村からの必要な情報提供、ニーズに対応するための施策立案、適切な行政権限行使など、市町村としての従来の計画との整合性があることが前提となる。このため、上記のような各種計画と連動を行う必要がある。

縦割り組織による事業推進の難しさ

　さて、多くの先進諸国や日本では、高齢者のための社会資源やサービスは、ケア提供主体が違うことや所属機関の属性（営利・非営利、医療・介護・福祉）が異なっているため、十分な連携が取られにくい状況となっている。結果として、医療・介護・その他の福祉といった各種領域ごとに、垂直的な方向性（急性期からリハビリテーション、生活維持期という方向性）における組織化のほうが進められやすいといわれてきた❹。

　現在のように、例えば、認知症高齢者に対応する社会資源やサービスを提供する組織が断片化されている構造の下では、社会資源やサービスは縦割り構造になってしまう。

　このようなケアの分断の問題は、次のような4つの断層によって、さ

図2-1 ビジョン・ミッション・事業・業務の構造（例）

I ビジョン
- ◆地域包括ケアシステムの構築のためのビジョン
  - 地域におけるケア提供体制づくり

II 施策（とそのアウトカム）
- ◆施策のアウトカムとは、いくつかの事業成果が積み重ねられて達成される一つのゴールと呼べるものであり、地域全体を見回して、「〜できた」といえる規模のもの
- ◆地域全体の住民が実際に恩恵を受けていることが確かなもの（≠業務投入量）
  - 認知症高齢者の在宅生活比率の上昇
  - 認知症支援施策の在宅（認知）
  - 高齢者在宅復帰率（退院後の在宅生活）の上昇
  - 地域資源との連携施策の構築

III 事業（とそのアウトカム）
- ◆事業のアウトカムとは、業務実践が積み重なって現れる成果であり、ある特定の事業内容について「〜できた」といえる規模のもの
- ◆ある事業が目的とする特定の課題において、実際に住民が恩恵を受けていることが確かなもの（≠業務投入量）
  - 認知症施策に参加する住民の増加
  - 認知症キャラバンメイト事業（〜認知）
  - 人々へのインフォーマル組織の把握に関する事業
  - 地域の各種組織の協調体制の構築に関する事業
  - 専門機関の機能と圏域の把握に関する事業

IV 業務（アウトプット）
- ◆業務ごとのアウトプットとは、事業のアウトカムに対して具体的に取り組むべき業務の実践を客観的な指標によって示したもの
  - 事業の広告件数
  - イベント開催件数
  - キャラバンメイト登録数
  - キャラバンメイト事業組織との連絡件数
  - インフォーマル組織の名簿登録数
  - インフォーマル組織との共同イベント開催件数
  - インフォーマル組織との連絡回数
  - 地域組織との共同イベント開催件数
  - 地域組織の情報収集に関する件数
  - 専門機関に関する情報収集に関する件数
  - 専門機関の担当者名簿登録数
  - ケースにおける協働件数

図2-2 アプローチごとのビジョンの立て方（例）

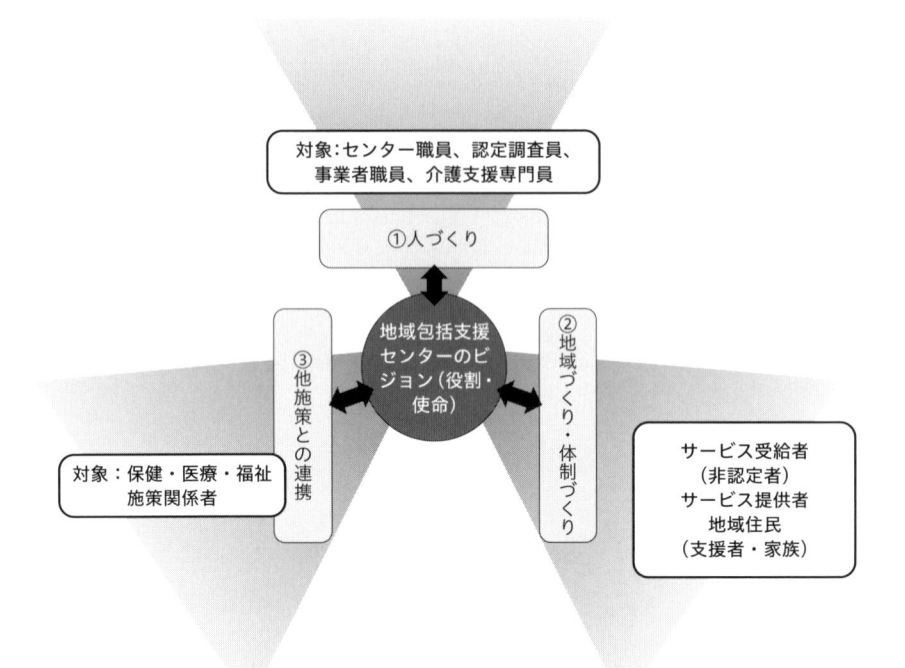

対象：センター職員、認定調査員、事業者職員、介護支援専門員

①人づくり

地域包括支援センターのビジョン（役割・使命）

②地域づくり・体制づくり

③他施策との連携

対象：保健・医療・福祉施策関係者

サービス受給者（非認定者）
サービス提供者
地域住民（支援者・家族）

らに増長される[49][50]と説明されてきた。

①保健・医療・介護・福祉の各領域間
②自治体職員と医療機関の間
③民間企業とNPO、公的機関の間
④家庭環境と施設環境の間

　これらの4つの断層によって、認知症高齢者に提供されるサービスが縦割り構造となり、十分な連携が困難であると、医療と介護サービスの間（急性期から生活維持期のケア）、地域サービスと医療機関サービス

の間、専門職によるフォーマルサービスと家族介護者をはじめとするインフォーマルサービスというようなサービスの分断が引き起こされやすく[51]、介護を必要とする高齢者のためのケアサービスの統合のためのコーディネーションが難しくなるのである。

③ ビジョン設定までのプロセスについて

　2012（平成24）年度は診療報酬、介護報酬の同時改定がされた年度であった。ここで示された国としての強いメッセージは、地域包括ケアシステムの実現にかかわる報酬への加算であり、例えば、認知症高齢者に対する支援の強化にかかわる報酬の充実であった。

　このような認知症高齢者への支援を充実させていくためには、地域圏域内でのかかりつけ医の整備、圏域内の医療および介護サービス基盤の整備、自治体独自の生活支援サービスや保険外の医療介護ニーズを満たすサービスの明確化とその整備、医療と介護の連携体制の整備（急性期から慢性期にかけての一貫的なケア提供のための退院支援、多職種協働を実現するケア会議の実施）等、多様な方策が実施される必要があった。

　しかし、当然のことながら、自治体が構築すべき「地域包括ケアシステム」を担う地域資源は地域ごとに大きく異なっている。したがって、これら地域の状況ごとに「地域包括ケアシステム」のあり方やケア提供主体は異なる。このため、このシステム構築の方法論もまた異なることになる。方法も答えも違うのである。

　そのため、自治体は自らの自治体における認知症高齢者を取り巻く状況を把握し、そこから考えられる課題を解決するための施策を立案しなければならない。しかし、施策立案にかかる必要なプロセスは各自治体

によって異なる。だが、どのようにビジョン設定をするかの基本的な方法論は同じである。

　戦略マネジメントを実践するうえでの第一のステップは現状の経営（運営）情報をまとめることである。この段階では、ビジョンの前提となる背景として、ビジョンを設定する組織や地域資源の至る所に分断化が生じているということである。まず、この分断化を自治体は意識しなければならない。そして、第2のステップとして、当該施策立案のステップを理解する。そして計画を実現するまでのプロセスは、後述のⅠからⅣの4つのパートによって構成される。これは、施策立案までのPDCAサイクルを基本としている。

　以下で説明するプロセスは、施策立案の視点を担うまでの問題意識の醸成とエビデンスに基づいた施策立案のためのデータ分析を行うための手順のプロセス化である。PDCAのplanにあたる施策立案を手順化したのは、Ⅲのパートであり、Ⅰについては、課題分析に至るまでのデータの収集と分析方法を具体的に示した。これについては、各自治体で入手可能な要介護認定データを用いたデータ分析の方法について例示した。

　また、各パートは、3つの統合のレベルである「システム統合」「組織的統合」「臨床的統合」に対応している。

表2-1 認知症初期集中支援チームの円滑な活動を行うためのビジョン設定までのプロセス(例)

Ⅰ．認知症高齢者の状況把握のためのスタートアップ資料の作成（臨床的統合のプロセス）
Ⅰ-1．市役所職員の問題の把握・共有（規範的統合）
Ⅰ-2．問題を把握するために必要なデータの確認
Ⅰ-3．データを作成するために必要な人材の確認
Ⅰ-4．データの収集・分析

Ⅱ．サービス導入に向けた課題分析・プロジェクトチームの設置（役所内の組織的統合のプロセス）
Ⅱ-1．認知症高齢者の見守りサービスの現状把握、分析
　①認知症高齢者の見守りサービスは、どのくらいの方が利用しているか
　　（高齢介護課内で話し合い、高齢介護課内のデータで分析）
　②認知症高齢者の見守りサービスを実施している、事業者、担当ケアマネジャーあるいは地域包括支援センターの担当者に、現状を聞いてみる
　　（このサービスが、もしなくなったら、どのような状態になるのか）
　③このサービスは、なぜ、介護保険の対象とならないのか分析
　④新しいサービスを創った場合は、何人くらいの認知症高齢者が利用するかを分析
　⑤利用した場合の費用の算出とその効果を明示

Ⅱ-2．認知症見守りサービスを創ろうという意思決定（課内の意思決定）
　①現状分析をふまえて、このサービスは必要不可欠であるという課内の意思決定
　②このサービスを実施していくうえで、担当係、担当者を決定
　③本来なら、ここで所属長（課長）に説明したうえで、課の意思決定
　④新しいサービスを展開していくうえで、新サービスは、どの形態とするか意思決定
　　なお、サービス形態の種類としては、
　　・市単独サービスとする
　　・介護保険の横出しサービスとする
　　・NPO法人等が展開していく民間サービスとする
　　等が想定されることから、それぞれのメリット、デメリットに関する資料作成

Ⅲ．政策立案・予算要求（役所内外の垂直的・水平的統合のプロセス）
Ⅲ-1．役所内での意思決定
　①福祉部の総括課に説明し、意思決定
　②福祉部長に説明し、意思決定
　③財政課に説明し、意思決定（財源問題、予算案の作成）
　④法令担当課に説明し、意思決定（市としての要綱案の作成）
　⑤副市長に説明
　⑥市長に説明
　⑦新規要綱の場合は、市長決裁（ここで、はじめて市としての意思決定となる）

Ⅲ－2．市内の関係機関との調整　（場合によっては、Ⅲ－3）と同時進行）
　①このサービスを実施する事業者を探す
　　（直接、事業所を訪問する／介護保険サービス事業者協議会と調整する／ケアマネジャーの意見を聞く／地域包括支援センターの意見を聞く等）
　②このサービスを実施できる事業者を見つける（単独あるいは複数）
　③新サービスの委託事業者の公募（あるいは、単独指定による委託）
　④新サービスの委託事業者の決定公募事業者選定委員会による決定あるいは市内部での決定
　⑤事業者と委託契約の締結（委託事業者と一緒に事業開始準備）

Ⅲ－3．議会の承認または報告
　①条例の場合、あるいは予算の場合は、原則として議会承認（議決）の手続き（厚生委員会の委員長・副委員長に対する事前説明、議長・副議長への事前説明、厚生委員会への説明・決定、本会議への説明・決定）
　②議決が必要でない場合でも、議会報告（厚生委員会への報告）

Ⅳ．政策実行・政策の改善（サービス提供のための事業者間のシステム統合のプロセス）

Ⅳ－1．新サービス開始までの準備
　①介護保険運営協議会への説明・報告
　②医師会、歯科医師会への説明
　③地域包括支援センターへの説明
　④介護支援専門員連絡協議会への説明（介護支援専門員から、対象となる世帯への説明を依頼）
　⑤介護保険サービス事業者協議会への説明
　⑥民生委員協議会等への説明
　⑦市の広報、ホームページ等で説明

Ⅳ－2．新サービスの開始

Ⅳ－3．新サービス開始後、そのサービスの内容を検証する
　①実際にサービス提供の現場に行って、本人、家族から現状把握
　②新サービスの実施事業者、担当ケアマネジャーに直接聞き、現状分析
　③課内で検討
　④場合によっては検証（検討委員会）を立ち上げ、運営

Ⅳ－4．サービスの改善
　①必要に応じてサービス内容を検証する
　②必要な予算措置を行う
　③必要に応じてサービスの改善を行う

出典：筒井孝子, 篠田浩, 笹井肇, 大夛賀政昭（2003）．第7章　地域包括ケアシステムにおける認知症ケア立案プロセスの作成について．老人保健事業推進費等補助金（介護保険制度の適正な運営・周知に寄与する調査研究事業），「地域包括ケアシステム構築のための保険者と地域包括支援センターの関係性に関する調査研究事業（立教大学）」平成23年度研究報告書, 121-133.

④ ビジョンに沿ったミッション設定

　自治体内で地域包括ケアシステムを構築するためには、社会資源やケア提供主体をどこまで統合するかの決定をしなければならない。この統合については自治体における強みと弱みを分析することによって、ミッションを設定し、それらを実現するための新しい事業を考案するという方法がある。

　地域包括ケアシステム構築に向けたミッションを実現する事業・業務を考える際に必要な視点として、①新しいアプローチ構築のための管理方法、②新しい組織の創設および既存組織促進、③態度と行動の変容、④必要なインフラの構築（情報技術を含む）、⑤予算手当とインセンティブといったことがあげられる。

　これらの視点をもとに、以下のような地域包括ケアシステムを構築に向けたミッションを達成する新しい事業・業務が考案されることが求められる。

表2-2 戦略計画ワークシート（例）

事業・業務	ミッション	○○市の強み	○○市の弱み

①新しいアプローチ構築のための管理方法
・新しい環境で誰が何をするのか？
・新しい働き方と新しいサービスに対して何の基準を使うのか？

- パフォーマンスの測定方法とは何か？
- 責任所在はどこか？
- 外部の利害関係者にどのように変化を報告するのか？

②新しい組織の創設および既存組織促進
- 利害関係者に新しいアプローチをどのように説明し、納得させるか？
- アウトカムと患者の経験に対して統合ケアがどのようにエビデンスを提供することができるのか？
- 多くケア提供主体がコスト削減、生産性の向上、評価可能な利益を実現するためにどうすればいいのか？
- アウトカムを示すデータを収集する方法は？

③態度と行動の変容
- どのようなリーダーシップが必要なのか？
- 誰の態度を変える必要があるのか？ また、どう変えさせるか？
- 統合ケアを提供するために利害関係者が必要な能力と技術をもっているのか？
- 利害関係者が統合ケアを支える理由とは何か？

④必要なインフラの構築（情報技術を含む）
- 従来のインフラは統合された働き方を促進するか？
- 統合された働き方を支えるために従来のインフラをどのように変化させ、適合させるか？
- インフラの必要な変化を呼び起こすための資源を確保するためにどうすればいいか？
- インフラの必要な変化をどのように導入すればいいか？

・従来のインフラが統合ケアの妨げではなく、統合ケアの促進になるためにどのように開発すればいいか？

⑤予算手当とインセンティブ
・最も重要なところに、どのように予算手当すればいいか？
・予算獲得の際に、経済的な結果をどのように示すことができるか？
・予算獲得の際に、非経済的な結果をどのように示すことができるか？
・対象とする制度以外に経済的不利益が生じた場合、それを補塡するインセンティブをどのように創るか？

参考文献

❶ Conrad, D. A. & Shortell, S. M. (1996). Integrated Health Systems: Promise and Performance. Frontiers of Health Services Management, 13, 3–40.
❷ King, G. & Meyer, K. (2006). Service integration and co-ordination: A framework of approaches for the delivery of co-ordinated care to children with disabilities and their families. Child: Care, Health & Development, 32,477–492.
❸ Wulsin, L. R., Sollner, W. & Pincus, H. A. (2006). Models of integrated care. Medical Clinics of North America, 90, 647–677.
❹ Hollander, Marcus, J. & Michael, J. Prince. (2007). "Organizing healthcare delivery systems for persons with ongoing care needs and their families: a best practices framework." Healthcare quarterly (Toronto, Ont.) 11.1, 44–54.
❺ Albrecht, D. (1998). Community health centres in Canada. International Journal of Health Care Quality Assurance Incorporating Leadership in Health Services, 11, v–x.
❻ Leatt, P. (2002). Sharing the Learning: The Health Transition Fund; Synthesis Series: Integrated Service Delivery.
❼ Smith, D. L. & Austin, C. (2000). 2000 Open Grants Competition Project Summaries.
❽ Southeast LHIN (2006). Local Health System Integration Act, 2006. Government of Ontario-Southeast Local Health Integration Network [On-line]. URL<http://www.e-laws.gov.on.ca.> (accessed on 2014.01)
❾ Marriott, J. & Mable, A. L. (2002). An Overview of Progress and Potential in Health System Integration in Canada. Health Canada.
❿ Penning, M. J., Roos, L. L., Chappell, N. L., Roos, N. P. & Lin, G. (2002). Healthcare restructuring and community-based care: A longitudinal study.
⓫ Golden-Biddle, K., Hinings, C. R., Casebeer, A., Pablo, A. & Reay, P. (2006). Organizational Change in Health Care with Special Reference to Alberta.
⓬ New Brunswick Department of Health (2001). Renewing Health Care for New Brunswickers-A New Direction for the 21st Century.
⓭ Hébert, R., Durand, P. J., Dubuc, N. & Tourigny, A. (2003). PRISMA: a new model of integrated service delivery for the frail older people in Canada. International Journal of integrated care, 3, e01–e08.
⓮ Marriott, J. & Mable, A. L. (2000). Integrated health organizations in Canada: Developing the ideal model. Healthcarepapers, 1, 76–87.
⓯ Marriott, J. & Mable, A. L. (2002). An Overview of Progress and Potential in Health System Integration in Canada. Health Canada.
⓰ Leatt, P., Pink, G. H. & Guerriere, M. (2000). Towards a Canadian model of integrated healthcare. Healthcarepapers, 1, 13–35.
⓱ Shortell, S. M., Anderson, D. A., Gillies, R. R., Mitchell, J. B. & Morgan, K. L. (1993a). The holographic organization. The Healthcare Forum Journal, 36, 20–26.

⑱Shortell, S. M., Gillies, R. R. & Anderson, D. A. (1994). The New World of Managed Care: Creating Organized Delivery Systems. Health Affairs, 13, 5, 46-64.
⑲D'Amour, D., Goulet, L., Labadie, J. F., Bernier, L. & Pineault, R. (2003). Accessibility, continuity and appropriateness: Key elements in assessing integration of perinatal services. Health & Social Care in the Community, 11, 397-404.
⑳Gillies, R. R., Chenok, K. E., Shortell, S. M., Pawlson, G. & Wimbush, J. J. (2006). The impact of health plan delivery system organization on clinical quality and patient satisfaction. Health Services Research, 41, 1181-1199.
㉑MacAdam, M. A. (2009). Moving toward health service integration: provincial progress in system change for seniors. Canadian Policy Research Networks.
㉒Leutz, W. (1999). Five laws for integrating medical and social services: Lessons from the United States and the United Kingdom. Milbank Quarterly, 77, 77-110.
㉓Yordi, C. L. & Waldman, J. A. (1985). Consolidated model of long-term care: service utilization and cost impacts. Gerontologist, 25(4), 389-397.
㉔Branch, L. G., Coulam, R. F. & Zimmerman, Y. A. (1995). The PACE evaluation: Initial findings. Gerontologist, 35(3), 349-359.
㉕Pinnell Beaulne Associates Ltd. (1998). CHOICE Evaluation project. Evaluation summary. Final report November 26.
㉖Eng, C., Pedulla, J., Eleazer, P., McCann, R. & Fox, N. (1997). Program of all-inclusive care for the elderly PACE: an innovative model of integrated geriatric care and financing. Journal of the American Geriatric Society, 45, 223-232.
㉗Ramsey, A. & Fulop, N. (2008). The Evidence Base for Integrated Care. London: King's Patient Safety and Service Quality Research Centre.
㉘筒井孝子（2012）．ケアマネジメントにおける今後の評価の考え方．第2回介護支援専門員の資質向上と今後のあり方検討会提出資料．15.
㉙Shortell, S. M. & Hull, K. E. (1996). The new organization of the health care delivery system. In S.H.Altman & U.E. Reinhardt (Eds.), Strategic Choices for a Changing Health Care System (pp. 101-147). Chicago: Health Administration Press.
㉚Durbin, J., Rogers, J., Macfarlane, D., Baranek, P. & Goering, P. (2001). Strategies for mental health system integration: A review. Health Systems Research and Consulting Unit, Centre for Addiction and Mental Health.
㉛Leutz, W. (2005). Reflections on integrating medical and social care: Five laws revisited. Journal of Integrated Care, 13, 3-12.
㉜Weiss, M. E. (1998). Case management as a tool for clinical integration. Advanced Practice Nursing Quarterly, 4, 9-15.
㉝O'Connell, B., Kristjanson, L. & Orb, A. (2000). Models of integrated cancer care: A critique of the literature. Australian Health Review, 23, 163-178.
㉞Wulsin, L. R., Sollner, W. & Pincus, H. A. (2006). Models of integrated care. Medical Clinics of North America, 90, 647-677.
㉟Lewis, R., Rosen, R., Goodwin, N. & Dixon, J. (2010). Where Next for Integrated Care

Organisations in the English NHS? London: Nuffield Trust.
㊱Department of Health (2010). Equity and Excellence: Liberating the NHS. London: Department of Health.
㊲Ham, C. & Smith, J. (2010). Removing the Policy Barriers to Integrated Care in England. London: Nuffield Trust.
㊳Holland, W. (1990). Avoidable death as a measure of quality. Qual Assur Health Care, 2: 227–233.
㊴Klazinga, N. S., Stronks, K., Delnoij, D. M. J. & Verhoeff, A. (2001). Indicators without a cause: reflections on the development and use of indicators in health care from a public health perspective. Int J Qual Health Care, 13: 433–438.
㊵Doorslaer, E., Wagstaf, A. & Rutten, F. (1993). Equity in the Finance and Delivery of Health Care: An International Perspective. Oxford, UK: Oxford University Press.
㊶Mooney, G. (2000). Judging goodness must come before judging quality—but what is the good of health care? Int J Qual Health Care, 12: 389–394.
㊷Dodds, S., Nuehring, E. M., Blaney, N. T., Blakley, T., Lizzotte, J., Lopez, M. et al. (2004). Integrating mental health services into primary HIV care for women: The Whole Life project. Public Health Reports, 119, 48–59.
㊸Kodner, D. L. (2002). The quest for integrated systems of care for frail older persons. Aging, Clinical & Experimental Research, 14, 307–313.
㊹Shortell, S. M. & Hull, K. E. (1996). The new organization of the health care delivery system. In S. H. Altman & U. E. Reinhardt (Eds.), Strategic Choices for a Changing Health Care System (pp. 101-147). Chicago: Health Administration Press.
㊺Zuckerman, A. M. & Spallina, J. M. (2001). Integration of hospitals, services is more complex than consolidation.
㊻RAND Europe. National Evaluation of the Department of Health's Integrated Care Pilots FINAL REPORT: FULL VERSION (2012).
㊼大住荘四郎 (2005). New Public Management——自治体における戦略マネジメント. フィナンシャル・レビュー. 34.
㊽Vaarama, M. & Pieper, R. (Eds.) (2006). Managing integrated care for older people. STAKES, Helsinki.
㊾Somme, D. & Trouvé, H. (2009). Implanter et évaluer une politique d'intégration des services aux personnes âgées: l'expérimentation PRISMA France. In L'évaluation des 385–395, L'Harmattan, Paris.
㊿Couturier, Y., Trouvé, H., Ganon, D., Etheridge, F., Carrire, S.& Somme, D. (2009). Réceptivité d'un modèle québécois d'intégration des services aux personnes âgées en perte d'autonomie en France. Lien social et politiques, n.62.
(51)Henrard, JC. (2002). Le système français d'aide et de soins aux personnes âgées. Santé Société et Solidarité, 2:73–82.

IV 日本の地域包括ケアシステム構築に向けたトピック

Ⅳ-1 認知症高齢者の在宅生活を支えるケアシステムの構築

① 認知症高齢者の増加と社会保障にかかるコスト増の関連

　今日、国内外においてその対策が急務とされているのは、前章の戦略的マネジメントの例示にも取り上げた慢性疾患患者および認知症高齢者の増加に伴う社会保障費用の増大である。とりわけ、認知症にかかる問題は本章で紹介する英国をはじめ、フランスやオーストラリア等においても社会問題として認識されてきた。

　このため、各国では「国家認知症戦略（National Dementia Strategy）」と呼ばれる認知症ケアにかかわる政策やサービスの抜本的な改革ビジョンが示され、その達成に向けた対策が強化されている。

　このような国際的な動向と同じく、日本でも2012（平成24）年9月5日に厚生労働省では「認知症施策推進5か年計画（オレンジプラン）」❶の策定がされた。これは、認知症施策検討プロジェクトチームが2012（平成24）年6月18日にとりまとめた「今後の認知症施策の方向性について」❷に基づいたものであり、今後の目指すべき基本目標である「『ケアの流れ』を変える」ために前提とされたのは、「地域包括ケアシステム」による認知症患者への対応であった。

日本の認知症高齢患者の現状

　全国の65歳以上の高齢者において、認知症有病率推定値15％とすると、認知症有病者数は約439万人と推計され、全国のMCI 注1 の有病率推定値13％、MCI有病者数約380万人と推計されている（2010（平

成22）年）。このうち、介護保険制度を利用している認知症高齢者は約280万人（2010（平成22）年）である。すなわち、高齢者人口の約1割は認知症であり、要介護認定者の約6割が認知症高齢者であるとされた。

2012（平成24）年の時点のデータによると日本の認知症高齢患者は305万人で、この患者らの居場所は在宅149万人、介護施設89万人、居住系施設（特定施設入居者生活介護・認知症対応型共同生活介護）28万人、医療機関38万人となっている。ただし、このデータには医療機関の内訳（一般病院、精神科病院等）の認知症高齢患者数は反映されておらず、精神科病院に入院している認知症高齢患者もかなりの人数になると予想されている。

また、2017年の推計値では、認知症高齢患者の総数は373万人となるが、在宅に186万人、介護施設に105万人、居住系施設（特定施設入居者生活介護・認知症対応型共同生活介護）に44万人、医療機関に38万人と示されており、認知症高齢患者の半数以上が在宅で過ごしているとの推計値が示されている。エイジングインプレイス 注2 の理念からいえば、在宅で過ごすことが目指されるべきである。しかし、日本では、認知症の方が在宅で過ごしうる環境の整備は十分とはいえない。また、こうした認知症高齢者の増加に伴う社会的コストの増大は大きいことが知られており、Lowinらによれば、がん、心臓病、脳卒中を合わせても保健・社会の経済に与える負担は認知症のほうが大きいとされている。

注1

MCI（Mild Cognitive Impairment）は、軽度認知機能障害と訳され、1995年Petersenらが提唱した概念であり、正常でもない、認知症でもない（正常と認知症の中間）状態の者のことを指す。

注2

エイジングインプレイスとは、一般的に「住み慣れた地域で高齢者の生活を支えること」と理解され、高齢者が虚弱化にもかかわらず尊厳をもって自宅・地域で暮らすためのケア提供システムの整備が1990年代から世界各国で取り組まれてきた。

このため、日本と同様に認知症を患っている患者数と、その関連コストが増大してきた英国では、すでに社会保障制度の見直しがなされつつある❸。

認知症患者へのコスト　―アウトカムの低さと、コストの増加―

英国では、認知症にかかる費用は、2007年の148億ポンドから、2026年には135％上昇し、348億ポンドとなると試算されている。また、認知症は高齢期の発症が一般的とされてきたが、若年性認知症患者も増加しつつある。さらに、「Dementia UK」の報告によれば、高齢期に発症した認知症患者一人のためのケアの費用は1年間で平均おおよそ2万5472ポンドであった❹。これは、英国のフルタイムで働く労働者の年間収入の平均2万5900ポンドとほぼ同じであると報告されている。

また、様々な治療環境で認知症患者一人における年間費用の合計は軽度の認知症患者が1万6689ポンド、中等度で2万5877ポンド、重度となると3万7473ポンドに達し、先に述べたフルタイムで働く労働者の収入をはるかに超えている。

このように英国では認知症患者数と認知症関連のコストの増大という2点において、認知症が保健・社会的ケアの分野で重大かつ差し迫った課題となっている。これについて英国の監査局（NAO）の報告書「Improving Dementia Services in England」では、認知症にかかる政策の優先順位がつけられてこなかったことが大きな問題だったと指摘している❺。

また、認知症は病気であるにもかかわらず、認知症患者の4分の1が老年精神医学サービスを受けるためのコンタクトさえとっていなかった。このため早期発見や早期介入がされず、軽減できるはずであった周辺症状によって認知症患者やその家族の生活の質は低くなっており、より費

用もかかっていたとの報告がされている。まさに、この実態は日本も同じであろう。

　すべてのタイプの認知症は進行するため、記憶能力、理解力、コミュニケーション能力、思考力は漸次低下していく。認知症は終末期疾患ではあるが、診断後も7～12年間はこの認知症を患いながら生きていくことになる。それゆえ、まだ症状が軽度や中等度のうちに「診断」を行うことには、特別な意味がある。

　これは認知症を患う人とその介護者に対し、将来的な計画を行う時間を最大限に提供できることで、認知症を抱えながら、最善の生活を送るためにはどうすべきかを考え、それを準備する時間を得ることができるからである。もちろん、ここで考える内容には介護施設への入所をするか否かや、薬物治療をするか、財産をどのように残すかという実質的問題も含まれてくる。

　認知症患者にとっては一定の予防策を講じながら、リスクを減らし、質の良い生活をできるだけ長く送れるようにすることは本人や家族にとって大事なことである。提供されることになるケアのアウトカムの評価から考えても認知症に対する早期診断および早期介入は効果的である。

② 認知症患者の早期診断と早期発見のために必要なサービスとは

早期診断の重要性

　一般に、認知症の早期診断が行われれば、病気の進行を遅らせるためのより多くの処置が可能となる。これは結果として入院やその在院日数を減らすことや長期的な施設ケアの入所を遅らせ、家族に将来の医療の必要性と経済状況を考慮して計画できる時間を与えることができる。

また認知症によって日々の生活にも不自由している人たちへ、できるだけ早い適時に認知症診断を行うことが効果的であることは国際的にも合意が得られている。認知症と診断されることで、多くの人々は落胆するだろう。しかし、早期に的確な診断がなされることでの利点が大きいことは英国でも日本でも明らかにされてきた表1-1。

表1-1 早期診断の利点

- 現状への正しい理解
- （なぜ生活が困難であったかという）疑問の解消
- 心理的、社会的、教育的支援と介入が利用できる
- 薬理学的治療が利用可能
- 保健・社会サービスが、認知症の人のニーズに合わせ、介入の仕方を調節することができる
- 認知症の人、そしてその介護者／家族全体の落ち込みや心配を和らげることができる
- 認知症の人たちとその介護者／家族に対して、実用的、精神的支援を行える
- 前もってケアプランを立て、そのケアプランについての話し合いを始めることができる
- 家族やその人の関係者のなかで、積極的な（認知症の人への）適応ができる

出典：Department of Health (2011). Case for Change-memory service for people with dementia, 9.（訳は筆者による）

　これらのことからも、まずは認知症の診断体制の確立や可能な限り早期に発見し、早期に介入を行う仕組みづくりが求められている。日本では、すでに、「かかりつけ医の認知症対応力の向上」や「早期診断等を担う『身近型認知症疾患医療センター』の整備」などが進められてきた。
　さらに、医師による各種臨床検査を得た確定診断の前にコメディカル等によって、簡便に認知症の症状をスクリーニングするためのアセスメントツールとして、2011（平成23）年から、本格的にDASC 注3というアセスメントツールの信頼性や妥当性についての検証もされている[6]。

英国のメモリーサービスの例

　日本と同様に、認知症の早期診断や早期介入の政策を実行に移してき

た英国保健省では早期診断および早期介入への取り組みとして、「メモリーサービス」を行っている。このメモリーサービスとは、認知症の人とその介護者が効率的に将来の計画を立てられるようにするため、早期診断と情報提供を行うサービスとして設計されている。

このようなメモリーサービスは、できるだけ適切に早期の診断を軽度、中等度の認知症患者が行えるよう設計されたものであり、そのために行うべきこととして診断の質をよくすること、認知症の人たちとその介護者への診断をまめに行うこと、中間的な治療やケア、サポートに関するアドバイスを適切に行うこととされている。

すでにメモリーサービスは、その人の自宅を含む、ありとあらゆる場所で提供されている。メモリーサービスの設計は、NICE（英国国立医療技術評価機構）の認知症についての「臨床ガイドライン42」と連動している。

メモリー検査サービスとは、早期の認知症発見を助け良質の対応サービスを提供するもので、検査、診断に関してのサービス、アドバイス、サポートとすべての範囲を包括している。このサービスは、いわば、認知症患者にとっては、快適な生活を送るための治療学的サービスへの道標となっている。

このサービスでは、認知症を抱える人のケアへの統合的アプローチと彼らの介護者へのサポートを地域の保健医療組織、社会医療組織、ボランティア組織と協力し、確実に提供することが定められており、日本における地域包括ケアシステムと同様の地域圏域でのサービス提供体制が

注3

DASCは、地域包括ケアシステムにおける認知症アセスメントを意味するDementia Assessment Sheet in Community-based Integrated Care Systemの略である。3系列の認知機能と3系列の生活機能を4件法で評価する21項目の質問票であり、感度88％、特異度85％で、軽度認知症を非認知症から弁別することが確認されている。

採られている。

　このサービスは、軽度の認知機能障害と診断された人（おそらく非アルツハイマー型変性認知症の早期段階を飛ばした記憶機能障害を含む）に、早期ケアプランを立てるため、認知機能低下の経緯と他の認知症の可能性がある兆候を観察し、経過観察というサービスを提供している。

　このように英国では、NICE（英国国立医療技術評価機構）とSCIE（ソーシャルケア研究所）の認知症のためのガイドライン[7]に、「メモリー検査サービスは早期認知症発見を助け、良質の対応サービスを提供する、すなわち、検査、診断に関してのサービス、アドバイス、サポートとすべての範囲を包括し、さらに快適な生活を送るための治療学的サービスへの道標ともなっている」と示されており、こういったメモリーサービスを受けることの利点についても表1-2のように示されている。

表1-2 メモリーサービスの利点

- 早期診断や処方を受ける人の数を大幅に増やす費用対効果に優れている
- 介護施設への入院を遅らせることで、全体のケアにかかる費用を抑え、他のコストのかかるアウトカムの削減ができる
- 認知症のもつ悪いイメージを払拭し、専門医への照会を断られるという事態を減らすことになる
- できるだけ長く、認知症を患う人の独立性を促し、保つことで、その認知症の人自身とその介護者の生活の質を向上させる
- NICEの認知症についての「臨床ガイドライン42」で概説されている推薦事項の実施をし、パフォーマンスの向上と患者中心の臨床ケアの促進を行う
- 金額に見合う、さらなる価値を提供し、患者とその介護者が自分自身を管理できるようになることで、自宅でも生活できるようにする
- そして少数の患者のみに、適切な薬での処方をすることで、社会ケアにおけるコスト削減という結果を生み出す

出典：Department of Health (2011). Case for Change-memory service for people with dementia, 10.（訳は筆者による）

日本でのメモリーサービスの取り組み

　日本では、これらの英国でいうメモリーサービスと同等の早期診断を行う方策として、2013（平成25）年度から13か所でモデル的に実施している「認知症初期集中支援チーム」事業が動き始めている。このモデル事業では、前述したように認知症の早期発見のためのアセスメントであるDASCを用いたコメディカルによる認知症早期発見のためのスクリーニングがなされ、この結果を基礎とした認知症専門医への受診勧奨が行われている。

　また、この事業では、医師、保健師、社会福祉士、介護福祉士、地域包括支援センター職員などのチームによる多職種連携を行いながらの総合的な介入がなされている。具体的には、認知症患者の支援方法を保険者を含めた地域ケア会議（チーム会議）等で方針を決定して、介護保険サービスにつなげることや、医師による鑑別診断を受けることを目的として、実施されている。

　このチームの成果は、2014（平成26）年には報告書としてまとめられることになるが、現在、中間報告の段階でほとんどのチームが示していたのは、認知症患者のほとんどは、多様な疾患を抱えており、多くの医師とのかかわりがあったにもかかわらず、彼らはこれまで認知症の診断を受けていないという事実であった。

医師間のlinkage（連携）の難しさ

　英国の監査局（NAO）によって2007年に刊行された報告書「Improving services and support for people with dementia」には、認知症患者の半数以上が今まで一度も診断を受けていないと示されている。このように認知症の診断率の低さは、先に述べた日本の例だけでなく高齢化が進む先進国共通の課題である。

日本では、「なぜ、早期の診断が実施されないか」をテーマにした研究はほとんどない。だが、英国では、この理由を検討した研究結果がいくつか示されている。例えば、理由として示されたものとして、「認知症を抱える人たちへの理解が進んでいない」といったことや、人々が「認知症の診断や、この症状に対する緊急性を感じていない」といったものがあげられていた。

　これらの理由を鑑みると、日本も英国と同様の状況であろうが、日本の場合は医療へはフリーアクセスということもあり、一般的に高齢者の受療行動の高さが特徴とされてきた。それでも認知症の疑いをもって病院に行くことは少ないし、内科や整形外科といった高齢者がよく受診している医療機関での発見がなされてこなかったことは、大きな課題である。

　まずは、高齢者における認知症にかかる受療行動の低さを是正するためには、先に示してきたような初期集中支援チームの活動を保険者が支え、積極的に進めていくといった方策を検討しなければならない。その際には地域圏域内の医師との linkage レベルの連携が必要となってくるだろう。

　さて、英国保健省は早期診断を進めるために、かかりつけ医側の受診の障害とされてきた、より複雑とされる中等度の認知症患者の診断は、専門的なスキルをもつ臨床家によって行われるべきとし、その診断の委託をすることとされている。すなわち、プライマリケアの役割は、厄介な症状を抱える人たちを判断し、専門的なサービスへの委託をすることであると明確化し、かかりつけ医は委託すればよいという施策がとられた。

　それでもこうしたサービスはあまり利用されなかったという。このサービスの役割はプライマリケアの役割を最小限にすることでも奪うことでもなく、むしろ診断の複雑性に対応しているとのことであったにも

かかわらず、英国においてさえもなかなか理解を得られず、この委託は進められなかったと報告されている。

　これは、医師同士の連携が困難であるという例であるが、今日、実施されている日本の初期集中支援チームの試みが、こういった高齢者や地域の医師らにどのような影響を及ぼすかは今後の研究事業の推移を見なければならないだろう。

③ 認知症高齢者の在宅生活を支えるケア提供システムとは

認知症高齢者の在宅生活を支える介護者のQOL

　近年、認知症の人々とその介護者から、「彼らにとって、何が一番重要で、認知症とともに生きるうえで生活をよくしていくためのものは、何であるか」を明らかにするための努力がなされている。英国で発表された「Support. Stay. Save」の研究のなかでも介護者と認知症患者の83％は、「自宅に住むことは、認知症患者にとって、とても大切なことである」と指摘している❽。

　しかし、別の報告書「Home from home」によれば、自宅で介護を担う者の半数以上が、日中に十分な時間が取れずにいること（社会活動の制限感）を感じている❾と報告されており、認知症患者とそれを支える介護者の問題が存在することを示している。

　このような介護者にとっての社会活動の制限感は、日本においては介護者の介護負担感と強い関連性があることがエビデンスとして示されている。したがって、介護者の社会的制限感を高くしないようにすることが介護負担感を増加させない方法と考えられる❿。

　また、後期の認知症患者は、より複雑なケアが必要となり、特に、一

日中、何もしなかったり、孤独でいたりすることに傷つきやすいということも、CSCI（the Commission for Social Care Inspection：社会ケア査察委員会）の2008年の報告書「See me, not just the dementia」に示されている❶。このため認知症患者に対するサポートをいかに行うかが新たな課題となっている。

英国や多くの欧米諸国では、買い物や基本的な家事仕事のためのサポートという専門性が低いレベルのサービスニーズは、もはや社会サービスの範囲外とされていることから、いわゆるインフォーマルケアとして、これらの支援は行われている。

これは、日本においては2012（平成24）年に創設された、介護予防・日常生活支援総合事業を基盤とした生活支援の必要性が高い要支援者に対する地域の実情に応じた、生活を支えるための総合的なサービスの提供体制を推進していこうとする状況と酷似しており、日本でも、こういった基本的な家事や買い物といった支援をどのように提供すべきかについては早急に検討されなければならない。

また、前述した「Support. Stay. Save」には、介護者と認知症患者の50%が、「認知症患者は、彼らのニーズを満たす十分なサポートとケアが提供されていないと感じている」と報告され、これは回避可能な入院、早い時期での長期ケア開始を含む深刻な問題に発展する原因となると述べられている❽。

さらに、CSCIの報告では、在宅でのケアができなくなった際は、認知症患者は病院に入院する。そして、彼らは、さらなる退院の先延ばしを経験し、多くの場合、病院から直接、介護施設に移動し、自宅へは戻らないと報告されている❶❸。

このような状況もまた英国と日本とは類似しており、認知症の発症は英国でも日本でも自宅での生活および地域での社会生活を分断させる契

機となっている。これについては、今日的な問題として、認知症患者の精神科病院への入院の増加と、そこでの滞留という問題も存在している。以下の図1-1に示したように、2011（平成23）年には認知症疾患患者の69％が精神病床に入院していることが報告されている。しかも、その平均在院日数は、血管性および詳細不明の認知症が373.8日、アルツハイマー病が290日と、1年を超える状況となっている図1-2。

さらに、これらの患者は退院の可能性は低く、その割合は、全入院患者の39.3％と示されている。そして、その退院ができない理由は、図1-3に示されたように「セルフケア能力の問題」が50.7％と示されている。もし、本当にこのセルフケア能力が問題であれば、今、国が目指している地域包括ケアシステムが構築できれば在宅復帰は可能となるだろう図1-3。

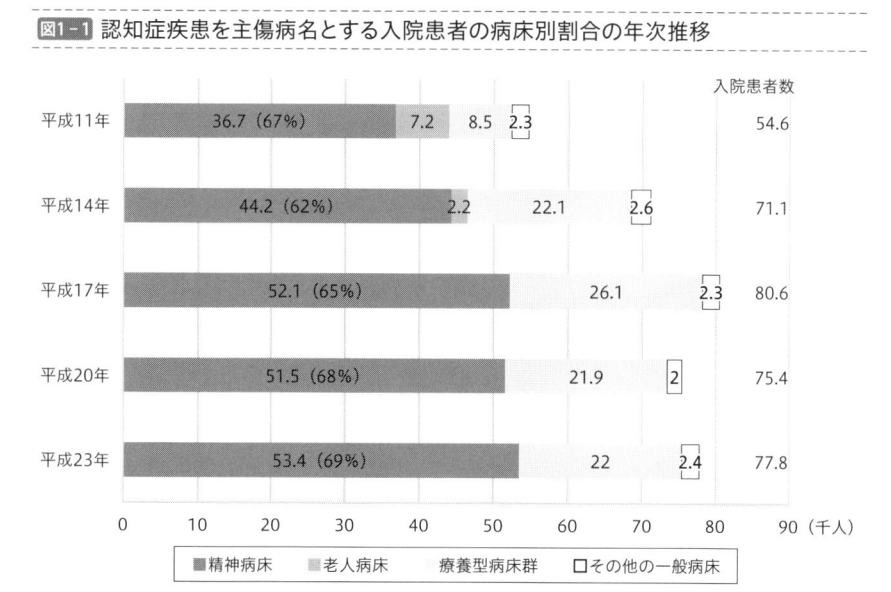

図1-1 認知症疾患を主傷病名とする入院患者の病床別割合の年次推移

年次	精神病床	老人病床	療養型病床群	その他の一般病床	入院患者数
平成11年	36.7 (67%)	7.2	8.5	2.3	54.6
平成14年	44.2 (62%)	2.2	22.1	2.6	71.1
平成17年	52.1 (65%)		26.1	2.3	80.6
平成20年	51.5 (68%)		21.9	2	75.4
平成23年	53.4 (69%)		22	2.4	77.8

注1：平成23年の調査では宮城県の一部と福島県を除いている。
　2：一般診療所を除く。
出典：第1回認知症の人の精神科入院医療と在宅支援のあり方に関する研究会（平成25年3月22日）参考資料1．認知症の人の精神科入院と在宅支援の現状について，4．

図1-2 病床種類別の認知症入院患者の平均在院日数

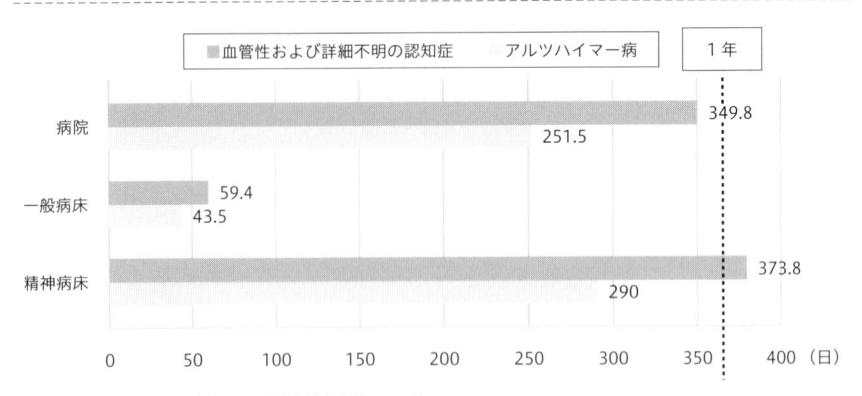

凡例：■血管性および詳細不明の認知症　　アルツハイマー病　　1年

- 病院：349.8／251.5
- 一般病床：59.4／43.5
- 精神病床：373.8／290

（単位：日）

注：平成23年の調査では宮城県の一部と福島県を除いている。
出典：第1回認知症の人の精神科入院医療と在宅支援のあり方に関する研究会（平成25年3月22日）参考資料1．認知症の人の精神科入院と在宅支援の現状について，5．

図1-3 認知症による精神病床入院患者の退院可能性と理由

居住先・支援が整った場合の退院可能性

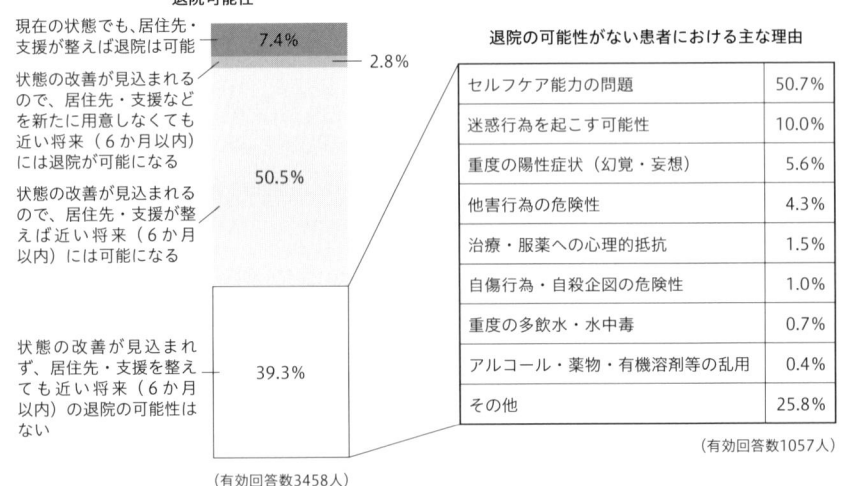

- 現在の状態でも、居住先・支援が整えば退院は可能：7.4%
- 状態の改善が見込まれるので、居住先・支援などを新たに用意しなくても近い将来（6か月以内）には退院が可能になる：2.8%
- 状態の改善が見込まれるので、居住先・支援が整えば近い将来（6か月以内）には可能になる：50.5%
- 状態の改善が見込まれず、居住先・支援を整えても近い将来（6か月以内）の退院の可能性はない：39.3%

（有効回答数3458人）

退院の可能性がない患者における主な理由

理由	割合
セルフケア能力の問題	50.7%
迷惑行為を起こす可能性	10.0%
重度の陽性症状（幻覚・妄想）	5.6%
他害行為の危険性	4.3%
治療・服薬への心理的抵抗	1.5%
自傷行為・自殺企図の危険性	1.0%
重度の多飲水・水中毒	0.7%
アルコール・薬物・有機溶剤等の乱用	0.4%
その他	25.8%

（有効回答数1057人）

出典：第1回認知症の人の精神科入院医療と在宅支援のあり方に関する研究会（平成25年3月22日）参考資料1．認知症の人の精神科入院と在宅支援の現状について，6．

以上の状況は日本における地域包括ケアシステムの構築は、まさに認知症患者の地域生活の継続を可能にする仕組みづくりになることを示しているといえよう。

認知症ケアパスとは

　これまで述べてきたように、日本の地域包括ケアシステムにおいて特に目指すべき内容は認知症患者が地域で生活できる仕組みを構築するということである。

　2012（平成24）年6月18日に、認知症施策検討プロジェクトチームは、「認知症施策の今後の方向性について」という報告書のなかで、「『ケアの流れ』を変える」ことを謳っている。このケアの流れを変えるために重要なことは、従来型の入所施設に入れば終わりという対応でなく、地域で認知症患者がQOLを保持しながら生活できるようなケアシステムを構築することとされている。

　つまり、わが国で構築しようとしている地域包括ケアシステムは、MCIレベルからBPSD（認知症の行動・心理症状：Behavioral and Psychological Symptoms of Dementia）を発症している重篤なレベルまでを網羅したケアシステムであることを示している。具体的にこのシステムが達成すべきことは、各地域で認知症ケアパスを作成し、普及していくことであり、まずは、地域の特性を踏まえた認知症ケアパスを創ることが求められるとしている。なお、「標準的な認知症ケアパスとは、認知症の人が認知症を発症したときから、生活機能障害が進行していくなかで、その進行状況に合わせて、いつ、どこで、どのような医療・介護サービスを受ければよいのかをあらかじめ標準的に決めておくものである」と定義されている 図1-4 。

　したがって、このケアパスには、地域ごとに、認知症の人の生活機能

図1-4 標準的な認知症ケアパスの概念図

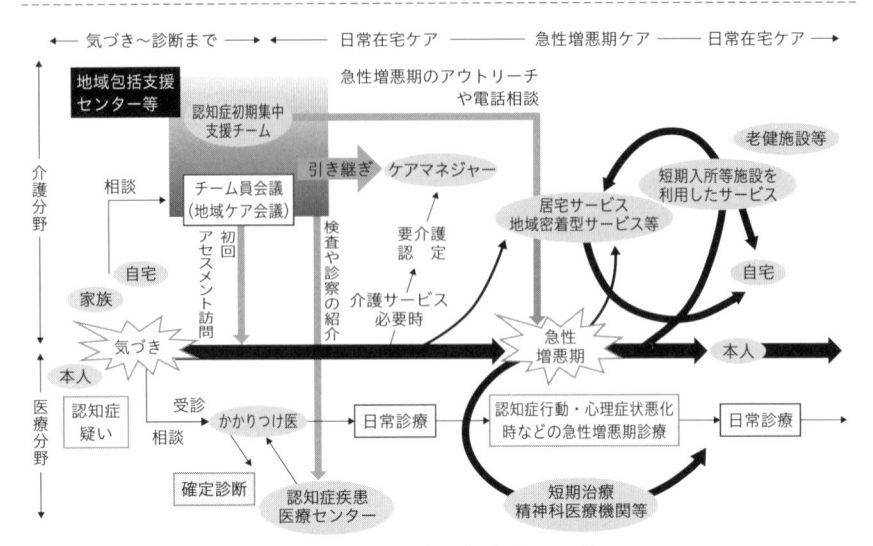

出典：厚生労働省『今後の認知症施策の方向性について』の概要（平成24年6月18日），3．

障害の進行にあわせて、「いつ」「どこで」「どのような」医療・介護サービスを受ければよいのか、具体的な機関名やケア内容等が、あらかじめ認知症の人とその家族に提示されることが求められる。

自治体の役割

自治体が認知症施策として、地域包括ケアシステム強化とともに実施できることは、認知症の実態把握のための調査である。例えば、前章で示したように要介護認定データの分析や介護保険事業計画策定時の日常生活圏域ニーズ調査において、認知症に関連するアセスメントを実施することは最低限、実施すべき事項といえる。

すでに各自治体は認知症高齢者数の推計値を算出しているが、この数値と地域に存在している認知症に関連する社会資源としての人や施設、

サービス量は、介護保険事業計画の基礎となる。これからの日本でとりわけ重要と考えられるのは、認知症高齢者への支援方策を、「どこで」「誰が」「どのように」やっていくのかを明確化しておくことであろう。

具体的には保険者を中心として、「対象者の状況把握」「アセスメントの実施」「地域ケア会議」の開催等を通じて介護と医療の一体的な認知症ケアマネジメントシステムを創り上げなければならないし、状態の変化に応じた対応方針を盛り込んだ方法論が提示されなければならない。

現行の作成されている「認知症ケアパス」は利用しにくいとの意見がある。これは、ケアパスとは、自治体独自に地域圏域独自に作成するものであることから、そのパスはまさに地域ごとに大きく異なるにもかかわらず、標準的なパスを求めようとしているからではないかと推察する。これは integrated care の推進方策と同じで、一つのモデルによってすべての自治体で適用できるものはない。厚生労働省は、標準的なケアパスの概念図を示してはいるが、これと同じパスが使えるはずもない。ここからは、自治体、具体的には保険者の担当部署の力量が問われることになるだろう。

地域包括支援センターの業務に、認知症関連業務を積極的に取り組むことは必須であると示されつつあるが、本格的にこれを進めていくためには、「地域ケア会議」の利用を積極的に検討すべきである。この場を認知症高齢患者のケア提供システムを創る場として活用することは保険者にとって有益であろう。

また、認知症施策に郡市医師会の協力は必須といえ、最低の連携レベルとしても、当該自治体における医師会との linkage レベルの連携がなければ認知症高齢患者にはサービス提供ができない。このため、その契機となるような委員会は設置すべきである。これらのプロセスは前述した認知症初期集中支援体制の構築の際のプロセスと同様といえる。

次に、認知症の家族への支援には特段の配慮が必要である。認知症ケアにおける家族のかかわりは、現在、認知症の方が地域で生活する際の基盤となっている。このため「家族支援」がケアプランの大きな柱となることは現時点では当然であろう。

　逆にいえば、この支援策が確立できれば、現状の認知症施策の多くは円滑に運営できる可能性が高くなるともいえる。すでに仙台市の介護予防推進室では、地域包括支援センターにおける認知症対応業務の基準を創り、地域包括支援センターの業務マニュアルのなかにも認知症関連業務を具体化する作業が進められている。

　具体的には、本人・家族支援、介護に関する相談対応、本人・家族へ社会資源の情報提供、その他の独自の取り組み（例）、介護家族向け交流会、ケア会議開催による支援体制づくり、若年性認知症のためのサロン立ち上げ、といった内容が考えられている。

　また、医療サービスとしては、かかりつけ医など、医療機関の医療従事者への研修の強化（特に診断技術、家族支援等）があげられる。認知症ケアでは、「介護と生活環境」の提供を中核に置くことや、医療従事者には、原因疾患（アルツハイマー型認知症、脳血管性認知症、レビー小体型認知症等）の鑑別診断とそれに応じた治療についての研修が必要である。適切なケアや治療を行うためには、鑑別診断が重要であるが、診断の精度には、現時点では限界もあり、医療だけでなく、身体疾患に罹った場合やBPSDが出現した場合の必要に応じた支援、すなわち、対処的なケアも必要になる。

　このためには、実質的に「認知症高齢者のかかりつけ医」となっている医療機関の医療従事者への研修の強化策も必須であろう。同時に認知症と診断した患者の家族への支援方法についての研修が重要であり、これに関する研究およびマニュアル等の整備が必要と考えられる。

次に、在宅療養支援診療所などの身近な医療機関による認知症医療の提供が考えられる。これは、BPSD の出現（悪化）の原因に不適切な薬物投与による影響があるとされているからである。

このための認知症に対する適切な治療方法についての研究やその研究成果の普及もなされなければならないし、治療段階に応じた認知症アセスメントの開発も重要である。この認知症アセスメントの開発と導入に際しては、以下の2点に留意して進めていく必要がある。

① アセスメントによるスクリーニングの優先度レベル

・方法論的な限界もあるが、現段階では「やれることもやれていない」というのが実態である認知症アセスメント、特にチームでのアセスメントを実施する。
・MCI は難しく、当面は扱わないこととし、アセスメントのレベルは CDR（Clinical Dementia Rating）[注4] 1 以上の軽度認知症を対象として、これを弁別するための「地域包括ケア・アセスメント」の開発と普及をしていく必要がある（すでに DASC がこれに相当するものとして開発されている）。
・的確なケアのプランニングのために、認知機能、生活機能、BPSD、身体機能、社会的状況を区別してアセスメントする技能を身につける。

② チームアセスメントを導入

・家族や介護者などによる日々の観察から得られる情報が重要であるこ

[注4]

CDR（Clinical Dementia Rating）は、認知症の重症度を評価するためのアセスメントスケールの一つ。認知症にみられる臨床症状を専門家が全般的に評価をすることによって、重症度を判定する。健康（CDR：0）、認知症疑い（CDR：0.5）、軽度認知症（CDR：1）、中度認知症（CDR：2）、重度認知症（CDR：3）の5段階に判定される。

とから、ケアチームによる「アセスメント」を重視する。
・アルツハイマー型認知症、脳血管性認知症、レビー小体型認知症等の認知症の厳密な診断や治療には限界があり、ケアチームによるアセスメントとそれに基づいた実践的なアプローチが大切である。

　こうした多職種連携における情報共有の方法は、これからの地域包括ケアシステムの円滑な運営においては、極めて重要な要素となるであろう。

④ 認知症高齢者の在宅生活を支える人材の確保
―非専門家によるケアの拡充のあり方―

専門家による認知症ケア提供のエビデンス

　認知症高齢者の在宅生活を支える人材を確保するためには、第一に、認知症ケアの標準化（認知症ケアモデル開発）と研修システムの再構築に関する研究が必要である[4]。

　英国で発表されている「Dementia UK」の報告によれば介護施設に住む人の3分の2が認知症を患っている。このため、「Home from home」では、介護施設の主な仕事は、こうした人たちに質のよいケアを提供することであると示されている[9]。一方で、この報告書では、多くの英国の介護施設で認知症患者は必要とされる一対一の患者中心のケアが提供されていないことや外来の専門家によるサポートがなかったこと、いわゆる認知症のBPSDは職員や別の居住者に大きな負担があるにもかかわらず、その介入としての非薬理学的対処のエビデンスは普遍的でなく十分な対応がなされていなかったことも報告されている。

しかもCSCIの報告書❾の結論では、認知症ケアに特化している介護施設でさえもコミュニケーションが適切にされておらず、Reillyらによれば、精神的に弱い高齢者（EMI：Elderly Mentally Infirm）にとって、専門的な施設と専門的でない施設が提供するサービスには大きな差異はなく、専門家のいる施設のケアがよいという結果はほとんど示されなかったと発表されている❶。

さて、日本では前述した英国での研究、すなわち、認知症の専門家のいる施設とそうでない施設における施設でケア提供のあり方を比較し、その成果を比較した研究はほとんどない。このため日本の認知症ケアの実態が専門家の有無によって、どのように異なるかのエビデンスは存在していない。

現在、各県では認知症介護実践者等養成事業が実施されており、いわば、認知症の専門家の養成が行われていることになっている。具体的に

図1-5 認知症介護にかかわる研修体系

【研修の目的】	研修名	【受講要件】
認知症介護実践研修の企画立案、介護の質の改善に対する指導者	認知症介護指導者研修	認知症介護について10年以上の現場経験を経ている者であって、実践リーダー研修を修了している者
事業所の運営管理に関する知識、技術の修得	認知症対応型サービス事業管理者研修	実践者研修修了者であって現場経験3年以上の者
事業所内のケアチームにおける指導者役	認知症介護実践リーダー研修	実践者研修受講後1年以上経過した者
認知症介護の理念、知識及び技術の修得	認知症介護実践者研修	現場経験1～2年の者

注：「現場経験」とは、認知症高齢者の介護に従事した経験をいう。

は、この事業では、図1-5に示すような「認知症介護実践リーダー研修」や「認知症介護指導者研修」の修了者がいる施設には以下の表1-3に示すような「認知症専門ケア加算」と呼ばれる介護報酬の加算が行われている。つまり、前述した研修を受けた職員が働く施設は介護サービスの質がよいだろうから、その介護報酬は高くするとされたのである。

これは、いわゆる質の評価の考え方からいうとストラクチャーの評価に近い。研修を修了した職員の有無によって評価をしているからである。つまり、その職員の介護技術のよさを現場で確認したわけでも、この介護職員からケアを受けた認知症高齢患者のQOLが向上したというアウトカムがあったからでもない。つまり、エビデンスはないが認知症のケアを向上させるために、こういった報酬上のインセンティブがつけられたといえる。

このインセンティブの影響は大きく、多くの専門職能団体や介護保険施設協議会等が県からの委託を受け、認知症ケアにかかる医療・介護従事者等の研修をここ5年ほど実施してきたが、今もなお、認知症のケアの現場では、認知症疾患別の症状に応じた効果的な治療・ケアの提供は専門家として養成した研修修了者のほうが良いアウトカムを出している

表1-3 認知症専門ケア加算の要件

【認知症専門ケア加算Ⅰ　3単位／日】
- 認知症日常生活自立度Ⅲ以上の者が入所者・入居者の2分の1以上
- 認知症介護実践リーダー研修修了者を、認知症日常生活自立度Ⅲ以上の者が20人未満の場合は1名以上を配置し、20人以上の場合は10またはその端数を増すごとに1名以上を配置
- 職員間での認知症ケアに関する留意事項の伝達または技術的指導会議を定期的に実施

【認知症専門ケア加算Ⅱ　4単位／日】
- 認知症専門ケア加算Ⅰの要件を満たし、かつ、認知症介護指導者研修修了者を1名以上配置(認知症日常生活自立度Ⅲ以上の者が10人未満の場合は実践リーダー研修修了者と指導者研修修了者は同一人で可)
- 介護・看護職員ごとの研修計画を作成し、実施

というようなエビデンスは示されていない。

認知症ケアの専門性を高める研修の問題

例えば、介護福祉士ファーストステップ研修は、厚生労働省の 2009（平成 21）年 4 月改定関係 Q & A（vol. 1）により、都道府県等の判断で「認知症介護実践リーダー研修」相当と認めることができると示されている。ただし、都道府県等がこれらの判断をする際の明確な基準はなく、各県の解釈による読み替えが進めば、学習のばらつきを促進している可能性がある。

このことは、単なる杞憂ではなく、2012（平成 24）年度に実施された調査[15]によると、認知症に関する研修カリキュラムは、国からいわゆる標準カリキュラム等が示されているにもかかわらず、その内容は都道府県や関係団体等の実施主体によってかなり異なっていることがわかっている。前述の調査によれば多くの県では、科目の目的、構成内容、到達目標、評価方法等が示された"シラバス"も示されておらず、しかも、標準テキスト等のテキストはほとんど使用されておらず、講師が作成した独自の講義資料で他の講師との整合性もとられないままに講義や演習が実施されていた。このため、講師間の講義内容には重複が多く、準備に手間がかかる認知症のケアの技術に関する演習等が行われていない研修もあり、これらの講義や演習にかかわる理解がなされたかについての受講生の達成度も評価されていなかったことがわかっている。

さらに、2013（平成 25）年度の調査[16]では、各都道府県において実施されている現行の認知症介護実践者等養成事業で実施される認知症介護実践者研修（実践者研修・実践リーダー研修）の開催日数および開催時間やその受講料に関しても、大きなばらつきがあることが明らかになった 表1-4。

表1-4 全国の認知症介護実践者等養成事業の実施状況（実施日数・実施時間数）

【研修日数】　　　　　　　　　　　　　　　　　　　　　　　　　　　　　（日）

	標準カリキュラム	全国平均	最大	最小
介護実践者研修				
講義・演習	約5日	4.9	7.0	3.0
実習				
外部実習	1日	0.4	2.0	0.0
職場実習	4週間	15.1	20.0	0.0
実習報告・まとめ	1日	1.0	2.0	0.0
実践リーダー研修				
講義・演習	約9日	7.9	12.0	5.0
実習				
外部実習	3日以上	3.3	8.0	1.0
職場実習	4週間	19.7	28.0	10.0
実習報告・まとめ	1日	1.4	3.0	1.0

【研修時間数】　　　　　　　　　　　　　　　　　　　　　　　　　　　（時間）

	標準カリキュラム	全国平均	最大	最小
介護実践者研修				
所用時間数（時間）	36.0	32.2	46.0	21.0
（うち、必修科目時間数）	(24.0)			
実践リーダー研修				
所用時間数（時間）	57.0	51.4	75.0	32.0

出典：平成25年老人保健健康増進等事業「認知症ライフサポートモデルを実現するための認知症多職種協働研修における効果的な人材育成のあり方及び既存研修のあり方に関する調査研究事業（日本能率協会総合研究所）」データより筆者作成

　先に述べた介護報酬上の加算だけでなく、認知症介護実践リーダー研修は、例えば、一部の指定地域密着型サービス事業所の指定要件 注5 および認知症専門ケア加算の要件との関連もあることから、これら研修受講を受けた者が配置されることによるサービス料の加算も認められている。

このように研修内容の標準化がなされていないだけでなく、その研修を受けた際に、受講生がそれを理解したかどうかの確認もなされない状況でありながら、専門的な認知症ケアが提供されるだろうとして、介護報酬の加算もなされてきた。このような事態が継続されてきたことは、わが国の認知症ケアにとって不幸な歴史であった。

　報酬にかかる制度の見直しや新たな研修内容や研修体制の見直しを早急に行わなければならないが、これらの基礎となるのは、認知症ケアにかかわる知識や技術等の標準化である。

　例えば、英国では、アルツハイマー型認知症、脳血管性認知症、レビー小体型認知症という3大認知症について、軽度→中等度→重度といった時系列のケアモデルを作成することでのケアの標準化の試みを始めている。わが国においても、最初のステップとして、こういった疾患の特徴を反映したモデルを参考にして、ケアの標準化に着手することはできるものと考えられる。

　また、「妄想を伴う独居の軽度認知症高齢者のためのケアの方法」といった生活のあり方からの具体的な認知症とその支援方法を提示し、この対応について地域圏域内だけで標準化するという様々な経験知を蓄積するというプロセスを経て、ケアの標準化をすすめていくこともできるだろう。

　今後は地域独自の個別的ケアであったとしても、これらの経験知を共有化し、こうした工夫の積み重ねによってケアの標準化をすすめるといった方策も試みるべきであろう。

注5

認知症介護実践者等養成事業で実施される認知症介護実践者研修については、認知症対応型共同生活介護事業所の管理者または計画作成担当者は「実践者研修」、あるいは同事業所で短期利用共同生活介護を行う場合の介護従事者は「実践者研修」と「実践リーダー研修」修了が義務づけられている。

非専門家によるケアの拡充

　在宅では認知症に対するケアは家族が担うことが多い。これはいわば非専門家によるケアといえる。この非専門家のケアと専門家のケアの違いを示す研究も日本ではほとんどない。

　しかし、英国では、これに類する研究が昨今、多数、散見されるようになってきた。例えば、英国の北西地域で実施されたホームケアサービスの研究では、いわゆるジェネリックサービスと専門的サービスの間には、10のサービス基準においてほとんど大きな違いはなかったとの報告がされている[17]。

　また、認知症を患う人たちとその介護者をホームケアサービスの不可欠な必要項目とし、「柔軟性」を基準とした場合、明らかにジェネリックサービスが質の高いケアを提供しているとの報告もされている。

　このため、英国では組織や経済規模の差について配慮しなければならないとしながらも認知症ケアにおいては、非専門家によるケアを活用していく視点が重要との報告がされている。

　日本では、介護保険制度の実施を契機にケアは、フォーマルな雇用が主とされてきた。ヨーロッパ諸国でも同様にフォーマルな雇用によるマーケットが形成され発展してきた[18]。

　しかし、昨今のヨーロッパ諸国の新たな動きをみると、報酬を伴う「セミフォーマルな家族ケア」やケア提供のための「インフォーマルな雇用」という例が多く散見されるようになっている。

　つまり、日本の地域包括ケアシステムにおける生活支援サービスは、すでにヨーロッパ諸国では、「セミフォーマルな家族ケア」と呼ばれるような新たなケアの種類として扱われつつあり[19][20]、友人および家族の介護者と国家の間の新しい関係が生まれていることを示している。

　例えば、セミフォーマルケアとしては、児童の世話をするための有給

の育児休暇は、すでに多くの国が導入しているが、これは、「ケアを与える権利」と呼ばれる新しい社会的な権利と表裏一体の関係をもっている㉑。

つまり、このケアを与える権利は、人が生涯において、特別な期間にしかもつことができない親・親族・友人が在宅で子どもや高齢者の家族や友人を世話する権利を指している。もともと子どもや高齢者の世話を背負うのは家族（またはソーシャルネットワーク）であったことから、国としては、この世話をする家族のための新しい報酬の仕組みを社会保障制度の枠組みのなかに位置づけようとしているともいえる。

しかしながら、育児や介護の報酬を当事者だけでなく、家族や知人等に対しても与えるということは、一方でケアの商品化が進められてきたとの表現もできる。だが、この場合のケアは、フォーマル化されていない。否、フォーマル化することが相当に困難な性質があることに留意しなければならない。

こういったセミフォーマルなケアへの現金給付という施策については、その報酬の本質に関して、多様でしかも労働時間にも見合っていない報酬である場合が多い㉒とされ、フォーマル化の要件を満たしていないとの指摘もある。つまり、ケアに携わる者は確かに有給の介護者ではあるが、非正規雇用に属しており、この雇用形態はある意味で新しいインフォーマルな雇用形態であるとも説明できる。

なお、ここでいう非正規雇用は、被雇用者がフォーマルな雇用において存在するような法律の枠組みの外に位置づけられ、労働法も社会保障権も適用されないことを意味しており、この雇用形態は極めて不安定なものである。

このような雇用の形態が採用された背景としては、日本とは異なった、国々の特殊な事情もある。というのは、ヨーロッパの国々では、特に移

民のフォーマルな雇用に関しては厳しい法律があり、このセミフォーマルな雇用は実は彼らに対する雇用対策の側面がある。

なぜなら、この雇用形態は移民数の増大とともに拡大したともいわれており[23]、ヨーロッパの国々にとっては、特にEUの構成員となった国としては国だけでなく、EU全体の社会保障全体の枠組みを勘案した結果として、インフォーマルケアやセミフォーマルケアの社会手当とする施策を利用し、社会保障政策の実効性を高める施策を導入してきたとも説明できるからである。

このように、ヨーロッパの国々では、ケアの提供に際して、その時々の国の状況を勘案しながら、ケア提供者と雇用形態の多様化する手法が採られてきた。今後は、ケア提供者の役割をどのように考えるかに大きな関心が寄せられている。

ケアの提供は、伝統、宗教、相互関係、愛情、義務という様々な動機に基づいており、これを評価することはそもそも困難であるという問題がある。

また、これらのケアの提供主体も国、自治体、雇用者、労働組合、市民組織、NPO、教会などと多様であるため、その担い手も同様に多様となり、担い手側の質の基準を一元化できないという問題がある。

つまり、ケアは様々なアソシエーション、公共団体、マーケット、個人等で提供されるが、このような提供主体の多様性を勘案せずに一律に評価することは難しいと考えられる。

それぞれの提供体制は、ケア提供にあたっては自らの提供のための論理や倫理に基づくことになり、提供体制間の違いは今後、徐々に明らかにされていくことになるだろう。しかし社会保障によるサービスと違って、ケア、特にインフォーマルケアについては、表1-5 表1-6 に示したような多様な雇用形態や社会の様々なセクターによって提供可能となった。

表1-5 雇用形態・報酬・経済的な領域によって分類したフォーマル・インフォーマルケアの種類

	ケアの種類	雇用形態・ケア形態	報酬	経済的な領域
フォーマルケア	フォーマルな雇用	フルタイム／パートタイム	あり	すべての領域
フォーマルケア	インフォーマルケアとフォーマルな雇用の組み合わせ（親がパートタイムで働く場合が多い）	パートタイム／特殊な形態	あり	すべての領域
インフォーマルケア	ケアのためのインフォーマルな雇用	非正規雇用のフルタイム／パートタイム	あり	家庭経済の領域がマーケットとなっている
インフォーマルケア	インフォーマルな家族ケア（親戚と友人）	フォーマルではなく、相互扶助に基づく関係	なし	相互扶助に基づく家庭内の経済的な領域
インフォーマルケア	セミフォーマルな家族ケア（親戚と友人）	福祉国家が形成したケア関係	あり（例えば育児手当）	相互扶助に基づく家庭内の経済的な領域
インフォーマルケア	ボランティア	フォーマルではなく、相互扶助に基づく関係性	なし（時々何かしらの補償）	相互扶助に基づく経済範囲（国、非営利のセクター、市民社会）

出典：Geissler. B., Pfau-Effinger, B. (2005). "Changes in European care arrangements" in B. Pfau-Effinger and B. Geissler eds. Care and Social Integration in European Society. 9. （訳は筆者による）

表1-6 多様なケアの提供形態

提供形態	支援の提供元	ケア提供者	ケア利用者	ケア提供者の条件
インフォーマルケア	仕事と資金の相互分担（義務、相互関係）	家族・親戚・友人・隣人	家族・親戚・友人・隣人	無報酬で働く、同居人・家族・友人・隣人
ボランティア・慈善団体	献金・仕事での貢献・相互責任	ボランティアの団体・慈善団体・教会・地域	ケア提供の対象に承認された人	ボランティア
福祉団体・非政府機関	献金、会費、公的助成金、サービス使用料	営利／非営利福祉団体	（サービス）消費者・利用者	専門家／準専門家・有給／またはそれ以下の労働者
商業的サービス	サービス料・公的助成金	会社・自営のケア提供者	（サービス）消費者・利用者	専門家・未熟練労働者
公共機関（国や自治体）	税金・サービス使用料	自治体・自治体の下請け契約者	認可された市民（住民）	有給の専門家／準専門家

出典：Anttonen, A., Sipilä, J. (2005). "Comparative approaches to social care diversity in care production modes" in B. Pfau-Effinger and B. Geissler eds. Care and Social Integration in European Society. 118. （訳は筆者による）

すなわち、このケア提供に際しての最も大きな課題は、特に、インフォーマルケアというものが、複数の複雑な提供体制を含み、様々な理由と論拠によって動かされている制度となったために、その供給も需要量も正確な予測が困難でこれを評価することも難しいという問題をその発生時点から抱えてきたことにある。

　しかも、ケアは元来、家族や親戚によるインフォーマルケアであったため、フォーマルケアに比較すると、現在、日本でも、ヨーロッパにおいてもインフォーマルケアの提供実態に関して、多様な側面での評価を可能にするほどのデータは収集されていない。したがって、インフォーマルケアに対しては、どのような報酬をつけるかによって、そのあり方に大きな影響を与える可能性がある。

　現在、喫緊の課題とされている地域圏におけるサービスのあり方とは、まずは、医療セクターと介護セクターにおけるサービスの効率化のためのintegrationであり、これを円滑に進めるための手法の一つとして生活支援サービス提供という手法が採られるというのが、有効な方策となるであろう。ただし、先に述べたように、このサービスはその提供セクターの複雑さと多様さによって、本来的に解決しておかなければならない課題がわかりにくくされている。

　すなわち、インフォーマルケアの提供主体が多様化するなかで、これらを地域包括ケアシステムにおいて各種のマネジメントをするためには、提供主体別のデータが収集され、これを分析した後、システムへの包含を決定するべきであり、拙速な対応にはリスクが大きいと考えられる。

IV-2 地域包括ケアシステムにおける ケアマネジメントの再検討

　前章までに、地域包括ケアシステムの構築が必要とされる理由として、認知症高齢者の増加があることを述べてきた。そして、この増加する認知症高齢者への対応としては、地域包括ケアシステムの構築が前提となることを示してきた。

　すなわち、在宅生活を維持するためには多様な介護サービスをコーディネートし、適切に提供されるようマネジメントしなければならない。このマネジメントを専ら行うことを業務とした専門職を英国等では、ケースマネジャーと呼んでいるが、日本のケアマネジャーとの大きな違いは、彼らがマネジメントするサービスには、医療サービスが必ず包含されるということである。

　本節では、この医療サービスを含むケースマネジメントが求められた背景と、日本が今後構築していく地域包括ケアシステムにおいて、マネジメント機能にはどのようなあり方が考えられるかについて論考する。

① ヘルスシステムにおいてケアマネジメントが求められた背景

従来の患者と医師との関係

　いずれの国においても、いわゆるヘルスケアというものが国内の経済にこれほど大きい影響を及ぼすビジネスとなる前には、ほとんどの医師の医療行為は患者の治癒の過程を支えることを目的としていた。

　その過程とは、急性の病気を治しつつ慢性疾患を安定させて在宅での

生活を立て直すといったことであった。このことは、従来の医師は患者との関係が単なる病気の治療だけで成立しておらず、患者の生活を支えることを含む場合が多く、医療の範囲を越えることは少なくなかったことを示している。

医師と患者の関係には、患者の身体や精神の状態の改善につながる可能性がある要素がすべて含まれており、例えば、医師と患者の間で病気やその病気の影響に関する情報を知らせることや、患者にかかわる人を治療の相談に参加させること、治療の遵守と薬剤へのアクセスを保証すること、患者のコミュニケーションに問題があれば医師が支援すること、患者への情緒的支援といったことは、すべて、その病気の治療過程に含まれていたのである。

このようなことからみれば、昔の患者と医者の関係は、患者の健康を最大化するという共通の目的を達成するための協働する者同士の契約関係が成立していたとも表現できる。

関係性の変化

しかし、今日、いずれの国においても社会保障制度は、その費用の削減が求められており、医療については医療保険制度下においての患者と医師との関係は、従来の病気の治癒へ立ち向かう協働関係を結ぶという形態ではなく、治癒という目的だけに特化した簡素な関係性へと変わってきた。

医療における医師の役割を変化させることは、限界のある貴重な医療資源を効率的に分配することが目的であれば、当然の結果であった。したがって、医師が提供していたサービスは健康上の問題と、健康に関係があるサービスの提供とに分けられ、身体と精神の健康について、あらかじめ様式化された検査の結果から選択される治療となり、これにかか

わる相談は7〜15分の外来診断で行われることへと変化してきたのである。

さて、英国では、70％の患者は簡単な治療のみで自分で得ることができる医療的資源や知識だけで健康上の問題を解決できるとされている。だが、残りの30％の患者は慢性的な病気をもち、または生活状況や病気の相互作用が複雑であるため、医師が協働して患者の健康の向上を考えないと臨床の医療や、その他のケアサービス等を増加させても、より重篤な障害を被ってしまう可能性があると考えている。

変化への対応

このような問題を解決するために、英国をはじめとして、多くの先進諸国では、医療サービスとこれに付随する保健福祉介護サービスをも含めてマネジメントをするというケアマネジメントという新しい産業を生み出してきた。この産業の対象となるのは、全患者の20％程度とされている。将来、そのグループに入るおそれがある患者も想定しながら、社会保障制度や実際的知識をもつ医療関係者によって、このマーケットは形成されてきた。

さて、このケアマネジメントという技能は、従来、医師が担っていた患者との協働のあり方の一部を専門化させたことによって生まれたものと解釈できる。

例えば、英国では、ケアマネジメントを実施するケースマネジャーは、患者に病気のことを理解させ、生物心理社会的な障壁（biopsychosocial barriers）、または、社会保障制度の障壁を取り除くことを努力し、推薦すべき治療の選択についての助言をすること等をその仕事としている。

また、ケースマネジャーは、今日、誰に何を聞けばいいのかがわから

ないほど複雑で、分断されてきた英国の社会保障制度を患者が適切に利用できるようにするため生まれたとされるが、現在、大いに役立っているとされているのである。

以上のことからは、英国でのケースマネジャーの仕事は広範囲にわたっており、これを遂行するためには、医療保健福祉、介護、制度に関する広く、深い知識を備えていなければならないことがわかる。

② 多様なケアマネジメントのあり方

ケアマネジメントという用語は、ケア産業においても複数の定義がある。本章では、米国におけるケアマネジメントの理論[24]をレビューしながら、今後の地域包括ケアシステムにおいて求められるケアマネジメントについて考察する。

ケアマネジメントに従事する者

米国におけるケアマネジャーは、「患者に治療を与えないが、健康的な行動を促進するために患者と協力し、複雑な健康状態にある患者、またはそういう状態になるおそれがある患者のアウトカムを改善する」専門職と認識されている。

米国では、こういった業務を行う者には様々な呼び方がある。例えば、予防の領域で働く者はヘルスコーチとウェルネス・カウンセラーという呼び名をもった専門職となる。彼らの仕事は、健康的な行動の習慣を身につけないと不良なアウトカムにつながるリスクがある者を支援し、健康的な摂食の習慣、運動、予防対策を教えることである。

またディジーズマネジャーは、主に慢性疾患の患者を対象とする。彼

らは、病気（例えば、糖尿病、鬱病、腎臓病など）と治療に関して患者教育をする。その他にも、病状を安定させ、状態の悪化を予防するために治療に関する戦略と能力を身につけさせるといった仕事をする場合もある。

さらに、ディジーズマネジャーは、労働災害により失職した労働者に対しては、労働者の擁護と保険制度の効率的な使い方をサポートし、労働者の擁護者として効果的な医療を受けられるように支援するという役割を担うこともある。

このように、ディジーズマネジャーは、エビデンスに基づいてサービスが提供されていない場合、例えば、治療の遵守、臨床的なアウトカムに対する情報管理、受診状況の確認、別の専門家からのセカンド・オピニオンを得ることなどによって、患者の病気を乗り越えるように患者と協働することが仕事であることから、かなり高い医療についての専門知識が必要とされている。

この他に、ケースマネジャーと呼ばれる者がいる。彼らはケースマネジメントを行う。ケースマネジメントは大きくはケアマネジメントの範囲に含まれるが、より複雑な病気になった患者、または、予想以上に複雑な病気になった患者のマネジメントを行う者たちである。ケースマネジャーには、一般診療の場合には臨床医も含まれる場合もあるが、ほとんどは看護師が担うことが多いようである。

精神科医療の場合は、例えば重篤な精神病患者を世話するようなケースマネジャーは、包括型地域生活支援(Assertive Community Treatment)の一部として、マネジメントのサービスを提供する。精神科医療のケースマネジャーには、看護師だけではなく、ソーシャルワーカー、心理学者、特殊なカウンセラーも含まれている。

ケースマネジャーは、全患者のわずか2〜5％にサービスを提供する

にすぎないが、こういった重篤で複雑な問題をもった患者が保険資源の3分の1から半分までも使ってしまっていると報告されていることから、ケースマネジャーの役割は大きいと考えられている。

2010年のCMSA（the Case Management Society of America：米国ケース・マネジメント学会）の『ケース・マネジメントの仕方に関する基準』によれば、「ケース・マネジメントとは、コミュニケーションと利用可能な資源を通して、健康における個人のニーズに応えるための評価、計画、導入、調整、監視、サービスの選択を含む協調的な過程である」と定義されており[24]、その主な役割は表2-1のように示されている。

ここで示されたケースマネジャーの調整の役割は患者を中心にケース

表2-1 ケースマネジャーの主な役割

①患者の健康ニーズの包括的な評価を行う。
②情報を得た上での決断を可能にするように、ケースマネジメント、つまり、健康状態の改善に対する障壁を特定する。
③地域の資源、保険金などに対して患者とケア提供者を教育する。
④健康、生活の質（QOL）、資源を最大化する地域に加えて、患者、患者の家族、かかりつけ医、他のケア提供者、支払者と協力しながら、ケア計画を作成し、実施する。
⑤分断しがちなケア提供を抑え、エビデンスに基づいたケア提供を実現するように、患者に身体ケアや精神ケアを提供するチームにおいてコミュニケーションや調整を促進する。
⑥意思決定過程に患者を参加させる。
⑦ケアが改善するように選択肢を探り、問題を解決する。
⑧必要な場合は望まれている結果に至るための代替案を探る。
⑨ケース・バイ・ケースを基準にしながら、ケアの質の改善と費用効果を目指す。
⑩ケアに関する情報が医療環境（例えば、入院、外来、看護施設、リハビリテーション施設など）における必要なサービス提供につながるように患者を支援する。
⑪患者が質の高いケアを受けることを支援する。
⑫ケア提供者のチームが質の高いケアを提供するように支援する。
⑬購入者が手頃な価格で障害や能力の低下を抑えることができるように支援する。

出典：Kathol, R. G., Perez, R. & Cohen, J. S. (2010). Integrated Case Management Manual: Assisting Complex Patients Regain Physical and Mental Health. Springer Publishing Company. 5.（訳は筆者による）

図2-1 ケアマネジメントとケースマネジメントの関係

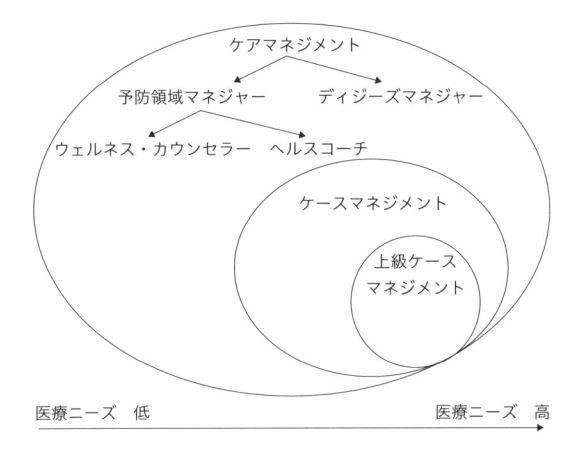

```
                    ケアマネジメント
           予防領域マネジャー    ディジーズマネジャー
         ウェルネス・カウンセラー  ヘルスコーチ
                        ケースマネジメント
                           上級ケース
                           マネジメント

医療ニーズ　低                              医療ニーズ　高
```

マネジャーを含むチームとして、ケア提供者とその購入者と地域の資源を使いながら複雑な健康問題の解決を図ることとされる。

ケースマネジメントが行われる環境とは

　ケースマネジメントを実施する環境は様々で、例えば、病院との統合的ケアの提供体制、外来診療のクリニック、法人、私立と国立の健康保険プログラム、独立したケースマネジメントの会社、政府出資のプログラム、提供者の会社と施設、老人保健施設、医療プログラムと疾病管理の会社の間など、多様である。このように、ケースマネジメントは多くの状況下で提供され、様々なニーズをカバーしている。つまり、環境によってそれぞれのニーズに応えるために、ケースマネジメントに対するアプローチは調整されている。

　現時点では、日本のケアマネジャーのなかでヘルスシステムやマネジメント会社を通して雇用され、同業者との確立されたネットワークを有し、サポートを得ながら患者の利益を守るというような者はほとんど存

在しないだろう。しかし、今後は日本のケアマネジャーのなかで、「米国流のケースマネジメントを実践している者は何人いるか」、また、「現行のケアマネジャーから、こういった人材を何人養成できるのか」、あるいは、「可能性がある人材は何人いるのか」。これらのことについて、真剣に検討すべき時期が来たともいえる。

また、いわゆる MSW（medical social worker：医療ソーシャルワーカー）と呼ばれている職種が日本には存在しているが、彼らが勤務している病院では、MSW が複数人いるところはわずかであり、大抵の場合、彼らは比較的、孤立した部署におり、多くの患者の担当はできないとされている。

これからのケアマネジャーのあり方を検討するためには、従来の病院で提供されてきたケースマネジメントサービスを見直し、患者と病院、患者のケアの専門家、そして、アウトカム向上と、サービス利用回数の削減という成果からみて、医療や介護保険制度にとって、このサービスが本当に価値があるかどうかを再考すべきであろう。

現段階では病院や診療所においてケースマネジメントサービスを一般化していくためには、公立・私立病院や診療所、大学病院等で実施するほうが、在宅側のケアマネジャーが行うよりは効率的であろう。

このことは、わが国の地域包括ケアシステムの先駆的な例として、農村における地域連携型ケアを確立した佐久総合病院や公立みつぎ病院などの例からも明らかである。

医療側でのケースマネジメントによって治療を通じた複雑な症状の患者の把握や複数か所での病気の発症を確認できれば、長期的な臨床変化を把握でき、費用削減を行う機会が得られるだろう。したがって当面は、こういった効果をもたらすマネジメントに関して、加算となる報酬が検討されるべきであろう。

③ ケアマネジメントにおけるセルフケア・セルフマネジメントの視点

米国におけるセルフマネジメント

　国際的な文脈からみれば、integrated care という理念からとらえられる日本の地域包括ケアシステムの課題は、ケアのコーディネーションにかかわるマネジメント機能を、どこが、あるいは、誰が担うべきかということである。

　例えば、米国や英国では、このマネジメント機能の一部をセルフケアやセルフマネジメントという概念に基づき、本人が担うことを当然としてきた。つまり、米国や英国では、高齢者あるいは患者自らが、このマネジメントを行い、それが適切に行われるための方策をマネジメントの専門家であるケースマネジャーらと話し合うことは普通のことである。

　しかし、日本でここでいうようなセルフマネジメントという概念を理解し、これをマネジメント機能として広げていけるかについては、慎重な対応が必要といえよう。

　そこで本節では、米国のセルフマネジメントや英国のセルフケアの動向を紹介し、これらに共通するコンテクストである「自助」の概念をどのように日本に取り入れるべきかを検討する。

　米国で用いられているセルフケアは、「より広義、かつ包括的に、自らに対するケア全般」を指しており、また、セルフマネジメントとは、「慢性症状に由来する様々な問題を自ら管理すること」[25]とされてきた。

　一方、国内では、2011（平成23）年に示された地域包括ケア研究会の報告書では初めて「自助」能力の向上が謳われた[26]。

　これを推進する際に参考になるのが米国流の慢性疾患患者の疾病の経験や QOL を踏まえた疾患をもつ生活の管理を目指したセルフマネジメントを支援する教育プログラムである。近年、これらのプログラムは慢

性疾患患者の病の経験に関する研究や QOL 研究の蓄積に伴い、米国だけでなく、先進諸国全体に広がりつつある。

この教育プログラムが従来の患者教育と異なる点は、今日のセルフマネジメントにおいて強調されているのが患者の問題を患者自身が定義し、その問題を解決するための意思決定や行動の支援も患者自身が決定していくという考え方に基づいている点であろう。

これは患者を取り巻く環境が変わっても、この考え方に基づけば患者は適切な行動を自分で考えてとることができるという、いわば患者の応用力の向上が目指されているところにある。

CDSMP の特徴

このような目標を掲げたセルフマネジメントの教育プログラムは多数存在するが、このうち、1980 年代後半に米国スタンフォード大学で開発され、現在、世界 22 か国で提供されているプログラムとして、慢性疾患セルフマネジメントプログラム（Chronic Disease Self-Management Program：CDSMP）がある[27]。

CDSMP では、「自分らしい、病ある生活・人生を送れるようにする」ことを目標として掲げており[28]、治療の管理に加え、社会生活や感情の管理といった日常生活場面にも注目してプログラムが組まれている。CDSMP は週 1 回 2 時間半を 1 セッションとし、6 週間にわたって計 6 セッションが行われる。

この CDSMP の特徴的な点の一つは、訓練を受けた非専門家の患者や患者家族が「リーダー」と呼ばれるプログラムの進行役となり、詳細なマニュアルに従って、ワークショップを進行する点があげられる。

もう一つの特徴は、受講者同士の相互交流が活発に行われることである。患者らは、この交流によってお互いの観察による学習の機会が得ら

れ、自己を振り返る機会や病との向き合い方、生活の送り方に関する気づきなどを得る。

　こうした教育プログラムは、現在、慢性疾患患者を対象として実施されているが、要支援状態、支援が必要となる前の段階の高齢者に対してもやり方によっては有益な活動となるだろう。

　現在、多くのソーシャルネットワーク[29]（一般に人がもっている社会的関係網の集まりが「ソーシャルネットワーク」と呼ばれ、このなかで、行われる相互作用が人々に対して支援するような性質をもつと認められたものが「ソーシャルサポートネットワーク」と呼ばれる。）は、趣味等を共通項にしたものが多いが、これは自らが罹患している慢性疾患を共通項として、ネットワークを広げるということになる。

　このプログラムでは、多様な慢性疾患が取り上げられ、これらの疾病とともに慢性疾患患者が生活を維持していくために、どのような生活を設計すべきかといったことを患者自らが考える力を養い、これを実行に移すために必要な支援をコーディネートするマネジメント能力を患者自身がつけることを目的としている。

セルフマネジメントとしての日本の介護予防のあり方

　2005（平成17）年から、わが国で実施されてきた介護予防は高齢者自らが自らの意思で健康維持と生活設計に必要なサービスのコーディネートを自らができるようになることを目的とする、いわゆるセルフマネジメントという観点からは実施されなかった。この介護予防活動は、保健師がいわば指導して実施されてきた。しかも、これを介護保険制度の給付としても行ったことから、いわゆる「共助」の一環として実施したのであった。だが、これがうまく機能した自治体は僅かであった。

　このような結果となった理由は、介護予防というサービスは本来、「自

助」を基礎としていたにもかかわらず、高齢者自身が自ら計画し、自らがやりたいという動機づけがなされた予防活動ではなかった。動機づけプログラムがないままに、非常に抽象度が高い介護予防という名前がついただけの介護サービスの提供ではうまくいくはずもなかった。

　今日、多くの介護サービスの利用者においても何の目的で介護サービスを利用するかを十分に理解することなく、ただ介護支援専門員（ケアマネジャー）に言われるままにサービスを受けているという状況については、今後、変えていく必要がある。

　これは、情報の非対称性によって、パターナリズムに陥っている医療領域における状況（患者となった時点で、自らが治療やその予後に対する積極的な関与を辞しているという傾向）と類似している。

　米国流のセルフマネジメントも英国で推進されているセルフケアも主に慢性症状や軽症疾患に対して、本人自身が自らの手によって様々な形でケアをすること、ケアの主体は患者本人であるという堅固な基盤によって成立している。おそらく、この点が日本との大きな違いであり施策を検討する者はこのことを忘れてはならない。

セルフケアの振興

　英国におけるセルフケア振興の特徴は多面的な展開をしており、軽症（minor ailments）の患者へのセルフケア奨励は、表2-2に示したように各種関係機関からの豊富な情報提供システムの構築から始められており、患者には比較的軽微な症状に対してどのような対応がよいのかを学ぶことができる機会が与えられてきた。

　このような情報提供のあり方は、一朝一夕に成立するものではなく、長い歴史によって培われてきた医療における患者中心というコンセプトによって成立しているものといえよう。

表2-2 「Fact Sheet Series」の一例

頭痛

このシートは、普通といえる状態とは何か、または時折の頭痛を感じる場合は何が起こるのかを説明している。また、心配する必要があり、専門家に相談したほうがいい場合とそうでもない場合を区別するための説明も書いてある。

どの場合に診断を受けたほうがいいのか？
- 治療が症状を和らがない場合、または仕事など日常の活動ができない場合に医師に診察を受けてください。また、下記の症状がある場合は、医師の診察を受けてください。

頻度	頭痛の頻繁的が上昇している
追加の症状	原因がわからないのに吐いたり、熱があったりする。また、斜頸になったり、眠くなったりする
頭部外傷	頭にけがを受けた後に頭痛が続く（ただし、頭部外傷の後には、1～2日間ほど、頭痛を感じる場合があります）
睡眠	頭痛の影響で起こされたり、十分に睡眠が取れなかったりする
特別な状況	咳が出る時、緊張する時、曲げ位置になる時、横になる時、笑っている時に頭痛が悪化する
不思議な感覚	体のどこかに脱力や無感覚など不思議な感覚を感じる、または立っている時に安定してしない
痛みの重篤度	ハンマーで殴られたように急に重篤の痛みを感じる
目	光を見ると眼に違和感を感じる。または見えない箇所があるなどの症状がある
他の症状	筋肉痛、そしゃく時の痛み、頭皮の圧痛、体調不良を感じる

出典：Self Care Forum (2013). Fact Sheet, 6 Headache and migraine.（訳は筆者による）
URL<www.selfcareforum.org/wp-content/upload/2013/04 6-Headache.pdf>（2014年1月アクセス）

　これに加えてサービスを提供する側、すなわち介護人材に対する教育においても徹底的にサービス利用者がセルフケアに向かうことを促す介護サービス従事者の能力の育成が求められている。

　つまり、サービス提供者はセルフケアの推進とサービス提供を同時に提供することが求められているため、教育においてもこの両側面の学習が必須となっている（セルフケアトレーニングマニュアルについては、

以下のURL参照。http://www.skillsforcare.org.uk/Document-library/Skills/Self-care/selfcaretrainingmanual.pdf　このトレーニングの内容については図2-2を参照)。

　しかも、これらセルフケアにかかわる活動の理念は公的サービスだけでなく、民間レベルのセルフケア振興活動でも同様であり、英国では、公的、民間レベルがともに参加するSelf Care Forumというプラットフォームを設置し、セルフケア振興活動を推進している（詳細は、Self

図2-2 セルフケアトレーニングマニュアルの内容の一部

ケアワーカーの従来の考え方	その結果
ケアプランに書いてあるものしか行えない	（利用者が）「自由に好きなケアを選ぶことができない」「変化を呼び起こせる自信がなくなる可能性がある」「新しいことをするチャンスが与えられていない」「受けているケアに対して不満を感じる可能性がある」「何らかの変化を求める可能性がある」「何もコントロールできない気分になる」
利用者を参加させる時間がない	（利用者が）「何をしてもケアワーカーが必要になる」「より積極的に参加したい可能性がある」「積極的に取り組まないと状態が悪化する可能性がある」「参加しないと興味を失う可能性がある」「自分を世話するのに関心がなくなる可能性がある」「できることに対して自信がなくなる可能性がある」「依存関係を生み出す」

↓

ケアワーカーの新しい考え方	その結果
利用者がケアプランに書いてないことを行いたい場合は、支えを提供することができる	（利用者が）「やりたいことを自由に選ぶことができる」「やりたいことをコントロールできる」「選択肢を持った方が、より多くのことをするためのモチベーションが上がる」
利用者を参加させる時間がある	（利用者が）「参加している気分になる」「より多くのことをするためのモチベーションが上がる」「ともに働くことができるようになる」「利用者の自立が奪われていない」「どのような低い能力でも活かせるようになる」「訪問する人が代わりにやってくれる気がしなくなる」「パートナーシップを感じる」「セルフケアへの自信が強くなる」

出典：Skills for Care (2009). Self Care Training Manual, Implementing the Common Core Principles for Self Care. （訳は筆者による）

Care Forum の HP を参照。http://www.selfcareforum.org/)。

そして、これらの振興活動の根底には徹底的な情報開示があり、例えば、セルフケアで解決できたと考えられる軽症（minor ailments）に対して、GP（general practitioner：家庭医／かかりつけ医）が対応してきたコストは、年間20億ポンド（約3120億円）となるといったデータの公表がなされている。同様に、軽症に対する5700万件の診察は必要性（need）というよりもむしろ要求（demand）への対応であったことも公表されている[30] 表2-3。

このような国においてセルフマネジメントの構成要素を踏まえたケアマネジメント手法が、日本で同じように根づくかについては慎重に検討すべきである。従来と変わらない、保健師がこれまでやってきたような老人保健事業的な方策だけではセルフケアはできないことを十分に理解して取り組まなければならない。

次の図2-3で示されているように、セルフマネジメントの構成要素か

表2-3 軽症（minor ailment）に当てられる診察／コスト

軽度の病気	診療数（100万）	平均処方費用	総費用（100万ポンド）
背痛	8.4	8.23£	64.0£
胸焼けと消化不良	6.8	8.07£	54.0£
皮膚炎	6.8	5.30£	35.3£
鼻詰まり	5.3	3.36£	17.4£
便秘	4.3	5.31£	22.2£
片頭痛	2.7	19.58£	51.9£
咳	2.6	4.18£	9.0£
にきび	2.4	10.96£	25.7£
捻挫と筋肉痛	2.2	6.86£	12.1£
頭痛	1.8	8.03£	11.7£

出典：Self Care Forum (2013). Save Our NHS: Time for Action on Self Care. (訳は筆者による)

ら、わが国で実施されてきた施策をみると、左上のケアプランの点検や、患者用カルテについての共有といったことはなされてきたものの、その他の内容についてはほとんど実施されてこなかった。今後、実施されなければならないと考えられるのは、行動変容に効果が高いとされる能動的グループ学習の方法論の確立であり、これを推進するための公的、民間レベルでの提供主体間のサービスにおけるリンケージである。

　さらに、重要なのはケアを提供する主体として、利用者自身を想定するということである。そこで、次に、介護サービスの利用者におけるセルフケアのあり方、自助について考察する。

図2-3　セルフマネジメントの構成要素

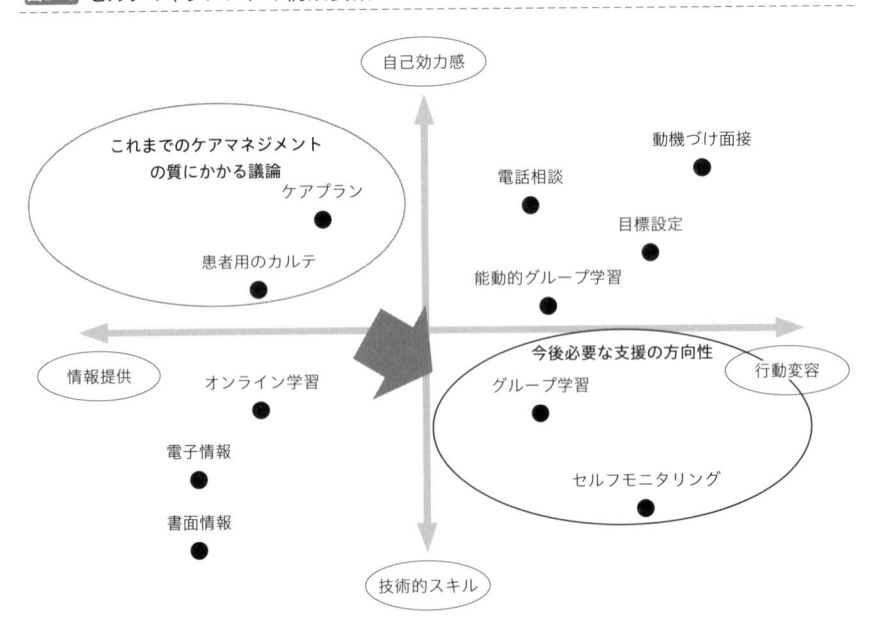

（自己効力感／技術的スキル／情報提供／行動変容）

これまでのケアマネジメントの質にかかる議論：ケアプラン、患者用のカルテ

電話相談、動機づけ面接、目標設定、能動的グループ学習

オンライン学習、電子情報、書面情報

今後必要な支援の方向性：グループ学習、セルフモニタリング

出典：Dr Debra de Silva（2011）. 'Evidence: helping people help themselves: a review of the evidence considering whether it is worthwhile to support self-management' Health Foundation, Figure 1: Continuum strategies to support self management, viii.（筆者一部改変）

地域包括ケアシステムにおける提供主体の考え方

　「自助」という概念は、2009（平成21）年の地域包括ケア研究会報告書で、ケアの提供主体として、「自助」「互助」「共助」「公助」の４つが提示されて、一般に広がったものであるが、この提供主体に関する４つの概念設定は、ヨーロッパの地方自治における「補完性原理」を日本風にアレンジしたものであった。

　もともとの意味合いは、市民による社会を基盤とするヨーロッパにおいて、市民による自治をできる限り行い、それでも力が及ばない戦費の確保や外交といった課題等については、より大きな組織体で補完していくのだという、いわば自治のあり方における順位を示したもので、そもそも社会保障制度における提供主体を説明するための概念ではない。

　しかし、社会保障制度におけるサービス提供の主体をどのようにシステム化するかといった検討に際しては、主に介護保険制度や医療保険制度は共助の仕組みであることを強調するために援用され、昨今では、社会保障制度のサービス提供に際しての多様な担い手を説明する際によく用いられるようになってきた㉛。このため、この４つのサービス提供主体について万遍なく説明や検討がされてきたわけではなく、どちらかというと共助や互助のあり方を国が説明する際に利用したものといえる。

　例えば、介護保険制度は、これまで家族という血縁による「互助」によってケアが提供されてきたが、これからは社会がケアを提供するという「共助」の仕組みとして、介護保険制度ができたのだという説明がされた。また、以前は、隣近所の知人や友人による「互助」が多くあったが、現在は、コミュニティが崩壊しこれを期待することが難しいので、「共助」としての介護保険制度が代替しているのだというような説明もあった。

　あるいは、「公助」と「共助」の違いは、「公助」は税によるもので、

「共助」は保険料によるものであるので、「共助」は契約であり、その関係性が明確であるといったような説明もあった。

　一方、自らの意志で自らの財産を用いて民間サービスを利用すること、自らの持ちうる財力や自らの能力をもって自立生活を継続することが「自助」とされてきた。しかし、他の「互助」や「共助」とは異なり、「自助」能力を伸ばすためにはどうすればよいのかや「自助」はどうあるべきか「自助」のシステム化といった検討はほとんどされてこなかった。

　強いて例をあげれば、前述もしたように、2006（平成18）年から実施された介護予防は、「自助」を基本とした活動であったといえるが、介護予防の対象者となった人々は進んで対象となったのではなく、行政のスクリーニングによって、いわば選ばれてしまったために、自立を支援される、「自助」を伸ばしていかなければならなくなったという受け身の立場として、これを理解した。このため、日本の介護予防という政策は、利用者からは甚だ不評であった。

自助の推進

　先にも述べたが、こういった自助を推進することを、地域包括ケアシステムのなかでどのように位置づけ、これをどのように推進するかの検討は乏しい状況にある。また、高齢者自身が人生の最期に向けて、できるだけ健康を保持しながら自立した生活を行っていくという人生設計に対して、これを最も支援する提供主体である「自助」のあり方やその方法についても議論がなされてこなかった。

　しかし、「互助」を期待する、あるいは、複雑な「共助」や「公助」といった他の提供主体からのサービスを受けるというよりも、「自助」という潜在的な力の向上を目指す方策、当事者自身が担い手となること

を支援するほうが、ケアが必要な人の尊厳を守り自立を促進するためには効果的な結果をもたらす可能性がある。

　本章で紹介したセルフマネジメントやセルフケアは、「自助」とは異なった文脈から派生した概念である。だが、自らの健康、自らの生活を守ることは自らの努力によってしかできないことである。したがって、「自助」の推進ということこそが自らの意志や努力なしにはできないことを理解することは、国民すべてにとって必要なことであろう。

　支援の第一の主体は、自分自身であること、これこそが、わが国の地域包括ケアシステムの構築に最も重要な視点といえる。なぜなら、わが国の介護保険法第4条（国民の努力及び義務）に示されている「自立支援」の概念において、自立を支援する最も有効な主体は自分自身であることを鑑みれば、いわば「自助」の取り組みを推進するような明確な方針が示されてこなかったことこそが問題であったといえるからである。

　ただし、患者によるセルフケア実践とフォーマルケアとの関係性については、例えば、セルフケアがフォーマルケアの代替になっていくのか、あるいは、補完をすることになるのかといったセルフケアの実践がフォーマルケアにどのような影響を与えるかについての検討は、英国においても未だ結論は出ていない[32]。

　ただし、先に述べた通り、ヨーロッパ諸国においては、現在ケアの提供者が専門家（specialist）であるか、友人、知人を含めた一般の提供者であるのか、あるいは、素人である患者本人であるのかという、いわゆる多様な提供主体の存在が認められつつある。

　こうした非専門家によるケア提供は家族のみならず、友人・知人についても、一つのケア提供主体とみて、雇用関係を結びセミフォーマルケア[31]として位置づけるという動きもある。

　地域包括ケアシステムの構築の際には、こうしたケア提供主体への支

援も考えていく必要があるだろう。

　例えば、英国保健省が刊行した白書、英国政府の政策におけるセルフケアの位置づけを示す図2-4をみると、その大部分はセルフケア（self care）が占めており、患者への専門的ケア（professional care）はごく一部となっている❸。

　一方、日本の医療や介護のあり方は、患者へのケアの提供は専門家がすることであるから、この専門家の専門性を向上させることこそが重要だという議論がされる傾向にある。しかし、今後は、いわゆる素人知をどのように「自助」に活かすかということも大きな検討課題となる。

　さて、こういった英国の状況と日本におけるケアマネジャーの誕生は、若干異なる背景があることを次節で説明する。そして、地域包括ケアシステムで求められるケアマネジメントを行うためのケアマネジャーのあり方として、どのような課題があるかについて言及する。

図2-4　英国におけるセルフケアとプロフェッショナルケアの構成割合

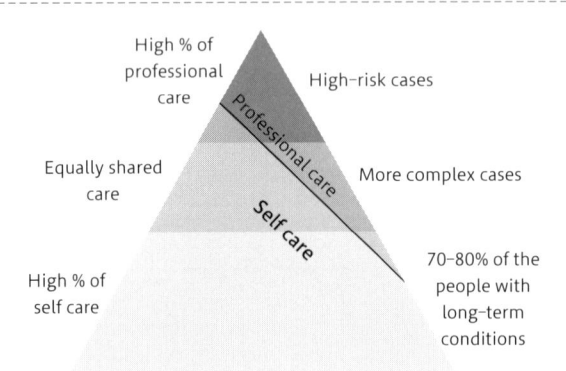

- High % of professional care
- High-risk cases
- Professional care
- Equally shared care
- More complex cases
- Self care
- High % of self care
- 70-80% of the people with long-term conditions

出典：Department of Health. Our health, our care, our say: a new direction for community services. London; Department of Health: 2006.:111.

④ 日本におけるこれからのケアマネジメントのあり方

介護保険制度下における介護支援専門員の誕生とその課題

　2000（平成 12）年の介護保険制度導入により、高齢者に対する介護サービスは契約によって成立するようになった。これは、制度実施前までは、地方自治体の保健師等が主に担ってきた在宅要介護高齢者に対する介護サービスのマネジメントを、新たな職種として生まれた介護支援専門員の役割として位置づけることで、この制度の成立は推進されたとも説明できる。

　日本では、この介護支援専門員が利用者にとって適切とされる介護サービスの組み合わせをすることと、この給付管理をすることをケアマネジメントと呼んできた。

　これは、前節で紹介した英国におけるケアマネジメントとは以下のように大きく異なった点がある。英国のケアマネジメントは、患者に病気を理解させ、煩雑な社会保障制度を利用しやすいように支援し、適切な治療についての助言をすることが含まれている。

　一方、日本のケアマネジメントと称する内容には、利用者の病気を理解し、複雑な社会保障制度を利用しながらの多様な社会資源のマネジメントするという業務は想定されてこなかった。彼らが行ってきたのは、介護保険制度下で提供される介護サービスのマネジメントであり、医療サービスや社会保障制度下の他のサービスを含めたマネジメントをやってきた者は少数に過ぎない。

主任介護支援専門員の設置の意味

　しかし、2006（平成 18）年度から創設された地域包括支援センターには、地域ケア支援として介護支援専門員の日常的個別指導・相談や支

援困難事例に関する介護支援専門員への指導・助言を行う役割を担う主任介護支援専門員が配置された。そして、この職種には、介護支援専門員のケアマネジメントの資質の向上のために介護支援専門員に対するケアマネジメントへの助言指導の他、関係機関に働きかけ地域包括支援ネットワークを構築し、当該介護支援専門員が他職種・他機関に働きかけやすい体制をつくることなどが具体的な業務としてあげられてきた。

　このような業務は英国でいうケアマネジメントに、より近い内容といえる。しかし、やはり、医療サービスを含めたマネジメントの必要性は明確には示されず、インフォーマルケアや社会福祉サービスとのマネジメントについて言及がなされたにすぎない。これは、介護サービスと社会福祉サービスとが、介護保険制度実施前には同部署から提供されてきた歴史があったためであり、サービス間の親和性が高かったことが理由であろう。

　さて、介護保険制度が施行されて13年以上を経過したが、介護支援専門員の行うケアマネジメントについては、依然としてさまざまな課題があげられている。例えば、介護支援専門員への調査によると、「モニタリング、再アセスメントおよびサービス担当者会議開催の実施率が低いこと」[34][35]や「利用者の直面している問題が将来の生活にどのような支障を与えるかがアセスメントできない」「課題の整理ができない」「課題に対応するサービスや資源の把握が十分でない」[36]などが示されている。

　このように介護支援専門員が現状において担っているケアマネジメントの質にかかわる課題は多くの報告書等によって指摘されてきたが、介護支援専門員を対象として実施したヒアリング調査によれば、図2-5に示すように、ケアマネジメントサイクルのなかで多職種によるサービス調整を行うために位置づけられるサービス担当者会議は介護支援専門員

図2-5 ヒアリング調査を基にした介護支援専門員の業務の構造

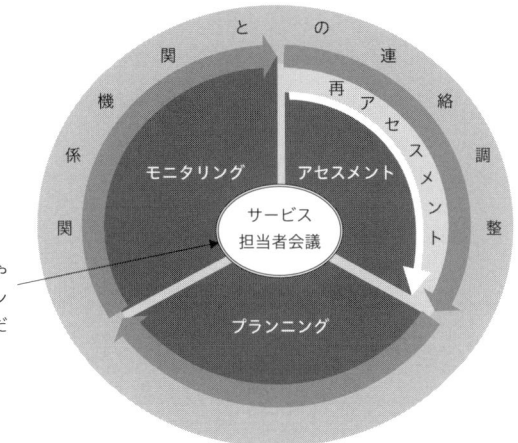

（図：ケアマネジメントサイクル。中心に「サービス担当者会議」、周囲に「モニタリング」「アセスメント」「プランニング」、再アセスメント、外周に「機関との連絡調整」「関係機関」）

サービス担当者会議によるアセスメントやプランニングの見直しは、ケアマネジメントサイクルの全体にかかる機能のはずだが、現状はそうなっていない

の業務として、いわゆる課業としては位置づけられていないという結果が示されている。

また、介護支援専門員側からは、「対応している困難事例にかかわる相談の受け止め先がない」「利用者や家族からの介護保険以外の相談が多く、介護支援専門員だけでは対応できない」[37]など、当然ながら、多くの事例で介護保険制度下のサービスだけでなく医療や福祉にかかるサービスのマネジメントが求められていることはわかるが、これに対応できる能力を具備していないために困難を感じていることが明らかにされている。

さらに、現行の法制度の下では介護保険制度外のサービスのマネジメントを実施するコストは想定されておらず、多様な領域のサービスを必要とするような困難な問題をもつケースをどこまでケアマネジャーのケアマネジメントが担うかについては、経営戦略の範疇の問題である[38]という指摘もあり、対応が困難な事例に対するケアマネジメントが一般の

居宅介護支援事業者からは敬遠されていると解釈できる状況も存在している。

　介護支援専門員がケアマネジメントをするなかで生じる対応困難に関する先行研究では、対応困難を生じる利用者・家族側の要因について明らかにしたもの[39]や、対応困難と思う事例を集計した調査研究[40]が散見される。

　また2006（平成18）年に実施された研究[41]によると、介護支援専門員の対応困難は、ケアマネジメントプロセスのなかの計画、実施の段階で多く認識され、同研究において明らかにされた課題としては、利用者・家族との相談・支援は時間をかけて取り組まなければならない課題であり、介護保険内サービスだけでなく、介護保険外のサービスやインフォーマルサポートなど様々な社会資源の導入を検討する必要があることが明らかにされている。

　しかし、実態としては、現在の介護保険制度では、一人の事例に時間をかけてかかわっても報酬に結びつかないことや認定結果に基づいたサービス利用への制限や枠にはめなければならないこと[42]、サービス供給体制の不足など、さまざまな介護保険制度上の制限などによって困難が生じていると解釈されている。

　一方で、介護支援専門員のアセスメントの段階でのニーズ分析、本人・家族の意向の確認の不足も要因として考えられている。この他には、個別性の高いニーズや専門的対応が必要な本人・介護者へのかかわりへの困難がある状況が示され、介護支援専門員単独あるいは介護保険制度内のサービス、サービス提供者だけで対応することは難しい事例も少なくないことも示されている。

　以上のような状況は現行のケアマネジメントプロセスには介護保険制度における介護支援専門員の力量を超えている内容も含まれている。こ

ういった困難な事例については、介護支援専門員だけでなく、行政やその他必要な関係機関、関係者と相談・連携しながら対応せざるを得ないからである。

　今後は、介護支援専門員が担っているマネジメントについて、「どこの」「誰が」担うべきかということを含めての検討が行われなければならない。すなわち、行政や在宅療養にかかわる支援機関が、サービス提供のための合議体を組織し、積極的に介護支援専門員のケアマネジメントをサポートする体制が求められている。

「介護支援専門員の資質向上と今後のあり方」検討会の報告

　こうした背景のもとで「介護支援専門員の資質向上と今後のあり方」検討会が厚生労働省に設置され、国レベルでの介護支援専門員の見直しが検討されてきた。これは、すでに介護支援専門員の資質やそれを支える体制に様々な課題が指摘されており、社会保障審議会においても、「より良質で効果的なケアマネジメントができるケアマネジャーの資格のあり方や研修カリキュラムの見直し、ケアプランの標準化等の課題について、別途の検討の場を設けて議論を進めることが必要である」（2010（平成22）年11月30日介護保険部会意見書）、「根本的なケアマネジメントのあり方の検討が求められている」「ケアマネジャーの養成・研修課程や資格のあり方に関する検討会を設置し、議論を進める」（2011（平成23）年12月7日介護給付費分科会審議報告）などの指摘がされたためである。

　さらに、社会保障・税一体改革大綱（2012（平成24）年2月17日閣議決定）においても、「ケアマネジメントの機能強化を図る」「自立支援型のケアマネジメントの実現に向けた制度的対応を検討する」とされ、こうしたなかで、厚生労働省は、2012（平成24）年3月に、「介護支援

専門員の資質向上と今後のあり方」について検討会を設置した。

そして、2013（平成25）年1月に、このような状況や前述の社会保障審議会等で指摘された課題を踏まえ、主な検討すべき課題として以下のような10点を示した[43]。

①介護保険の理念である「自立支援」の考え方が、十分共有されていない
②利用者像や課題に応じた適切なアセスメント（課題把握）が必ずしも十分でない
③サービス担当者会議における多職種協働が十分に機能していない
④ケアマネジメントにおけるモニタリング、評価が必ずしも十分でない
⑤重度者に対する医療サービスの組み込みをはじめとした医療との連携が必ずしも十分でない
⑥インフォーマルサービス（介護保険給付外のサービス）のコーディネート、地域のネットワーク化が必ずしも十分できていない
⑦小規模事業者の支援、中立・公平性の確保について、取組が必ずしも十分でない
⑧地域における実践的な場での学び、有効なスーパーバイズ機能等、介護支援専門員の能力向上の支援が必ずしも十分でない
⑨介護支援専門員の資質に差がある現状を踏まえると、介護支援専門員の養成、研修について、実務研修受講試験の資格要件、法定研修の在り方、研修水準の平準化などに課題がある
⑩施設における介護支援専門員の役割が明確でない

ここに示された問題点からは、現行の介護支援専門員は、職務の基本理念となる自立支援についての理解がされておらず、業務として示されている介護サービス計画作成に問題がある。その理由としては、これを作成する際に必要とされる技能である多職種連携が不十分であるからとされている。

　また、この連携ができない理由として特に医療サービスの知識が不足しており、さらには、中立・公平性といったモラルに問題がある者も存在するという。

　しかも、こういった現状を是正すべき保険者や国のあり方も不十分であり、介護支援専門員が学習する場や相談する場も整備されていないというのである。

　このような状況であれば、ケアマネジメント機能が低いのはさもありなんということであろう。

ケアマネジメント機能を発揮させるための方策

　このような状況でケアマネジメント機能を高めるために、国が検討しなければならないのは、前章でも述べたように、ケアマネジメントに関する責任を介護支援専門員に負わせるのではなく、その機能を人とシステムに分散させ、それぞれの機能評価をする仕組みを創ることである。

人材養成のあり方

　まず、介護支援専門員という人材養成に際しては、同報告書に述べられているように、その資格付与を行う介護支援専門員実務研修受講試験の見直しが必要であろう。

　現在の介護支援専門員実務研修受講試験の受験要件は、保健・医療・福祉に係る法定資格保有者、相談援助業務従事者および介護等の業務従

事者であって、定められた実務経験期間を満たした者が受験できるが、この受験要件については、上記の法定資格保有者に限定することを基本にした見直しが検討されるという。

　また、介護支援専門員として利用者を支援していくには、介護保険制度に関する知識だけでなく、保健・医療・福祉に関する幅広い知識や技術が求められることから、介護支援専門員実務研修受講試験については、保健・医療・福祉に関する知識や技術を有することの確認をするための受講試験の実施方法について見直しを検討すべきと示されている。

　さらに、介護支援専門員にかかる研修制度についても見直すとの報告がされており、研修内容が理解されているかどうかを確認するため、研修修了時の修了評価の実施や実務研修の充実や実務に就いた後の早い段階での研修である実務従事者基礎研修の必修化や研修カリキュラムの見直しが進められることが示されている。

　その他にも、増加が見込まれる認知症高齢者の支援や利用者の自立支援に資するケアマネジメントの推進等にあたって、重度者や医療の必要性が高い利用者が増えるなかで、介護支援専門員が身につけておくべき重要な医療関連の知識として「認知症」「リハビリテーション」「看護」や、自立支援に関連が深い「福祉用具」等の課目について、必修化も含めて研修内容の充実を図るべきとされている。

　以上のような改革がなされた後、ケアマネジメント機能の向上とその維持を支える仕組みとしては、常に、これらのケアマネジメントが適切に実施されていることを担保するための評価がなされなければならず、これを評価するためのケアマネジメントプロセスの評価、アウトカムの指標について、より具体的な調査・研究を進めるとされている。

　すでに国では、2012（平成24）年度に、ケアプランの現状を把握し、その実態等を分析することによって、現状のケアマネジメントについて

の改善点等を明らかにすることを目的としたケアマネジメント向上会議もはじめられている。

ケアマネジメント機能向上のための地域ケア会議の活用

一方、地域ケア会議の機能を強化することで、ケアマネジメント機能を向上させようとする動きもある。厚生労働省は、2012（平成24）年3月に「地域包括支援センターの設置運営について」（平成24年3月31日厚生労働省老健局介護保険計画課・振興課・老人保健課長連名通知）において、地域ケア会議の設置運営について改めて方針を示している。

そこでは、地域ケア会議の目的を多職種協働による個別ケースの支援内容の検討を通じた以下の内容が行われなければならないと示した。

・高齢者の実態把握や課題解決のための地域包括支援ネットワークの構築
・地域の介護支援専門員の、法の理念に基づいた高齢者の自立支援に資するケアマネジメントの支援
・個別ケースの課題分析等を行うことによる地域課題の把握

これによって、アセスメント能力が低い介護支援専門員が策定した計画の修正や介護支援専門員の調整能力が低く、なかなか実現できなかった多職種協働によるサービス担当者会議を事実上、開催することにより実効性を高める支援ができることになったとしている。

また、介護支援専門員の知識や力量不足から連携がうまくいかなかった医療機関や、インフォーマルサービスの組み込み、支援困難事例に対する支援を保険者が責任をもつことで、利用者の支援が適切にできる可能性が高まったとも示されている。

こういった会議の開催を保険者が実施することは、サービス担当者会

議によってだけでは想定することができなかった広い視野が得られることになる。また個別事例の積み重ねにより地域課題を把握でき、地域に必要な資源開発や地域づくり、さらには次期介護保険事業計画への反映などの政策形成や地域包括ケアの実現につなげていくことが期待されると示されている。

さらに、国は地域ケア会議の運営手順書の整備、先進的な取り組みを行っているモデル事例の収集およびその全国の保険者への紹介、議論を行ううえで有益な情報を提供できる基盤の整備を進めることと示している。

この他にも、介護支援専門員と在宅医療の関係者との緊密な連携が望ましいとされ、後述の在宅医療連携拠点事業と連携協働していくことが期待されると示されており、integrated care の基本である医療と介護の integration の推進について述べられている。

この中間取りまとめには様々な対策が示されているが、地域包括ケアシステムは、高齢者が要介護状態等になってもできる限り住み慣れた地域で在宅を基本とした生活の継続ができるよう包括的な支援体制を推進していくものであり、多職種協働による介護サービスの提供、医療との連携の推進、地域の支え合いやインフォーマルサービスの充実などを包括的に進めていくことが重要とされ、これには介護支援専門員による質の高いケアマネジメントが利用者に提供されることが欠かせないと書かれている。

このようにすでに介護支援専門員については報告書が公表され、地域における医療と介護の integration を実現するための数々の方策が進められている。

これからは、ケアマネジメント機能を言語化し、その評価を行うシステムが求められるだろう。すなわち、この機能の評価は、それを担う人

となる介護支援専門員の果たす機能におけるプロセスとアウトカムを評価することが必要となる。

このプロセスの評価については、その技術を正確に評価する方法も確立させなければならないが、これについては、後述する内閣府が創設した「キャリア段位制度」の評価が参考になる。

介護支援専門員およびケアマネジメントの今後の方向性

以上、述べてきたように日本版ケアマネジャーである介護支援専門員を、今後どのように地域包括ケアシステムに資する人材とするかについては、3つの方向がある。

第一は、介護支援専門員を介護保険サービスの給付管理者として位置づけ、給付管理者としての知識と技術をOJT（On the job training）で強化するという選択である。

介護保険制度導入に当たっては、利用者のサービス給付を円滑に行うため、介護給付に関する管理業務があまりに煩雑であることから、これを代行する職種として介護支援専門員を想定したという経緯がある。

しかし、当時も現在も公平性と中立性の担保のために、この業務を自治体がやるにはコストが高すぎる。本来的には、一部の先進国が行っているように利用者自身がこういったプランの作成や管理も行うという選択肢を増やすことが検討されてもよい時期がやってきたといえる。

介護保険制度の成立が検討されていた1990年代における要介護高齢者やその家族の実態からは、本人がこれを行うのは困難と判断されただろうが、これからの主な利用者となる団塊の世代にとっては状況は異なってくるであろう。したがって、介護支援専門員に給付管理機能だけを担わせ、これだけのために今後も養成を続けるメリットがあるかは、さらに検討が必要であろう。なぜなら、約50万人の介護支援専門員に

対する OJT の仕組みの整備のためのコストや、この他の彼らの中立性や公正性を担保するためのシステムは別に構築せざるを得ないと考えられるからである。

　このため第二の選択としては、漸次、給付管理業務の簡素化を図り、要介護高齢者自身が容易に給付管理できる仕組みへ変更するという選択がある。

　これは、英国で実施されているセルフケアの振興[44]や米国におけるセルフマネジメントと文脈を同じくする。つまり「自分のことを自分で決める」という素朴な自立と自己決定を推進し、個々人がコミュニティの成員として合意する市民としての意識を醸成する可能性を有することとなる。

　この場合、介護支援専門員は、「自分では給付管理ができない」と判断し給付管理を依頼した高齢者に対してのみ、給付管理を代行することとする。この代行を依頼する場合とは、判断能力が著しく低下した高齢者であったり、地域特性によってサービスの水平的統合が相当困難な場合が想定されるため、これを行うことができる調整能力が高い介護支援専門員だけが市場に残るという市場原理が働くことで、より必要とされるマネジメント機能だけが抽出されることが期待できる。

　一方、地域包括支援センターがこういった複雑なニーズをもつ高齢者の給付管理を担うとした場合には利用者は介護だけでなく、センターが今後、連携することになる地域内の医療や社会福祉関連のサービス購入を含めた選択肢を検討することができるようになる。

　このようなことから想定されるのは、介護支援専門員に依頼することになる事例とは、自分ではサービスの選択やそのマネジメントはできないが、それほど複雑ではない介護サービス計画を要する者であって、費用の負担はするので、ぜひサービス計画を立ててほしいと依頼する者と

なる。そのような要介護高齢者がどのくらいの規模で存在するかは不明であるが、おそらく地域によっても大きく異なるだろうし、その費用負担のあり方も大きな要因となるだろう。

以上の観点は、従来どおりの介護支援専門員の業務をすることを想定したシナリオとなるが、全国で50万人を超えた介護支援専門員をどのようにこの地域包括ケアシステムに位置づけるかを積極的に検討するとすれば、新たな機能を付加し、その介護支援専門員にかかわるコストについてを検討しないわけにはいかないだろう。その選択肢として示したのが次の第三の選択である。

第三は、後述するように本来の意味でのケアマネジメントを行う人材としての介護支援専門員の育成をするという選択肢である。

今、介護保険制度において必要とされるケアマネジメントとは、地域包括ケアシステムの基盤整備やセルフケアの振興、医療サービスを含めた各種サービスの提供方法、地域包括ケアシステムにおける圏域内の行政、ボランタリーセクターやサービスを必要とする個人、介護者などの合意を得てからの圏域内のサービスニーズに応えた実施展開に際して、サービスの品質保証のための方法を具体化し、費用対効果を高めることを目的としたものである。

したがって、このケアマネジメントを遂行する人材として介護支援専門員を位置づけるとするならば、介護保険事業計画だけでなく、医療を含めた、自治体の資源整備計画の策定、その遂行、管理といった地域包括ケア圏域の運営に関する知識や技術を具備した人材として位置づけられることになる。

おそらく、2006（平成18）年度から、地域包括支援センターに配備されることとなった主任介護支援専門員は、その発足にあたっては日本の地域包括ケアシステムにおけるケアマネジメントを実現できる人材と

して意図されたのだろう。だからこそ、これらの主任介護支援専門員には多職種連携、とりわけ、地域における在宅ケアのマネジメント、水平的統合を行うためのスキルが求められた。

しかしながら、主任介護支援専門員にはサービス担当者会議における医療職との連携の不足[45]や、終末期におけるケアマネジメントにおいて課題がある[46]と指摘され、想定された資質は具備していないことが明らかにされていった。

もし、これらの主任介護支援専門員をこれから創ることになる地域包括ケアシステムに有用な人材とするためには、OJTによる徹底的な研修システムを整備し現場に学習する文化を創っていかなければならない。

現行の介護支援専門員のケアマネジメントには種々の課題があり、これが介護保険制度の根幹を揺るがすような事態にならないよう、今後のケアマネジメントの質の向上のための施策がなされることが求められている。

IV-3 地域包括ケアシステムにおけるサービスとシステムの質の評価体制

① 地域包括ケアシステム内で提供されるサービスの質の評価のために

サービス評価の難しさ

　地域包括ケアシステムが構築されても、これが機能していくためにはこのシステム内で提供されるサービスの質を維持していく仕組みがなければならない。しかし、これらのサービスは、有形財（製品のように手にとって見ることができる物）に対する無形財（手にとって見ることができないもの）として同時間に同空間で生産と消費が行われることが多い即時財（an instantaneous commodity）である。また貯蔵、在庫できず、反復使用ができない、サービスが提供されると元に戻す方法がないといった不可逆性、時間や空間が限定されるといった特徴があり、評価には不向きとされている。

　さらに、地域包括ケアシステム内で提供される医療・看護・福祉・介護分野のサービスは、サービスを受け取る対象の人々の属性によって、サービス自体、サービス提供といったプロセスが変化してしまう性質があり、このことも評価を難しくしてしまう要因となっている。すなわち、この分野のサービスは提供した際の対象の変容が極めて多様であるために、同じサービスとしての認知が得にくいという性質も持っている。

　したがって、これまでサービスを評価する際にはサービスを受ける側の属性を分類し、受ける側からの評価手法を確立するほうが容易であると考えられ、この結果として受ける側の分類によってサービス提供内容、

方法等の標準化がなされることが前提となってきた。

　しかし、この領域の特に医療分野で顕著にいわれてきたことではあるが、利用者と提供者の情報の非対称性が大きいために、利用者側がサービスの適切さを正確に判断できないという問題が生じやすい。

　また、サービスは、利用者の満足の程度に応じるため、サービス提供者に臨機の個別対応が要求されるが、こういった場合の要求は、提供者、利用者、それぞれの個人的な属性に強く依存するため、サービス生産工程にバリアンス 注6 が生じやすく、標準化ができないように見えやすい。

　以上のような理由から、医療・看護・福祉・介護の分野のサービスは標準化が難しいと考えられてきたし、現在もこの状態は継続している。

ルールの設定とサービスの標準化

　本章のテーマとなる地域包括ケアシステムにおいて提供される多様なサービスの質の評価にあたっては、サービスは標準化されない限り、評価はできないことが前提となる。

　なぜなら、評価とは基本的に、ある標準からの乖離の程度を示すことになるからである。したがって、サービスの質を評価するためには、この標準を設定することが第一の目標となる。しかし、前述のように、この標準の設定が容易ではなく、さまざまな国において多様な試みがなされてきたにもかかわらず、医療や看護、介護サービスの標準化の方法は、未だ確立していない。

　わが国では、介護給付等費用適正化事業が実施されてきた。これは、介護給付が適正に提供されているかを判定するという事業であるが、こ

注6
バリアンスとは、「標準化したものと違いのある事実または状態、例外的なまたは予測できない変化」とされている。

の実施に際しては、原則として「このような状態」（要介護認定の結果）の高齢者には「どのような種類」の介護サービスが「どのくらい」（提供回数）必要かというサービスの条件設定（ルール定義）が明らかにされていなければならない。

例えば、「こういう状態の高齢者に福祉用具サービスとして杖が提供されることは適切でない」あるいは「こういう状態の高齢者に訪問看護が週に4回提供されるのは適切でない」といったルールが事前に設定され、公表されているということである。

したがって、本来、介護給付は示されたルールを熟知した介護支援専門員によって、当該高齢者にとって必要なサービスについての計画が作成される。そして、そのルールについては利用者も理解していなければならない。なぜなら、これが標準を代替することになるからである。

サービス計画の作成

しかし、すべての自治体がルールを明確にして、適正化事業を実施してきたとはいえず、また要介護高齢者の状態像を勘案した介護サービス計画を作成できる十分な能力をもった介護支援専門員をすべての地域に配置できたかといわれれば、必ずしも全国すべてに配置できたとはいえないと回答せざるを得ない。

わが国は、多くの要介護高齢者を抱えており、これらの高齢者すべてに対して、適切なマネジメントの提供を、介護支援専門員という「人」だけで担うことは困難である。したがって、システムが彼らをサポートするようなマネジメント機能を整備すべきであり、このシステムは「人」によるよりは、標準化のスピードは速いだろう。

例えば、介護サービス計画の作成において、要介護高齢者の状態情報から自動的に作成できるエキスパートシステムを、100％の完成度で開

発することは難しいだろうが、7割以上といったある程度の精度は求めることができるかもしれないということである。

この場合、重要なことは、計画を作成する際の条件となるルールづくりである。ルールは、専門家の臨床的な知見によってつくられたとしても、予後のデータ解析によってつくられたとしてもエビデンスがあることが条件となる。

ルール作成のための基礎データ

このルールをつくるという初期の段階において、米国でよく用いられるベンチマーク手法がある。例えば、この手法を用いると高齢者の状態像別に各福祉用具種類別の利用率を基礎データに自治体自体がルールをつくってしまうという方法も考えられる。こういった介護方法や介護のあり方のルールの標準化を図る際に重要なことは、自国の臨床現場のデータが基礎となることである。

これらの臨床データとして、わが国には要介護高齢者の状態像をミクロ的およびマクロ的の両面から把握できうる要介護認定調査によるデータベースが全国規模で構築されており、これに含まれるデータが臨床現場のデータとして、最も有用で利便性も高い。

なぜなら、これらのデータはすでに蓄積されており、新たに収集する必要がないからである。このデータによって構成されるデータベースは、わが国のみならず、海外においても先例のない貴重なものといえよう。

したがって、このデータベースに蓄積されている要介護高齢者の状態の属性データと、この属性の特徴を勘案して提供されてきたサービスの種類とその内容は他のどの国にも存在しない要介護高齢者の経年的な変化を追うことができるデータベースともいえる。

例えば、給付が適正化されているという状態を「必要な人に適正な

サービスを公平に供給でき、この結果のアウトカムとしての要介護高齢者の状態の悪化速度の鈍化の実現」と設定すれば、当該高齢者の状態の悪化速度の鈍化に資するためには、「どのような種類」の介護サービスが、「どのくらい」（提供回数）必要かというルール定義を認定データと給付データから分析し、その結果を基にルールをつくり、これに基づいたケアプランを自動的に作成するエキスパートシステムの構築は可能になる。そして、この自動化プログラムに基づいた給付が正確に実施されることによって高齢者の特徴に応じた介護サービス給付は標準化されることになる。

　さらに、地域包括ケアシステム圏域内で提供された質がよいサービスとは、地域圏域内で同じ単位のサービス給付であっても、それぞれの事業者がサービス提供方法に何らかの工夫を行うことで、そのアウトカムが変化するといったことも評価できるようになる。これは、現行の不良品の排除という意味の、いわば初歩的な評価から、本質的なサービスの設計品質の評価という段階に進むことをも意味する。

プロセスの評価

　さて、この評価に際しては評価の要件として、アウトカムだけでなく、プロセスの評価を加味することが重要である。すなわち、事業者が行った何らかの工夫を評価するプロセスの評価が必要であるが、保健、医療、福祉、介護にかかるサービスは、即時財という特徴があるためプロセスの評価は難しく、これまではほとんど実施されてこなかった。

　しかし、わが国では、2012（平成24）年から、このプロセス評価を行うシステムが機能している。地域包括ケアシステム内のサービス提供を評価するにあたっては、このすでに機能しているシステムをサブシステムとして包含することは、評価の実効性を高くすることに寄与する。

② プロセス評価としての「キャリア段位制度の成立」

介護領域で初めてのプロセス評価

　前節でも述べたように、多くの専門技術のなかでも、医療や看護、介護、福祉といった人によって創られ、提供されるヒューマンサービスの評価は困難とされてきた。このため、日本での評価は前述したような「認知症専門ケア加算」のような当該職員の研修受講の有無や、入所者に対する職員人数や職員の資格の有無といったストラクチャーにかかる要件によって評価がなされてきた。

　しかし、2012（平成24）年からはじまった内閣府による「キャリア段位制度」は、わが国で初めてのプロセス評価を目指して発足した。これまでの介護分野におけるプロセス評価基準としては、「職業能力評価基準」があった。

　これは、職務分析という手法を用いて、仕事をこなすために必要な「知識」と「技術・技能」に加えて、「成果につながる職務行動例（職務遂行能力）」を業種別、職種・職務別に整理したものとされ、わが国の「職業能力評価制度」の中心をなす公的な職業能力評価基準とされてきた。2002（平成14）年度からは業種横断的な事務系職種の他、電気機械器具製造業、ホテル業などものづくりからサービス業まで幅広い業種が整備されてきた[47]。

　介護分野においても訪問介護、通所介護、訪問入浴、施設というようにサービスごとの基準が作成されてきた。しかし、この基準の定義では「安全に」「適切に」「スムーズに」といった文言が頻回に使用されており、技術の評価に際して、まさに、この「適切さ」を示す基準が明示されていないことから、ほとんど利用されてこなかった。

　これは、介護の現場での技術は、「誰に」対して、「どのような」技術

図3-1 介護分野の職業能力評価基準の内容

訪問介護・レベル1の場合（抜粋） ※サービスごと（訪問介護、通所介護、訪問入浴、施設）の基準

【入浴介助】
- 更衣介助に関する基礎知識を有し、声かけを行いながら、衣服の脱衣介助を適切に行っている。
- 入浴の基礎知識を有し、ADLが比較的自立的な利用者に対して、入浴への声かけ・誘導や見守りを安全に行っている。
- 洗体、洗髪、洗顔等、基本的な洗い方の知識を有し、利用者の状態（皮膚や頭皮の状態等）に合わせて、適切な手順や方法で介助を行っている。
- 清拭、更衣介助、整容についての基礎知識を有し、声かけを行いながら、体を拭き、着衣、髪を乾かし整髪を行う等の一連の介助を適切に行っている。

【食事介助】
- 食事介助に関する基礎知識を有し、比較的自力で食事をとることができる利用者に対して、利用者の嚥下・咀嚼状態やペースに合わせて、安全に食事介助を行っている。食事の間、水分補給を適宜促している。
- なるべく自力での食事を促す。必要に応じて、口元まで食べ物を運んだり、食べ物を食べやすい状態にする等の援助を適切に行っている。
- 食事後のケア（ex. 利用者の口や手をふく。歯磨き・うがい等）を適切に行っている。

【排泄介助】
- トイレ、ポータブルトイレ、オムツ、尿器等における排泄介助の手順についての基礎知識を有し、一通りの排泄介助を行っている。
- 利用者の排泄の有無を確認し、必要であれば排泄を促す。
- トイレ、ポータブルトイレの場合は、陰部・臀部に汚れが残らないように清拭を行っている。オムツ交換、尿器の場合は、陰部洗浄、全部洗浄を適切に行い、利用者に違和感がないように新しいオムツを着装している。

【移乗・移動・体位変換】
- 移動・移乗に関する基礎知識やボディメカニクスの知識を有し、ADLが自立に近く、比較的自力で安全確認ができる利用者に対して、移動・移乗介助を安全に実施している。
- ベッドでの水平、上方、下方移動を適切に行っている。
- ベッドから車イス等への移乗をスムーズに行っている。

※適切に、安全に、スムーズにといった言葉が用いられ、評価基準としては具体性に欠けている。

出典：筒井孝子（2013）．介護キャリア段位制度の意義．平成25年度介護キャリア段位制度アセッサー講習会資料，21．

を、「いつ」「どこで」提供したかが適切性の根拠となり、このことを説明できなければ、その技術が適切であったかを示すことはできないと考えられているからである。

キャリア段位制度とは

こうした課題を踏まえ曖昧な基準ではなく、客観的な指標を用いて介護技術を評価しようと考えられたのが、内閣府が創立した「実践キャリア・アップ戦略キャリア段位制度介護プロフェッショナル」（以下、

キャリア段位制度）における評価基準であった。

　もともと、このキャリア段位制度とは、国が決めた16の成長分野における新しい職業能力を評価する仕組みであり、現在、企業や事務所ごとにバラバラな基準を共通化して、ものさしをつくり、これに基づいた人材育成を目指す制度であった。

　この制度は、これまでの資格制度で不足していた、実際にその現場で何ができるのかという部分を補うため、「わかる（知識）」と「できる（実践的スキル）」の両面を評価することを目的とし、特に「できる（実践的スキル）」に重きをおいた制度とされた。

　このように「キャリア段位制度」は実践的スキルとしての介護技術を評価し、「介護プロフェッショナル」のレベル認定をする制度として、2012（平成24）年に発足した。この制度では、前述したように「わかる」ではなく、「できる」という介護技術のレベルを認定し、さらに、このキャリア段位を認定されるための施設内での学習システムの整備やその指導をすることが介護職員のOJT（On the Job Training）に資することを期待して創られた。

　「キャリア段位制度」における評価の特長は、第一に、これまでの職業能力評価基準のような「適切に～できる」、「確実に～できる」といった抽象的な基準ではなく、○×（できる・できない）で評価することが求められていることである。

　第二としては、図3-2の「キャリア段位制度における評価の構造」に示したように、当該介護技術をもっていることを評価するにあたっては実際にアセッサー（図3-3参照）が現場で観察すること（現認）が、ほとんどの技術における評価方法として定められていることである。また、この制度ではアセッサーは利用者に対して被評価者が実施した具体的な介護技術や業務の内容とその根拠を記載することが必須とされている。

IV　日本の地域包括ケアシステム構築に向けたトピック

図3-2　キャリア段位制度における評価の構造

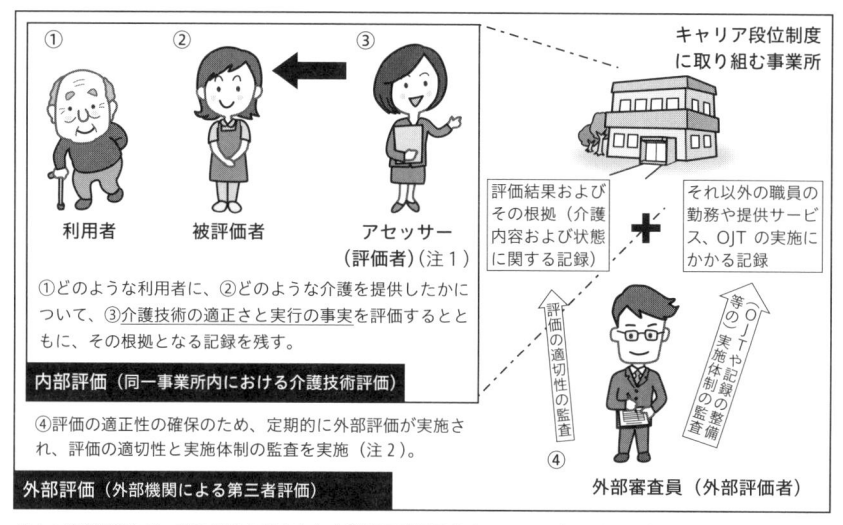

①利用者　②被評価者　③アセッサー（評価者）（注1）

①どのような利用者に、②どのような介護を提供したかについて、③介護技術の適正さと実行の事実を評価するとともに、その根拠となる記録を残す。

内部評価（同一事業所内における介護技術評価）

④評価の適正性の確保のため、定期的に外部評価が実施され、評価の適切性と実施体制の監査を実施（注2）。

外部評価（外部機関による第三者評価）

キャリア段位制度に取り組む事業所

評価結果およびその根拠（介護内容および状態に関する記録）　＋　それ以外の職員の勤務や提供サービス、OJTの実施にかかる記録

評価の適切性の監査／OJTや記録等の実施体制の整備の監査

④外部審査員（外部評価者）

注1：実務経験など一定の要件を満たした介護職員が評価者（アセッサー）となり評価を実施。評価・認定の客観性を確保するため、評価者には講習受講を義務づけており、試験によって資格を付与。
注2：内部評価結果が不適正と判断されれば、当該事業所におけるレベル認定はすべて取り消し。

図3-3　「できる（実践的スキル）」の評価・認定のスキーム

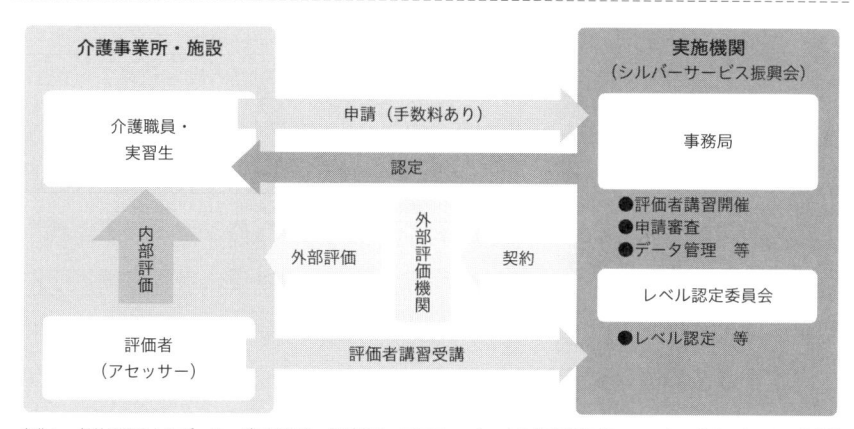

介護事業所・施設
- 介護職員・実習生
- 評価者（アセッサー）

内部評価

外部評価　←　外部評価機関　←契約→　実施機関（シルバーサービス振興会）

申請（手数料あり）→　事務局
←認定
評価者講習受講→

事務局
- ●評価者講習開催
- ●申請審査
- ●データ管理　等

レベル認定委員会
- ●レベル認定　等

出典：一般社団法人シルバーサービス振興会．国家戦略・プロフェッショナル検定介護プロフェッショナルのキャリア段位制度（パンフレット），10．

このことは、これまで介護の現場で脆弱であった臨床的場面の記録機能を強化することにもつながると期待されている。記録をする能力が向上できれば現場での技術提供に対する説明責任も果たせ利用者やその家族の満足度もあげることができる。

　第三として、この評価基準を活用することで職員別にどのような技術があり、それが適切に使われているか、いないかを客観的に評価し、不適切な事例があれば、それを現場で指導するという目安もできることから、介護現場での指導の透明性が高くなるという点がある。

　第四として、サービス（在宅・施設など）が提供される場で異ならない共通の基準設定となっていることから、介護人材の確保に際して有効である。介護現場では慢性的な人手不足が生じており、雇用の流動性を高めるためには施設や在宅といった分野ごとの評価でないことは職を得ようとする側も雇用側にとっても利用しやすい。

　また、地域包括ケアシステムではこういった施設や在宅という境界をなくすことを目的としており、介護技術体系やその基準が現行の職業能力評価基準のように別立てとなっていることは地域における施設と在宅のサービスにおける水平的統合を進める際の障壁となる可能性があった。

　したがって、今回のキャリア段位における技術基準が同一の基準で運営されることは地域包括ケアシステムの推進にとっても有用といえる。

　ただ現状としては、このようにキャリア段位の技術基準が施設と在宅と同一となったことにより、多くの訪問介護事業所では身体介護が少ないため、これにかかる技術の評価を受けることができないという問題があるとされている。こうした問題を克服するために、この制度のなかでは訪問介護事業所の職員が別の事業体で現認を受けることができるようなシステムも検討されている。すなわち、在宅だけでなく、施設におけ

る介護を学ぶ機会を創ることができるような仕組みも構想されており、今後が期待されている。

新たな介護サービスの標準化に向けた取り組み

このキャリア段位制度の実施に際しては技術評価基準の妥当性を検証するために2011(平成23)年12月から3か月間、実証事業として、全国から任意に指定された3県の140の事業所において大規模な介護技術とその評価にかかる調査が行われた。

この調査では被評価者には、介護を提供するのが困難とされた(要介護3以上の複雑な介護を要する)利用者と、いわゆる普通の介護を提供するとされた利用者の2名に技術を評価することが依頼された。さらに、これらの技術を評価する者も2名が選定され、その技術評価についての検者間信頼性の検証の調査も行われた。

分析対象となった被評価者の属性は、表3-1のとおりである。被評価者には介護福祉士が391名含まれていた。

この調査での介護技術には項目ごとに「A：できる」「B：できる場合とできない場合があり、指導を要する」「C：できない」の3段階の評価に加えて、「－(やっていない)」という評価基準が示された。

調査からは多くの知見が示されているが、現状では介護福祉士資格をもった者が、資格のない者に比較して「A：できる」の割合が高かったという結果は示されなかった。同様に経験年数が長い職員に「A：できる」の割合が高いという結果も示されなかった[49]。

介護サービス提供に際してのプロセス部分の評価は、わが国では初めての試みであった。またアセッサーと呼ばれる内部評価者の研修が不十分であったため、評価にあたっての技量の低さが影響した可能性もあるだろう。したがって、国家資格や経験年数の長さによる介護技術の修得

表3-1 評価対象となった職員の属性

	平均値	標準偏差
年齢	30.6	17.4
介護職員としての経験年数	4.9	4.7
	N	%
所属施設		
特養	243	29
老健	280	33
訪問介護	209	25
通所介護	69	8
グループホーム	44	5
欠損値	5	1
性別		
男性	240	28
女性	596	70
欠損値	14	2
資格と実務経験		
ホームヘルパー2級研修等　実務経験　1年以内	48	6
ホームヘルパー2級研修等　実務経験　1-3年	106	13
ホームヘルパー2級研修等　実務経験　3年以上	100	12
介護福祉士　実務経験1年以内		4
介護福祉士　実務経験1-3年	391	10
介護福祉士　実務者ルート		33
3年程度以上の実務経験を有するサービス提供責任者、主任等	47	6
その他、実習生	18	2
欠損値	140	17

度に関する結果についてはさらなる検証が必要である。それでも介護福祉士という専門資格の有無による介護技術の比較に関するエビデンスは、ほとんどなく、今後、これらのデータの蓄積は介護の専門性についての新たな知見を示せる可能性が高く、重要といえる。

またこれらの介護技術の評価を行った現場では、「日々の業務のなかで、介護技術が評価されることで、具体的にできていた技術と、できていなかった技術が客観的に把握できた」という意見が多く示された。これは、個々の介護技術の定着度合いがOJTの資料としても現場で活用できる⓲可能性を示しており、今後の展開が期待される。

また「キャリア段位制度」は介護職における専門性を社会に認知させ、その「職能」を示す有用なツールとなる。これまでの知識はあっても技術がないと揶揄された介護福祉士でなく、介護にかかる知識も技術も備えた専門職として、社会が認知する道筋は示された。この制度を使って介護福祉士の認知度を高めていくことも必要であろう。

さて、この「キャリア段位制度」は具体的には、レベル1から7までの段階がある。レベル1はヘルパー2級研修修了者（2013年4月から介護職員初任者研修修了者）で、130時間の研修課程を修了し、基礎的な介護にかかわる知識・技術を学習し、研修を試験によって修了した者とされた。次のレベル2は2分類され、レベル2の下のほう（レベル2-1）が、基本的な知識・技術を活用し、決められた手順等に従って基本的な介護ができる、すなわち、指示に従って基本的な介護ができるレベルとされた。

レベル2の上のほう（レベル2-2）は、一定の範囲で利用者のニーズや状況の変化を把握・判断し、それに応じた介護ができるというレベルとされた。以上のレベル2は、現在の介護人材の多くが含まれると予想されることから細分化されたが、このレベル2-2というのが、相手の状態・状況に応じて介護技術を変更できるレベルであり、ここでは、ある状態像の利用者だけには状況に応じた介護技術を使える者が含まれることになる。

レベル3は、自分の行った介護行為の根拠を他人に説明できるレベル

であり、すでに存在している国家資格である介護福祉士のあるべき姿が念頭におかれ、設定されている。このレベル3は、もちろん、すべての利用者の状態像に応じた介護、あるいは多職種連携等を行うための幅広い知識・技術を習得して、的確な介護が実践できるレベルであるとされ、高度な介護技術レベルとしての想定がなされている。

　そして、レベル4以上は、プロレベルとして設定され、このレベルはチームのなかでリーダーシップが発揮でき、チームのメンバーに対して適切な指示や指導ができる、あるいは緊急時の対応を的確にできるというレベルであるとされている。

　なお、わかる（知識）については、前述したようにレベル1については、新たに設けられる初任者研修の修了者相当とし、当面は、ホームヘルパー2級研修の修了者とするとされている。

　しかし、中長期的には、諸外国における保健・医療・福祉の基礎資格の共通化の取り組みを参考に共通化しうる課程（例：福祉サービスを提供する際の基本的な態度に関する演習など）を各基礎資格のエントリーレベルの養成課程において共通化を図るべきとの内閣府から厚生労働省への申入れが行われている。

　レベル2については、レベル2-1とレベル2-2に見合う、いわゆる講義として今後、具体化される実務者研修（450時間）の内容が内閣府から厚生労働省等へ申入れされている。

　レベル3については、「実務経験3年以上で、（実務者研修を修了し、）国家試験に合格した者」とし、レベル4・5については、さらに高度な専門性を有する者として検討が進められている表3-2。

　このレベルを用いれば、例えば、地域包括ケアシステムで提供されるサービスを専門性や個別性の観点から分類し、専門性が低く、個別性が低いサービスは、レベル1から2-1レベルの職員で実施し、専門性が

表3-2 介護人材にかかるレベル

※今後実証事業等で検証

レベル	基本方針案	求められる能力等	(参考)既存資格制度との関係	養成課程等(「わかる(知識)」の評価)
プロレベル 7	「分野を代表するトップ・プロフェッショナル」			
プロレベル 6				具体的な養成課程等は、さらに検討が予定されている
プロレベル 5	「プロレベルのスキル」+「特定の専門分野・業種におけるさらに高度な専門性、又は、その人の独自の方法(オリジナリティ)が顧客等から認知・評価される」	○多様な生活障害をもつ利用者に質の高い介護を実践 ○介護技術の指導や職種間連携のキーパーソンとなり、チームケアの質を改善		
プロレベル 4	「一人前の仕事ができる」+「チーム内でリーダーシップを発揮」「必要に応じて『指示』や『指導』を行うことができる」	○チーム内でのリーダーシップ(例:サービス提供責任者、主任等) ○部下に対する指示・指導 ○緊急時の対応を適切に行う ○本レベル以上が『アセッサー』になれる	レベル4については、原則一定の実務経験を有する者	
3	「指示等がなくとも、一人前の仕事ができる」	○利用者の状態像に応じた介護や多職種の連携等を行うための幅広い領域の知識・技術を習得し、的確な介護を実践(例:施設の主たる夜勤者、夜間の訪問介護に対応できる)		介護福祉士養成施設課程(2年間) 講義 1230時間 演習 120時間 実習 450時間 I 300時間+II 150時間※ 実務経験3年+実務者研修450時間
2	「一定の指示があれば、ある程度の仕事ができる」	○一定の範囲で、利用者ニーズや、状況の変化を把握・判断し、それに応じた介護を実践 ○基本的な知識・技術を活用し、決められた手順等に従って、基本的な介護を実践(例:施設において「夜勤」に従事することができる)		
1(エントリー)	「一定期間の教育・訓練を受け、導入研修を終えた程度の能力である」「職業準備教育を受けた段階」	○初任者研修により、在宅・施設で働く上で必要となる基本的な知識・技術を修得	介護初任者研修修了者相当	現行のヘルパー2級研修 講義 130時間 演習 42時間 実習 30時間

※介護実習 I :利用者・家族とのコミュニケーションの実践、介護技術の確認、他職種等との連携の実践
※介護実習 II :介護計画の作成・評価・修正等の介護過程の展開
　実習施設等:介護福祉士3割以上、マニュアル・介護過程の諸記録の整備等を満たす実習施設、介護福祉士として3年以上勤務し、実習指導者講習会を受けた者

出典:内閣府.実践キャリア・アップ制度 専門タスク・フォース介護人材ワーキング・グループ 第5回会合(平成23年7月7日)実践キャリア・アップ戦略介護人材WGにおける論点整理(平成23年4月22日)別紙を一部改変

低く、個別性が高いものは、レベル2-2レベルの職員で実施するというような計画が今後は想定できるようになるかもしれない。

これと同様な方法を用いて、地域包括ケアシステム内でサービスを提供する者に対しては、医師、看護師、理学療法士、作業療法士、栄養管理士、介護支援専門員等について、その専門職としての技術を明らかにするシステムが必要となるだろう。

そのためには、まずは各専門職の技術の可視化、そして、この資質を向上させる研修システムが整備され、これが円滑に運営されることが求められる。

諸外国も日本と同様に、財政当局からの強い要請によって医療や看護、介護の職業教育訓練の改革やヘルスケア提供組織に対する評価システムの導入が行われつつある。

例えば、EU諸国においては、高齢化社会の進展といった社会の変化に応じて、その生産性の向上を図るために経済発展計画の主要な柱に「職業教育訓練」を据えるなど、学校教育体系におけるいわゆる一般教育ルートと職業教育ルートの差異の縮小や職業教育と職業訓練の連携・統合など、その改革が積極的に進められている。

日本のキャリア段位制度は地域包括ケアシステムでサービス提供を行うプロフェッショナルの評価をする一つのあり方として実効性が高い制度となる可能性がある。

さらに、地域包括ケアシステムにおいてはそのシステムとしての評価という側面が必要となる。この制度は、主に臨床的統合と組織的統合の2つの側面からの評価として、利用できるものとなるだろう。

③ システムにおける継続的な質の向上を図る
　クリニカルガバナンスの構築

システム評価の視点からの「クリニカルガバナンス」

　前節で示したケアを提供する基盤としてのシステムの評価については、すでに英国や豪州ではじめられている「クリニカルガバナンス」の評価が参考になる。

　クリニカルガバナンスとは、「保健医療機関により提供される専門的なサービスの質のモニターやチェックと関係者への説明責任に対する体系的な過程である。そして、よい診療を促進し、悪しき診療を防ぎ、容認できない診療を発見することである。臨床的な行動規範についても臨床行為の一部として基準を設定する」こととされ、「このため病院や診療所の現場における臨床サービスの質の責任体系、継続的な質向上のメカニズム、優れた臨床を生み出す学習や研究のための環境づくりを促す仕組みを構築する」と定義されている[50]。

　これは、言い換えるならば、医療機関の職員全員と組織全体が能力を出し合ってケアの提供に貢献する体制といえるが、この体制から生み出されるケアが高品質の水準に達するために必要となる"変化"を効果的に創り出す組織と人の能力を持続する体制といえる。

　国立社会保障・人口問題研究所「日本の市区町村別将来推計人口」(平成20年12月推計)によれば、2005年から2025年にかけて、75歳以上人口は6.4％の市町村で減少する一方、46.8％の市区町村で1～1.5倍に、都市部を中心に12.1％の市区町村では2～2.5倍に、6％の市区町村では2.5～3倍に、2.5％の市町村で3倍以上になるとされている[51]。

　例えば、最も減少率が大きいと予想されている山梨県早川町では、この75歳以上人口は40％弱減少するとされているのに対し、最も増加率

が大きいと予想されている埼玉県三郷市では、4倍程度になるとされ、大きな地域差が生じることが予想されている。

　こういう地域差はつまり本書でいうところの地域包括ケアシステムのあり方が当然ながら異なるだろうことを意味しており、この地域特性に基づいて、いわゆる「クリニカルガバナンス」も異なると予想される。

　このような地域差の研究が比較的進んでいるのは米国であるが、2008年に行われたDartmouth大学による全米306地域の医療支出の調査によると、加入者1人当たりの支出は2006年に最も高いニューヨーク州の9564ドル（約93万円）から最も低いハワイ州の5311ドル（約52万円）まで、大きな差があることが報告された。

　しかも、このような医療支出の違いの原因は、各州の住民の健康状態や医療費負担能力の違いでなく、医療設備などの物的資源や医師・看護師などの人的資源の量の違いにあり、病院の病床数や医師の人数が多い地域ほど、メディケア支出も多いことが示されたのであった。

　また、支出が多い地域では緊急性のない入院や高度な専門医の紹介、過剰な検査など、医師が高コストな医療サービスを勧める傾向も強くみられたと報告されたが、支出が多い地域ほど住民の寿命が長いといったパフォーマンスが達成されたという事実は示されなかったと報告されている[32]。

　これは米国の医療の例ではあるが、費用増大の要因は、医療ニーズの高い高齢者の増加だけでなく、供給体制にある可能性が高かったことは、重要な知見とされている。つまり、医療に関連するサービス産業では、労働の効率化を進めることが難しい。したがって、賃金が上昇しないと労働力確保が困難となるという構造的な課題を抱えている。これは、この分野では、賃金、サービス料金の上昇の圧力が高くなることを意味している。

このことは、サービスを生産する場としての病院経営においては常に質の高い労働力を維持するために、どのようなガバナンスが必要かを常に検討し続けなければならないことを意味している。

クリニカルガバナンスは病院内におけるガバナンスであるが地域を大きな病院と考えれば、各自治体でこれから創られることになる地域包括ケアシステムにおいては、医療だけでなく、介護も、保健も、福祉も、そして、住宅にかかわるサービスの供給についての責務もあるとされており、このシステム内のガバナンスのあり方は極めて大きな課題といえる。

クリニカルガバナンスの基本は、データに基づく「説明責任」

例えば、病院では看護師長は患者に対して看護師の看護ケアについての説明責任を負っている。これだけでなく看護師は患者の治療方針やその内容に関する患者側からの要望、あるいは不安等を医師に伝達する役割を担う機会が多い。これは医師と看護師の比較をすれば、看護師のほうが患者との社会的距離[注7]が短いためであろう。この距離の短さの要因は看護師の病棟における滞在時間が医師に比較して圧倒的に長く、看護師はこの観察によって、患者についての直近の情報をもつことになるためとの説明もできる。

これを地域包括ケアシステムにおいて提供されるサービスに置き換えた場合、例えば介護保険施設において説明責任を負うのは施設長であり、主任等のフロアごとの管理者がその情報元になる。

さらに、地域包括ケアシステムのサービスの説明責任は保険者にあり、

[注7] 社会的距離とは、個人と個人、個人と集団等における親疎の程度を指し、これが小さいほど親近感が強く好意的な態度となるとされている。

そして、首長が全責任を負っている。保険者は地域包括ケアシステムで提供されるサービスについての全説明責任をもたなければならず、このためにも地域ケア会議は必ず開催されなければならない。まさに、この会議で地域圏域内での情報が収集され、吟味され、共有化されて蓄積されることになるからだ。

クリニカルガバナンスは、適切なケアが当該患者に予定されたとおりに提供されることを第一の目的としている。これまで英国[53]～[57]や豪州[58]では、どのようにすればケアが適切に提供できるかを詳細に検討してきた歴史がある。

この結果、両国ではこれを達成するために最も重要な事項として、説明責任（アカウンタビリティ）があげられている。これらの国では、この説明責任の明確化と、ケアの適切さを患者に納得してもらうためのシステム化についての運営委員会や管理機関の組織化についての重点的な分析もなされてきた[59]。

日本が目指している地域包括ケアシステムも同様に保険者はサービス提供に際しての説明責任を明確にし、提供されるサービスを継続的に改善していくために、そのサービスの基準を明らかにしなければならない。そして、この基準を示すためには客観的なデータを収集し、これを分析していかなければならないし、その分析結果を住民に納得してもらう必要がある。この住民への説明責任を果たすためには、地域圏域内での堅固なガバナンス体制が前提となる。

「学習する文化」を創る

クリニカルガバナンスを進めるためにこれからの臨床現場の管理者らに望まれる最たる内容は組織レベルで、「学習する文化」を育てることとされている。これは、学習する文化の継続がなされさえすれば、いか

なる新たな知識や技術が導入され、提供体制が変革されたとしても、事実と実際について客観的に受け止め、それに歩調を揃えるよう努力できると考えられているからである。つまり、継続的な学習を行っている個人と組織では、いかなる新しい実務や技術が導入されたとしても、それを理解できる土壌とその努力をし続ける組織となりうると考えられているのである。

地方自治体のなかには能力が高い、カリスマ的な職員の存在がシステムの構築や推進に大きな影響を与えるとされたこともあり、当該職員の人事異動によって施策やシステム構築の達成に影響があることが少なくなかった。しかし、これから必要なことは、こういった職員がたとえ異動でいなくなっても、次の担当者が同様のパフォーマンスを保てるような人事システムを創り上げることであろう。

このためには、全職員に対して継続的学習を取り入れ、職務に関連性のある適切な教育や学習の機会を与えたりする仕組みが必要であろう。その機関あるいは、施設に雇用された職員個人の生涯にわたって、その技能を向上させる学習スケジュールを立てる手助けをすることは、結果的に職員が雇用されている機関にとっても、最も効果的なサービスの質の向上に結びつくことになる。

なぜなら、サービスを生み出す源が「人」そのものだからである。このことは、同時に、学習する文化と高い倫理性を背景とした職員自身の資質の向上がされない限り、サービスだけが独立して、その質が高くなることはありえないことも意味している。

したがって、職員のモラルやサービスの質の向上を促進するためには、これを生み出す学習する文化という背景を当該機関がもち続けることが何よりも大事であり、地域包括ケアシステムにおけるガバナンスにとっても最も重要な要素はこの学習する文化の醸成であるともいえる。

④ これからのサービスの潮流と地域包括ケアシステム

ケアマネジメントの階層化とスクリーニングシステムの必要性

　これまで地域包括ケアシステムにおけるケアマネジメントのあり方を検討するうえで、各国のケアマネジメントの考え方、日本におけるケアマネジメントの現状、そして米国におけるケアマネジメントの状況を概括してきた。

　さて、日本におけるケアマネジメントにかかる問題は現状の介護保険制度下における介護支援専門員にケアマネジメント実施にかかわる過度の期待があったこと、もしくは、あることといえる。

　これまで示してきたように、ケースマネジメントの最終目標は利用者が中心となったサービス提供が達成されることであり、もし、患者が臨床的な改善をみなかった場合には、財政的・機能的なよい結果は決して期待できない。

　このことから明らかなことは、本来の意味でのケースマネジメントは、常にこれを必要とする患者の優先順位づけからはじまるということであろう。日本では、これが意識されてこなかったために貴重なケースマネジャーの技術が浪費され、「水は低きに流れる」ように、高度な技術は霧散し、実体を明らかにするエビデンスも存在しないという状況を呈することになった。

サービス利用者の階層化

　これからの日本における介護保険制度のマネジメントに求められるのは、マネジメントの対象となるサービス利用者を階層化し、図3-4に示したように、トップレベルのケースマネジメントが必要な利用者を自治体ごとにスクリーニングすること、すなわちマネジメントの優先順位を

つける仕組みを創ることにある。当然ながら、図3-4に示したマネジメントの第2階層となるディジーズマネジメントの利用者とセルフマネジメントの利用者の弁別をするためのスクリーニングシステムも同時に創らなければならない。

ただし、この優先順位づけやスクリーニングシステムの構築は、それほど簡単ではない。その理由は、まず健康状態の改善や費用削減のチャンスが過ぎた後であれば、より必要性が高い、重篤な治療やサービス提供が困難な患者は抽出できるが、それをあらかじめ予測することは、一般的には難しいという矛盾したプロセスが存在するためである。

その他にも、この優先順位を決めるためのスクリーニングには、当然

図3-4 マネジメントの階層図

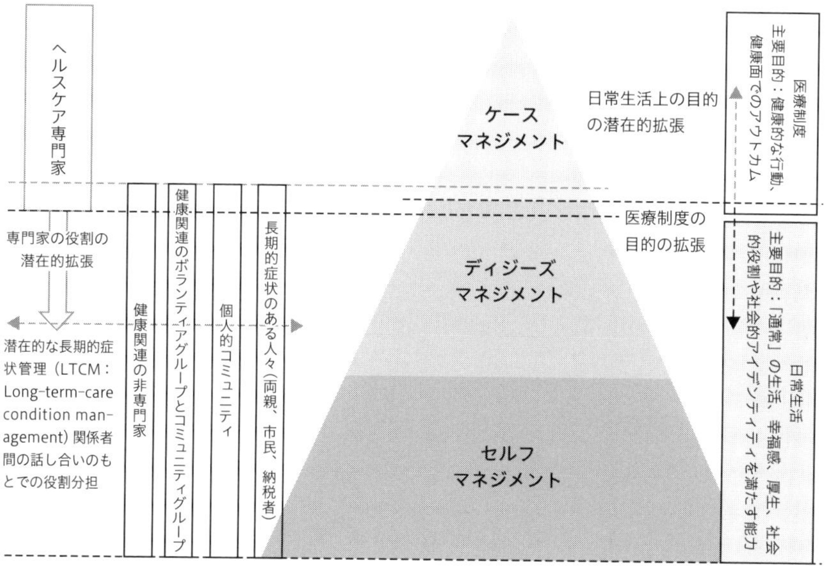

資料：A Rogers, I Vassilev, C Sanders, et al. (2011). Social networks, work and network-based resources for the management of long-term conditions: a framework and study protocol for developing self-care support. Implementation Science 6:56. (訳は筆者による)

のことながら、地域内のサービスの供給量が反映されるため、要介護認定システムのように国がシステムを配信して終わりとはならない。地域でその地域の供給量を反映しながら創り上げるしかないからである。このようなことは自治体にとっては初めての経験といえ混乱も予想される。

　だが、現代の医療・看護・介護、福祉といった分野のヒューマンサービスにおける潮流は、表3-3に示したように大きく変化しつつある。

　その第一は、患者・サービス利用者中心への変化であり、第二は、質の高い安全なサービスの提供体制の整備、第三は、高い費用効果（ミクロ的効率性）を示すことである。これらの3点を同時に達成していくことは、けっして容易ではない。

表3-3 サービスを検討する際のフレームワーク

期間はどれくらいか	短期	長期
専門性の必要性	専門的	非専門的（一般的）
個別性が高いか	個別的	普遍的

在宅生活の継続を支えるサポート

　今日、多くの先行研究は慢性疾患をもった要介護高齢者の地域生活を継続させるシステムには、短期の在宅ケアだけでなく、長期的な在宅生活の継続を支えるサポートが重要であることを示している。

　すなわち、要介護の高齢者は、その多くが慢性疾患をもち医療を必要とするため、現行の短期的な介入に特化した急性期対応型の医療体制において、多くのコストを要する患者となってしまっている。つまり、要介護高齢者にとって、サービスとして必要とされる大部分は医療的なサービスではなく、身体介助や生活支援サービスとなっていることを示

している。

　このため、多くの先進国では、できるだけ長時間にわたって在宅サービスを提供できる体制を整える必要があると考えているが、この体制を構築するにあたって、サービスの内容を構造化せずに、供給してしまうことで、さらに莫大なコストを必要とする結果を招いていると考えられている。

　まず、高齢患者に提供するサービスの内容を吟味する際には、表3-3に示したように、第一に、そのサービスが長期間必要か、短期間の介入でよいのかを考えなければならない。第二に、サービス提供にあたっては特定の専門性が必要かを判断しなければならない。そして、第三として、サービスの提供にあたっては、個別性が高いのか、それほどでもないのかといった3軸を検討し、これらの3点を勘案した提供量を計画することからはじめなければならない。

　例えば、高齢患者の入浴や食事の準備、在宅の環境の衛生と安全性を保つというサービスは長期的に必要で、精神的・身体的状態による個別性を必要とするサービスではあるが、特定の専門性は必要ではないことから、医療職ではなく、介護職が提供できるサービスといえる。そして、その提供にあたっては内閣府で実施しているキャリア段位でいえば、2-2レベルの職員で提供できるサービスであるといえる。つまり、これらのサービスを専門性が高く、コストも高い看護師が行う必要はないのである。

　また、買い物、料理が自分でできない人への買い物や配食サービスは、長期に提供しなければならない生活支援サービスといえるが専門性は要求されず、個別性も大きくないことから、キャリア段位2-1の職員で実施することができれば、入院や入所は回避することができると考えられる。

地域包括ケアシステムにおける視点

　このように地域包括ケアシステムにおけるサービス内容とその提供システムを考える際に重要なことは、そのシステムで長期間提供することが必要で、かつ専門性と個別性が高いサービスがどのくらい必要なのか、逆にいえば、これを必要とする要介護高齢者が何人いるのかということを明確にすることである。

　これによって、ヘルスケアシステムにかかる費用の効率化の方法が決定されることになる。これまでは、こういった積算にかかる計画やコスト計算を専門職が行うことが多く、このため、ほとんどの介護や医療サービスは専門性が高いサービスと分類され、このためにコストも高いとされてきた。一般に専門職というものは、その専門職しかできない範囲を広げたがるものだからである。

　専門職の自由と自立性を重視するというのが、これまでの保健医療福祉介護分野で提供されるサービスの原則であった。しかし、これからのサービスは、患者（サービス利用者）の自由と自立性を重視したサービスへと変化することになる。より患者自身の自立性を要求するセルフマネジメントを主とした短期間に提供されるサービス体制を基盤とすることになる。

　この変化は、繰り返しになるが、専門職による管理された入院医療や入所といった形態から、患者が参加し、自らが納得した医療や保健、福祉、介護サービスを自分で管理するというセルフマネジメントへの変化を促すことになるといえよう。

　さらに、当該サービス利用者に対するサービスにかかわる情報はこれまでの単に専門職が記録をすることでは十分ではない。なぜなら、これらの情報は、サービス利用者と関係する専門職が共有化し、その情報を用いて、よりよいケアプログラムを開発する際のプラットフォームとし

て利用することになるからである。

　このような変化はケアや治療にかかわる意思決定を旧来の医師等の専門性に基づく診断を受けるという患者としての態度から、すべての専門職の情報を公開することによるエビデンスに基づく客観的な合理性に基づいた多職種を含めた利用者自身による意思決定へと変えることになる。

　本書で述べてきたintegrated careは、このようなサービスのあり方の変化を反映しながら、実現されなければならない理念として存在する。

地域包括ケアシステムにおけるintegrated care

　integrated careは、利用者のケアを改善するための方策として存在する。これは、サービス間の連携、チームとしての協調、また、資金の共同出資といった、すべての連携の基盤となる理念である。

　地域包括ケアシステムをどのように創るかは地域の特性によって異なる。しかし、その際にけっして忘れてはならないことは、integrated careの理念の下で行われる組織的統合やシステム統合、あるいは、運営的統合といったあらゆるintegrationはサービスの利用者のためにあるという原則である。この原則さえ共有できれば、いかなる地域においても、利用者のケアを改善するためのサービス統合は可能となる。

　ただし、このintegrationは、単一のモデルでは対応できず、多様なあり方が存在しうる。すべてに対応できるモデルは存在しないのだから、特定の状況に合わせた最適なアプローチの決定を繰り返すことによって、よりよいモデルを選択していくという方法しかないのである。

　このためintegrationを選択した是非については、やはり、このシステムの統合のレベルを測定することでしか改善することができない。だが、現段階では、国際的にもintegrated careの影響に関する実例や、

その効果に関するエビデンスはほとんどない。また、あったとしても、こうした例の多くは構造やプロセスに焦点がおかれた限定的な状況や取り組みのなかにのみあるという。よって、こうした実例のアウトカムやコストに関するアセスメントも限定的なものだけとなってしまっているのである。

どの integrated care の取り組みが、誰のために、どのような状況で最善に機能するかを理解するためには、さらなる研究が必要なのである。

表3-4 これまでと、これからの医療・看護・介護・福祉におけるサービスのあり方

これまで	これから
1．患者が病院や医師を訪問する医療	1．家庭を軸に専門職が家庭を訪れる医療
2．専門職の自由と自立性を重視 〜「サービスの多様性確保」	2．患者の自由と自立性を重視 〜「患者が選ぶサービス」
3．専門職が管理統制する医療	3．患者が参加する医療（医療チームの一員）
4．情報の"記録"が重視される医療	4．情報の"共有"が重視される医療
5．経験と経歴に基づく意思決定（主観）	5．EBMに基づく意思決定（客観＆合理性）
6．安全は個人（職員）の責任 「安全性」は個人の財産	6．安全はシステムの責任 「安全性」は組織の財産
7．"秘密厳守（Secrecy）"は必要事項	7．"透明性（Transparency）"が必要事項
8．［必要性］を知ってから治す医療	8．前もって［必要性］を予測する医療（予防）
9．コスト（Cost）削減の追及	9．浪費（Waste）の継続的な削減
10．専門職の個別活動を最優先	10．専門職同士の共同活動を最優先

出典：Institute of Medicine. Simple Rule for the 21st-Century Health Care System. 2001（訳は筆者による）

参考文献

① 厚生労働省（平成 24 年 9 月 5 日）「認知症施策推進 5 か年計画（オレンジプラン）」URL<http://www.mhlw.go.jp/stf/houdou/2r9852000002j8dh-att/2r9852000002j8ey.pdf>（2014 年 1 月アクセス）

② 厚生労働省認知症施策検討プロジェクトチーム（平成 24 年 6 月 18 日）「今後の認知症施策の方向性について」

③ Lowin, A., Knapp, M. & McCrone, P. (2001). Alzheimer's disease in the UK: comparative evidence on cost of illness and volume of health services research funding. International Journal of Geriatric Psychiatry, 16(12), 1143-1148.

④ Dementia UK. (2007). Dementia UK: A report into the prevalence and cost of dementia prepared by the Personal Social Services Research Unit (PSSRU) at the London School of Economics and the Institute of Psychiatry at King's College London, for the Alzheimer's Society. London: Alzheimer's Society.

⑤ National Audit Office. (2007). Improving services and support for people with dementia. London: TSO.

⑥ 平成 23 年老人保健健康増進等事業「地域の潜在認知症患者の早期診断に関する調査研究事業（地方独立行政法人東京都健康長寿医療センター研究所）」

⑦ National Institute for Health and Clinical Excellence. (2007). Dementia: The NICE-SCIE Guideline on supporting people with dementia and their carers in health and social care, National Clinical Practice Guideline Number 42. London: British Psychological Society/Gaskell.

⑧ Alzheimer's Society. (2011). Support. Stay. Save. Care and support of people with dementia in their own homes. London: Alzheimer's Society.

⑨ Alzheimer's Society. (2007). Home from home: A report highlighting opportunities for improving standards of dementia care in care homes. London: Alzheimer's Society.

⑩ 東野定律, 筒井孝子, 桐野匡史他（2004）．要介護高齢者の家族員における介護負担感の測定，厚生の指標，vol.51, no.4, 18-23

⑪ Commission for Social Care Inspection. (2008). See me, not just the dementia: Understanding people's experiences of living in a care home. London: Commission for Social Care Inspection.

⑫ Commission for Social Care Inspection. (2004). Leaving Hospital – the price of delays. London: Commission for Social Care Inspection.

⑬ Commission for Social Care Inspection. (2005). Leaving Hospital – revisited. London: Commission for Social Care Inspection.

⑭ Reilly, S., Abendstern, M., Hughes, J., Challis, D., Venables, D. & Pedersen, I. (2006). Quality in long-term care homes for people with dementia: an assessment of specialist provision. Ageing and Society, 26(4), 649-668.

⑮ 平成 24 年老人保健健康増進等事業「認知症の人に関わる医療・介護従事者及び家族の共通理解

参考文献

　　を図るための支援方策や研修の実態把握についての調査研究事業（ヴェクソン・インターナショナル株式会社）」
⑯平成25年老人保健健康増進等事業「認知症ライフサポートモデルを実現するための認知症多職種協働研修における効果的な人材育成のあり方及び既存研修のあり方に関する調査研究事業（日本能率協会総合研究所）」
⑰Venables D et al. (2006). Standards of care in home care services: A comparison of generic and specialist services for older people with dementia. Ageing and Mental Health, 10(2): 187-194.
⑱OECD (2000). Employment outlook, Paris:OECD.
⑲Pfau-Effinger, B. (2001). "Wandel wohlfahrtsstaatlicher Geschlechter-politiken im soziokuruturellen kontext" Kölner Yeinchrift für Soziologie und Sozialpszchologie Vol. 41, 488-501.
⑳Pfau-Effinger, B. (2005). "Welfare state policies, cultural differences and care arrangement", European societies, 321-341.
㉑Knijn, T., Kremer, M. (1997). "Gender and the caring dimension of the welfare state: towards inclusive citizenship", Social politics ,Vol. 4, No. 3, 328-361.
㉒Ungerson, C. (2000). "Thinking about the production and consumption of long term care in Britain: does gender still matter?", Journal of social policy ,Vol. 29, No. 4, 623-643.
㉓Gather, C., Geissler, B., Rerrich, MS. (2002). Weltmarkt Privathaushalt. Bezahlte Haushaltsarbeit im globalen Wandel, Münster: Weltfälisches Dampfboot.
㉔Kathol, R. G., Perez, R. & Cohen, J. S. (2010). Integrated Case Management Manual: Assisting Complex Patients Regain Physical and Mental Health. Springer Publishing Company.
㉕Wyke, S. (2006). An introduction to self-care. Conference presentation on March 15 at the Alliance for Self Care, Stirling, Scotland
㉖三菱UFJリサーチ＆コンサルティング株式会社：平成21年度老人保健健康増進等事業．平成21年度地域包括ケア研究会報告書（2010）
㉗Stanford University School of Medicine. Research-Patient Education Department of Medicine Stanford University School of Medicine. 2009
　　URL<http://patienteducation.stanford.edu/organ/cdsites.html> (Accessed on 2014.01)
㉘Barlow, J., Wright, C., Sheasby, J., Turner, A., Hainsworth, J. (2002). Self-management approaches for people with chronic conditions: a review. Patient Educ. Couns. Oct-Nov 48 (2):177-187.
㉙Schaefer C, et al. (1981). The Health Related Functions of Social Support. Journal of Behavioral Medicine, 4(4):381-406.
㉚Self Care Forum "SELF CARE: AN ETHICAL IMPERATIVE" 2011
㉛筒井孝子（2012）．日本の地域包括システムにおけるサービス提供体制の考え方．季刊社会保障研究．47(4): 2 -15.
㉜Department of Health. The Expert Patients Programme.
　　URL<http://www.dh.gov.uk/en/Aboutus/MinistersandDepartmentLeaders/

ChiefMedicalOfficer/ProgressOnPolicy/ProgressBrowsableDocument/DH_4102757> (accessed on 2014.01)
㉝ Department of Health. Self Care – A Real Choice: Self Care Support – A Practical Option. London: Department of Health; 2005.
㉞ 沖田裕子，岡本玲子，村岡枝理子（2002）．介護支援専門員の質改善のためのケアマネジメント過程の検討．日本在宅ケア学会誌．5: 54-61.
㉟ 谷亀光則，高砂裕子，青木潤一ほか（2003）．介護支援専門員の現状と課題．癌と化学療法．30, 74-79.
㊱ 見平隆（2004）．介護保険制度5年目の現状と課題．日老医誌．41, 198-200.
㊲ 厚生労働省老健局振興課．ケアプランの重要性と現状の評価，介護支援専門員に対する支援および資質の向上について．介護支援専門員 2001; 3: 74.
㊳ 岩下清子（2001）．「対応困難事例」のケアマネジメント──ケアマネジャーの能力や努力で対応可能な問題とそれを超える問題があることについて．訪問看護と介護．6, 184-186.
㊴ 吉澤みどり(2003)．処遇困難ケースの全体像──実態把握表作成とその集計分析より．地域保健．34, 81-89.
㊵ 大阪総合ケア研究会（2001）．質の高いケアマネジメントのために必要な研修内容の検討研究報告書．
㊶ 齋藤智子，佐藤由美（2006）．介護支援専門員が認識する対応困難事例の特徴．北関東医学．56.4, 319-328.
㊷ 岡本玲子(2003)．対応困難な事例に学ぶケアマネジメント──質評価の視点とともに．医学書院．2.
㊸ 介護支援専門員（ケアマネジャー）の資質向上と今後のあり方に関する検討会（2013）．介護支援専門員（ケアマネジャー）の資質向上と今後のあり方に関する検討会における中間的な整理，5.
㊹ 松繁卓哉，筒井孝子(2009)．イギリスの地域包括ケアにおけるSelf Care．保健医療科学，58(2), 90-93.
㊺ 瀬戸恒彦（2006）．サービス担当者会議における尾道市と神奈川県の比較および平成17年度調査結果と18年度調査結果の比較．厚生労働科学研究費補助金（長寿科学総合研究事業）平成18年度分担研究報告書，267-329.
㊻ 内田陽子，中谷久恵，島内節（2009）．エンド・オブ・ライフケアニーズと在宅ケアマネジメントの実践．Kitakanto Med J，59, 337-344.
㊼ 厚生労働省ホームページ．職業能力評価基準について．
URL<http://www.mhlw.go.jp/bunya/nouryoku/syokunou/>（2014年1月アクセス）
㊽ 東野定律，筒井孝子，大夛賀政昭（2012）．介護職における技術評価に関する研究（その1）─職員の属性別にみた業務内容の比較および評価項目の検討─．第60回日本社会福祉学会秋季全国大会報告要旨集，417-418.
㊾ シルバーサービス振興会ホームページ．国家戦略・プロフェッショナル検定介護プロフェッショナルのキャリア段位制度リーフレット．
URL<https://careprofessional.org/file/pr20130401202259.pdf>（2014年1月アクセス）
㊿ National Health Service Executive. Working together : securing a quality workforce for

the NHS. Department of Health, London.1998
(51)国立社会保障・人口問題研究所「日本の市区町村別将来推計人口」（平成 20 年 12 月推計）
(52)Fisher, E. S., Bynum, J. P. & Skinner, J. S. (2009). Slowing the Growth of Health Care Costs – Lessons from Regional Variation the New England Journal of Medicine, 360(9); 849–852.
(53)McSherry, R., Pearce, P. (2007). Clinical governance: a guide to implementation for healthcare professionals. 2nd ed. Oxford: Blackwell Publishing
(54)Lugon, M., Secker-Walker, J., editors. (2006). Clinical governance in a changing NHS. London: Royal Society of Medicine Press
(55)Chambers, R., Boath, E., Rogers, D. (2004). Clinical effectiveness and clinical governance made easy. 3rd ed. Oxford: Radcliffe Medical Press
(56)Swage, T. (2004). Clinical governance in health care practice. 2nd ed. Oxford: Butterworth-Heinemann
(57)Wilkinson, J. E., Rushmer, R. K., Davies, H. T. O. (2004). Clinical governance and the learning organization. J Nurs Manag, 12: 105–13.
(58)Travaglia, J. F., Braithwaite, J. (2007). Clinical governance, safety and quality: an overview of the literature. Sydney: Centre for Clinical Governance Research, University of New South Wales
(59)Office of Safety and Quality in Health Care. Introduction to clinical governance–a background paper. Perth: Western Australian Department of Health, 2001.

補論　地域包括ケアシステム構築のための実践的ガイド

　本書では、地域包括ケアシステムを考えるにあたって integrated care や integration について着目し、これを戦略的に進める方策やマネジメントを検討してきた。

　ここでは、これまで述べてきた内容をまとめ、これから地域包括ケアシステムを実現する方策のガイドを具体的に示すこととした。

　まず、地域包括ケアシステムの中核となるサービスの普及方策を考えるうえでは、以下の3点を検討しなければならない。

①提供システムのデザイン
②サービスの内容
③システムにおけるマネジメント機能

　この3点の検討にあたっての重要な integrated care の概念とそのモデルについては 図1 に示した。

　まず、地域包括ケアシステムが実現された状態とは、地域内に、どのようなサービスが、どのようなシステムで提供され、そして、この提供システムのデザインには、その提供にあたっての管理・運営のあり方、すなわち、マネジメント機能はどのように配備されるかが示されなければならない。

　そして、これについては、地域包括ケアシステムの構成員となる住民、サービス利用者、サービス提供者、マネジメントを行う自治体職員が合意できる目的や、その方法に対して、合意を示す規範的統合が行われなければならない。

図1 地域包括ケアシステムの中核となるサービスの普及方策を考えるためのプロセス

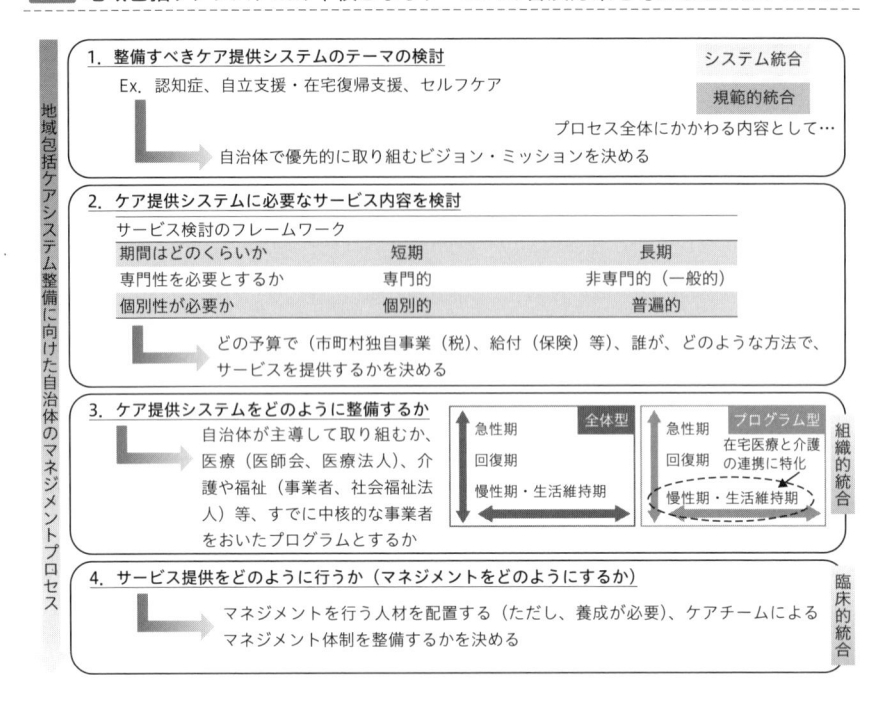

地域包括ケアシステム整備に向けた自治体のマネジメントプロセス

1. **整備すべきケア提供システムのテーマの検討**
   Ex. 認知症、自立支援・在宅復帰支援、セルフケア

   システム統合
   規範的統合
   プロセス全体にかかわる内容として…

   → 自治体で優先的に取り組むビジョン・ミッションを決める

2. **ケア提供システムに必要なサービス内容を検討**

   サービス検討のフレームワーク

	短期	長期
期間はどのくらいか		
専門性を必要とするか	専門的	非専門的（一般的）
個別性が必要か	個別的	普遍的

   → どの予算で（市町村独自事業（税）、給付（保険）等）、誰が、どのような方法で、サービスを提供するかを決める

3. **ケア提供システムをどのように整備するか**
   自治体が主導して取り組むか、医療（医師会、医療法人）、介護や福祉（事業者、社会福祉法人）等、すでに中核的な事業者をおいたプログラムとするか

   全体型：急性期／回復期／慢性期・生活維持期
   プログラム型：在宅医療と介護の連携に特化（急性期／回復期／慢性期・生活維持期）

   組織的統合

4. **サービス提供をどのように行うか（マネジメントをどのようにするか）**
   マネジメントを行う人材を配置する（ただし、養成が必要）、ケアチームによるマネジメント体制を整備するかを決める

   臨床的統合

　また、第三に示したマネジメントについては、「どこが」、あるいは、「誰が」「どのように」に提供システムを運営し、それを、「どこで」、あるいは、「誰が」管理するかが示されていなければならない。

　これらを考えていくためには、ケア提供システムを構造的にとらえ直す必要がある。例えば、マネジメントに際してのサービス供給のための財源の管理やサービスの質の向上と維持のメカニズム、そして、サービスへのアクセス、利用者からの利便性の向上のためのサブシステムの構築というように、これまでの多くの知見（エビデンス）をもとに、ケア提供システムのあり方とサービス提供の問題点を批判的にとらえ直すための規範的統合がなされる必要がある。

すなわち、地域包括ケアシステムの構築においては、こうした現状の問題点における徹底的な批判的吟味というプロセスを踏まえたうえで政策として、改革の視点を提示することが求められる。

また、この議論に際しては、この政策の視点を、図2 で示すように、

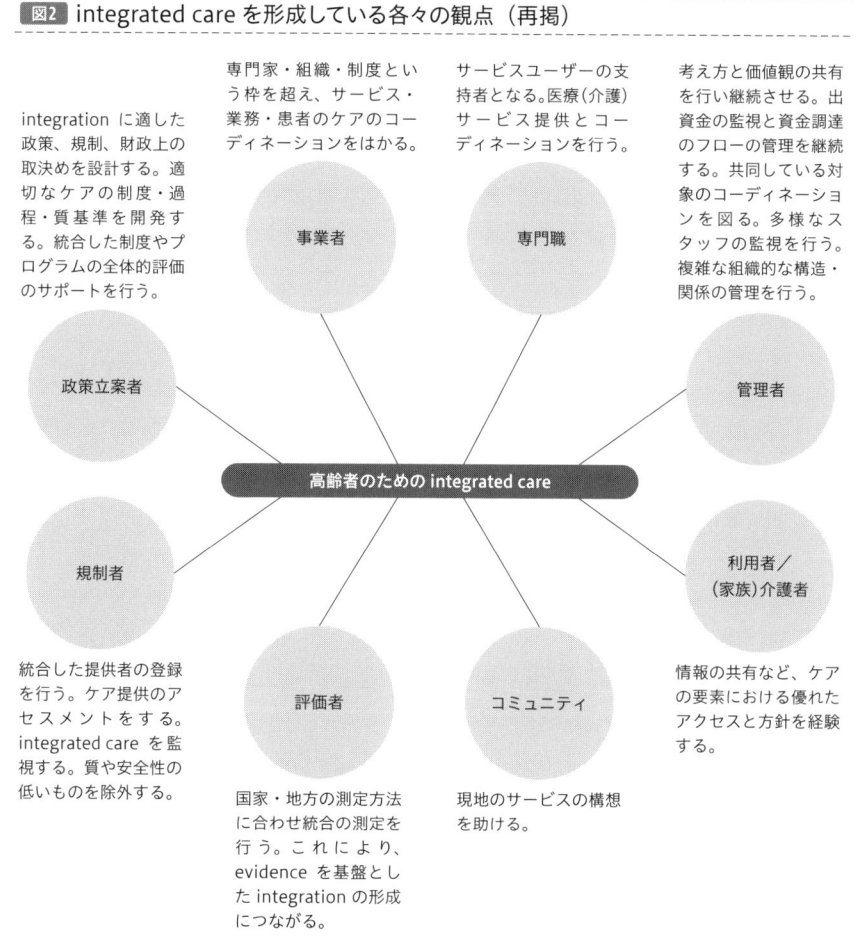

図2　integrated care を形成している各々の観点（再掲）

integration に適した政策、規制、財政上の取決めを設計する。適切なケアの制度・過程・質基準を開発する。統合した制度やプログラムの全体的評価のサポートを行う。

専門家・組織・制度という枠を超え、サービス・業務・患者のケアのコーディネーションをはかる。

サービスユーザーの支持者となる。医療（介護）サービス提供とコーディネーションを行う。

考え方と価値観の共有を行い継続させる。出資金の監視と資金調達のフローの管理を継続する。共同している対象のコーディネーションを図る。多様なスタッフの監視を行う。複雑な組織的な構造・関係の管理を行う。

事業者　専門職

政策立案者　　　　管理者

高齢者のための integrated care

規制者　　　　利用者／（家族）介護者

評価者　コミュニティ

統合した提供者の登録を行う。ケア提供のアセスメントをする。integrated care を監視する。質や安全性の低いものを除外する。

国家・地方の測定方法に合わせ統合の測定を行う。これにより、evidence を基盤とした integration の形成につながる。

現地のサービスの構想を助ける。

情報の共有など、ケアの要素における優れたアクセスと方針を経験する。

出典：Sara Shaw, Rebecca Rosen & Benedict Rumbold. (2011). Research report-An overview of integrated care in the NHS : what in integrated care?. (筆者一部改変)

国の政策担当者として、あるいは、自治体職員として、サービスを受ける住民として、あるいは提供者としてというように、どの視点で課題の解決にあたるかが明確にされると、さらにデザインの多様性が増すことになる。

地域包括ケアシステムにおける提供システムのデザイン

　本書で繰り返し述べてきたように、integrated care は、社会保障制度にかかわる新しいヘルスケアシステムデザインとして登場したものである。このため、地域包括ケアシステム内でのサービス提供システムの組織と構造を考えるにあたっては、すでに多くの国でシステムの費用対効果の観点から検討がなされてきたことを理解しておかなければならない。

　特に 1980 年代から、各種サービスの integration を進める取り組みは、はじめられていることやこれまでに様々な方法論やモデルが示されてきたことを述べてきたが、最適な構造についての結論はいずれの国においても示されていない状況にある。つまり、現状において、すべての条件が合致する、いわば日本のお手本にできるようなモデルはなく、また正解と呼べる選択肢もない。

　ただし、日本での地域包括ケアシステムの構築も、まだ緒についたばかりとはいえ、その原初的なモデルとしては、村落地域における地域医療連携を行ってきた佐久総合病院モデルや公立みつぎ病院モデルがあり、必ずしも海外のモデルだけが範となるわけではないし、日本のそれぞれの地域ごとにふさわしいデザインの選択肢がある。

　この地域包括ケアシステムを構築するための integrated care の取り組みのための方法論は、やはり未成熟であり、自治体においては、いまだ PDCA サイクル 注1 で計画を立案し、進めていく方向性がよいとい

う理解はされてはいるだろうが、これについての実効性を伴うような実践はほとんどなされていない。

　特に、その費用対効果の側面から提供システムを考える取り組みは、介護保険制度と医療保険制度とのシステム統合がなかなか進められないことから、その連携さえも難しく、この領域には、ほとんどエビデンスが蓄積されてこなかった。

　海外の先行研究から、その参考となるものを渉猟すると、2002年に発表されたケア提供システムのエビデンスとして、Hollanderらの研究があり、この研究結果からは、在宅ケアの有効性の改善をもたらすためには、在宅ケアと施設ケアを統合し、より大きい規模の提供システムとして、地域での在宅関連のサービスの水平的統合を基礎とするモデルが効果的であると示されている❶。

　しかし、このような広範囲のシステム統合を行った地域におけるケアシステムを管理し、その財源を調整し、急性期ケアや施設ケアを効率的かつ適切に在宅ケアへ移行させる手段を講じることができる自治体は、日本にどのくらいあるだろうか。

　その実現はともかくとして、この研究成果から明らかなことは、単に在宅ケア費用を増加させるだけでは、限定的な効果しかあげられないということである。このため、これに加えて急性期ケアや施設ケアを何らかの方法で、適切に在宅でのケアへと移行する手段も同時に講じなければならないと示されている。

　ここで課題となるのは、やはり、国レベルで医療や介護サービス提供

注1

PDCAサイクルとは、事業活動における生産管理や品質管理などの管理業務を円滑に進めるためのプロセス管理手法の一つ。Plan（計画）→ Do（実行）→ Check（評価）→ Act（改善）の4段階を繰り返すことによって、業務を継続的に改善する。

に際してのシステム統合が計画できるかということになる。

財政的なインセンティブの導入には慎重さが必要である

　自治体が、今後、施設や在宅におけるサービスの組織的統合を進めるにあたって、財政的インセンティブを行うことを検討する際に留意すべきことは、組織的統合は臨床的な業務に大きな影響を与えるということである。

　具体的には、介護保険施設のベッドを使って在宅ケアの代替を期間を限定して行う。あるいは、地域圏域内の入院医療機関の空床を利用して、認知症のBPSDがひどい要介護高齢者をショートステイサービスとして、これを使うといったサービスを創ったと仮定する。

　これは、結果として施設ケアを代替し、在宅を継続できる提供システムのデザインの一つであり、医療と介護のcoordinationモデルとなる。そして、入院医療機関がショートステイ用のベッドを創った場合に財政的なインセンティブを与えるとする。このようなことを有床診療所やデイサービスセンターにも追加的に認めてこれにも財政的なインセンティブを与えるとする。

　各国の先行事例からは、こういった方法は、次第に、官僚制度的な側面を強め、サービス提供者側は単にインセンティブを得ることばかりに集中してしまう傾向に陥りやすいというエビデンスが示されている。すなわち、病院に入院することや、本来、デイサービス用の施設に入所するような事態が継続するようになれば、これは利用者にとって、もはや在宅で生活しているとはいえず、サービスの質の向上も得られない。したがって、こうした財政的なインセンティブを与える方法を利用する際には十分に留意すべきであるとされている[2]。

　また、先行研究においては、インセンティブだけが目的となってしま

うと介護保険制度における自立支援の理念やサービス提供者側がもたなければならないサービスの価値観といったケア提供システムを構築するうえで共有していた理念が忘れられてしまうことも少なくないという懸念も示されている❸。

よって、こうした財政的なインセンティブは必ず期間を限定した利用方法とし、効果が持続する方法だけに限定し、必ず見直し期間を持って実行に移さなければならない。

実現可能性が高い integration model

今後、採用される在宅支援を強化するモデルは主に専門家によって提供されている訪問看護や身体介護を含む24時間定期巡回・随時対応サービスという在宅での生活維持に着目するモデルであり、今日、形成されている在宅ケアのあり方も再定義しなければならないだろう。

一方、目的が明確にされず、成果が示されてこなかった現行の予防給付から、訪問介護や通所介護といった在宅支援部分を独立させ、予防給付の位置づけを高齢者の長期的なケアニーズを減らし、自立できるために必要な在宅ケアを行う目的で実施される、短期の医療的サービスを中心とした介入に限定するといった本来の予防給付の目的を明確にしたサービスへ変更していかなければならない。

現状の制度のままでは、長期的に継続して提供されてきた訪問介護や通所介護等の在宅支援に関するサービスの単なる給付抑制と受け止められ、結果的に高齢者を病院や施設に移行させてしまうリスクが高くなる。

諸外国の歴史をみると、同様の改革のほとんどは失敗しており、長期的には、ヘルスケアの費用と非効率性を増加させてしまっている。このことから、この在宅支援にかかるサービスの抑制を図る際には、先に述べたような予防給付の目的の明確化は極めて慎重に行わねばならない。

補論

　このため、これを実行する際には、規範的統合を重視することや同時に地域での水平的統合を図り、長期ケア施設である介護保険施設や病院と保険者の間でcoordinationレベルの連携のメカニズムを創ることが前提となる。

　カナダで行われている地域化を前提にした、coordinationモデルであるSIPA 注2 やPRISMA 注3 は、これからのわが国が取り組むモデルとして参考になる。これらモデルの特徴は垂直と水平のlinkage（連携）を容易にする点であり、これらのモデルではシステムのすべてのサービスに対して業務上の権限が1箇所に集中され、共有の予算があることから、自治体の政策と供給するサービス量の分配に関する決断が容易になるという利点がある。その結果として、サービス提供者の間の任意の連携に分裂が起きる可能性が最小限に抑えられている。

　また、日本では、すでに資源の分配と将来の計画のための唯一の包括的な評価である要介護認定が存在しているので、ケアの提供場所にもかかわらず、地域包括ケアシステム内の要介護高齢者には同じ要介護度分類が使用されている。この唯一の分類法は、ケアの全体的な連続体におい

注2

SIPAとは、Services intégrés pour les personnes âgées fragilesの略で、カナダでCLSCs（Centres de Locaux de Services Communitaires）という公的な地域クリニックを中心に展開されるコミュニティベースド、プライマリケア・ベースドをキーワードとしたケースマネジメントによるケア提供プログラムのこと。integrated careを実現する具体的なケア提供プログラムであり、その説明は、本書125～128ページを参照。

注3

PRISMAとは、Program of Research on Integration of Services for Maintenance of Autonomyの略であり、カナダでケベック州で試験的に1999年から9年間にわたる実証事業を経て、現在も実施されているcoordinationレベルのケア提供プログラムであり、6つのメカニズム（コーディネーション、ケースマネジメント、シングルエントリーポイント、標準化されたニーズ評価、ケースマネジャー、情報共有システム）とツールのすべてが利用されている場合に統合が実現するとされている（本書125～128ページを参照）。

表1 2つののケア提供モデル（SIPA／PRISMA）の内容

SIPA モデル	PRISMA モデル
唯一のエントリー	唯一のエントリー
ケースマネジメント	ケースマネジメント
多職種がかかわる業務プロトコルを用いたマネジメントと高齢者評価	個人的なケアプラン
多職種によるケアチーム	唯一の評価ツール
ケアチームに医師を参加させる	唯一の利用者分類法
地域の健康サービスと社会サービスの提供を通した統合ケア提供の責任を与える	ケア提供者の組織の間の電子カルテの共有化
介護施設と入院医療機関の間の連携	事業者の組織間での連携
組織間の連携	事業者の組織の間での予算の交渉
人頭払い方式	

出典：Hollander, M. J., Chappell, N. L., Prince, M. J. & Shapiro, E. (2007). Providing care and support for an aging population: Briefing notes on key policy issues. Aging Clinical and Experimental Research, 15 (3 Suppl), 1-2.（訳は筆者による）

て利用者のニーズとサービスの内容と費用に関する比較を可能している。

　以上の点からは、日本の自治体ではPRISMAモデルの導入は比較的容易に進むと考えられる。おそらくネックとなるのは、「電子カルテの共有化」と在宅や施設を経営する介護事業者間の調整を保険者がどのレベルまでできるかということであり、この交渉にあたって、どの程度の財源を捻出できるかが鍵となるだろう。

　いずれにしても、自治体がこれらのintegrationを進める際には、この解決をしようとしているサービスは、何が原因で分断が起こったかを明らかにしなければならない。次いで、この分断が統合されることで、利用者に、どのようなことが起こりうるかをシミュレーションすること、つまり、これまでの利用者のサービスパターンをどのように変化させ、それは費用とアウトカムにどのような影響を与えるかを具体的に示した資料を用意しなければならない[4]。

補論

ケア提供システムのフレームワーク

　このような統合的なケア提供システムの検討においては、常に在宅ケアを代替する施設ケアおよび急性期ケアの機能とは何かを特定し、この代替が可能なシステムを検討するという視点がなければならない。

　また、このようなケア提供システム構築のためには財政的なインセンティブをはじめ、その改革案の導入可能性を各市町村が精査して決定しなければならないが、地域包括ケアシステムを構築するにあたっての実力を測定するツールとしては、保険者機能評価尺度が開発されており、この尺度に沿って、自らの自治体の、いわば基盤となる能力を客観的に把握したうえで、このPRISMA導入の施策に取り組んでいくことがよいだろう。

　また、PRISMAやSIPAモデルではなく、自らの自治体独自のプロ

表2　Integrated careを実現するフレームワークとしての10の実践的方法

管理上のベストプラクティス
方法1：思想を明確に記し、方針に組み込む
方法2：一元化、高度にコーディネートされた運営管理
方法3：一元化された財政管理
方法4：統合されたICTシステム
方法5：エビデンスに基づいたマネジメントへの助成金や報酬
臨床上のベストプラクティス
方法6：初回にシステムを利用する窓口の一元化
方法7：システム全体におけるアセスメントとケア提供の範囲の標準化
方法8：システム全体で統一された利用者（患者）分類システム
方法9：進行中のシステムレベルでのケースマネジメント
方法10：患者やその家族の積極的関与

出典：Hollander, M. J., Chappell, N. L., Prince, M. J. & Shapiro, E. (2007). Providing care and support for an aging population: Briefing notes on key policy issues. Aging Clinical and Experimental Research, 15 (3 Suppl), 1-2.（訳は筆者による）

グラムを考える際に参考になるのが、本書112〜118ページに示したIntegrated careを実現するフレームワークとしての10の実践的方法である。この要件はベストプラクティスとして示されており、一つは管理上のものであり、もう一つは臨床上のものとして示されている。

いずれの要件も重要であるが、自治体の選択としては、これらの要件の一つひとつを達成していくという方法もありうるだろう。

保険者主導でなく、協働型モデル

このような自治体が主導するintegration以外にも地域圏域内の在宅医療のあり方を見直し、医療・介護連携モデルの取り組みを普及させる方法もある。

これについては前述したように、日本では佐久総合病院や公立みつぎ病院といった地域の中核病院が他の福祉や介護機関とのcoordinationを積極的に進めてきた先駆的事例がある。

これは、在宅要介護高齢者と地域における保健・医療・福祉サービスの間の水平的統合をするにあたっては、地域内の介護保険施設や入院医療機関が連携メカニズムの中核となることが比較的容易と考えられるからである。むしろ、このモデルの課題は、このマネジメント機能をどこが担うか、そのマネジメントの結果の責任を保険者が担うことを明確にしたうえで、実践しなければならないということであろう。

このように自治体は、ケア提供システムの整備を当該自治体内に存在する地域資源を最大限、活用して行うことになる。いずれの方法であっても医療介護の連携モデルが構築されればよいのであるから、このために最低限、必要なことは、以下の5つの要素といえる。しかも日本では、いわゆるツールはあるので、問題はやはり②や③の財政、人事マネジメントのあり方ということになろう。

① 多職種協働を可能にする業務組織を創る

　認知症初期集中支援チームや地域包括支援センター、あるいは総合的な医療法人・社会福祉法人のコーディネーターを中心としたチームなどが考えられる。

② 単一の予算

　医療保険・介護保険を熟知し、このサービスのコーディネーションを行え、可能であれば、これらを包括的に使用する権限をもっている者がいればなおよい。

③ ケースマネジメント

　保健・医療・福祉分野すべての領域にまたがるサービスのコーディネートを行える人材が必要

④ 標準化された評価手法

　これは包括的なアセスメントツールを多職種で共有することにより、情報共有が可能になることが示唆されている。日本には、すでに要介護認定、看護必要度といったアセスメントツールが報酬算定上用いられている。今後は、これらのアセスメントを共通に運用するためのルールづくりが求められる。

⑤ 利用者分類システム

　これも日本においてはすでに急性期入院医療機関に用いられる看護必要度の得点区分によって、患者タイプとして5分類できるツールがある。要介護認定における要介護度も介護の手間を示す区分として現段階で7分類できる。今後は地域包括ケアシステム化において必要なケア内容や量を区分するツールの開発があってもよいだろうが、いずれにしてもより簡易な分類システムが求められている。

　そして、地域包括ケアシステムにおけるケア提供システムのデザイン

を明確化したうえで、これを戦略的に進めるために留意する点としては、先行研究❺❻で示されるような以下の6点について、本書では解説した。

①戦略計画には、❶計測可能な対象、❷タイムスケジュール（工程管理表）、❸責任の所在、❹アウトカムが明示されていなければならない
②組織改革と資源共有は共同作業の運営レベルとサービスレベルの両方で必要である
③構造改革は当事者間の関係性に十分留意しない限り、不完全に終わる
④リーダーシップは変化に柔軟に対応できるように発揮されなければならない
⑤初期段階から、その持続性を意図し、これを計画に含んでおかなければならない
⑥何が成功にとって重要かを見極めて遂行すること、構造とプロセスの両方に着目した戦略を創り、その戦略を遂行する

サービスの内容をどのように考えるか

多くの先行研究から、慢性疾患をもった要介護高齢者の地域生活を継続させるシステムには短期の在宅ケアだけでなく、長期的な在宅生活の継続を支えるサポートの重要性が示されている。要介護の高齢者はその多くが慢性疾患をもち医療サービスを必要とするが、サービスとして必要とされる大部分は医療的サービスでなく身体介助や生活支援サービスである。

サービスの吟味

できるだけ在宅生活を継続させるためのサービス内容を吟味する際には提供されるサービスの性質を以下の3点から整理しておくことが大事である。

第一に、そのサービスは長期間必要なのか、短期間の介入でよいかという点である。ここでの短期という場合は、おおむね2週間から1か月間が目安となる。

第二に、そのサービス提供には、特定の専門性が要求されるのか、それとも一般化されたサービスでよいかという点である。これは、特定の専門職しか提供できないサービスかどうかを判断するということである。

第三として、そのサービスは個別性が高いものかという点である。これらの3点によって、提供されるサービスの性質をおおまかに分けて検討しておく必要がある。

例えば、高齢者を入浴させること、食事を準備すること、在宅の環境の衛生と安全性を保つというような身体介護や家事援助のサービスは長期的に必要であるが、特定の専門性は必要ではなく、サービス提供をする当該高齢者の状態による、個別性が重視されるサービスとなると判断したとする。

そうすると、このサービス提供にあたっては、医療領域の専門職でなく、介護領域で提供できるサービスであり、介護技術のレベルは、キャリア段位2-2レベルの職員であれば提供できると決定できる。

また、買い物、料理が自分ではできない人への支援サービスは、長期に提供するサービスで、専門性は高くなく、個別性もないことから、キャリア段位1レベルの職員でも実施できる。

このように地域包括ケアシステムにおけるサービス内容を考える際に重要なことは当該サービスの提供期間の長さと専門性や個別性について

の評価なのである。逆にいえば、これを必要とする要介護高齢者が何人いるかが明確にされることである。これを数量的に把握できればヘルスケアシステムにかかる費用の効率化の方法も決定できる。

また、サービスの内容について当面は焦点化し、優先順位をつけておくことも戦略といえる。現時点で考えられる早期に介入が必要と考えられる者の軸は3つである。

これは、すでに第Ⅳ部第2章で述べたように、①慢性疾患をもつ者、また第Ⅳ部第1章で述べたように、②MCIの兆候がみられる者、そして、これに③入院・入所から復帰した者、あるいは、居住場所が変わった者であり、これらの要介護高齢者へのサービスをスクリーニングする

図3 地域包括ケアシステムにおいて整えるべきサービスの例

【どのようなサービスか】

①セルフマネジメントが可能な者への在宅サポートサービス	②認知症、あるいはMCIレベルへのメモリーウォレット（ブック）（注1）等の専門サービス	③要介護ではないが状態の改善が見込める者に対しての期間限定のリハビリサービス（日本版リエイブルメントサービス（注2））

【サービス提供までのプロセス】※いずれも地域ケア会議を必須とするかについて要検討

要支援認定者等でセルフマネジメント講習を受けた者に現行の予防給付のサービスを提供 （慢性疾患のある者のみを対象とするかは要検討）	DASCでMCIとされた者について、地域包括支援センターが（身近型）認知症疾患医療センターと連携し、サービス提供	現行の要介護認定の状態の安定性判定ロジック、あるいは、角度指標（注3）で状態改善が見込まれる者、あるいは、医療機関からの退院直後／介護施設から在宅へ移行した者にサービス提供 （サービス提供期間を6週間とするか）

注1：メモリーブックとは、アメリカのオハイオ大学のブルジョア氏が、1980年代に認知症の人に向けて作ったもので、簡単にいうと自分史の作成である。MCIの人がメモリーブックを活用し、ライフビューを行うことによって、うつ症状の改善や日々の行動を書きとめるといった行動が見られたことが報告され❼、また、国内でもこのメモリーブックの有効性の検証がなされている❽。
注2：リエイブルメントとは、英国の在宅ケアにおける短期かつ新しい介入のことを指す。具体的には、インターミディエイトケア（中間ケア：保健医療サービスとソーシャルケアの境界領域にあるケア）のうち、ADL能力向上などリハビリ機能を強化した自立支援サービスにあたる。在宅における、リエイブルメントサービスは通常、成人社会ケアを担う地方自治体により提供と実施が行われている。サービスの中には退院患者や疾病や事故から回復した患者を優先する限定的なものもあれば、在宅ケアに移行したほぼすべての人々を受け入れているより包括的なものもある❾。
注3：角度指標とは、経年的な要介護高齢者の変動を要介護度だけでなく、高齢者の状態情報（具体的には、要介護認定調査に用いられている調査項目）から算出され、個々の高齢者の各種の身体能力、認知の状態といった総合的な側面を評価することができる中間評価項目得点の経年変化の程度を数値化した指標。著者らが2011年に開発した❿。

システムを整え、それぞれの専門的サービスのあり方を規定し、サービス提供をコーディネーションする仕組みが整えば、システムの構造化ができる。

財源確保の考え方

　次に必要なことは、これらのサービスの財源を確保することである。これを介護保険給付として行うのか、あるいは地域支援事業とするのか、市町村の独自サービスとして行うのかといった財源の考え方を整理する際にも先のサービスの3つの性質を勘案し、自治体の財政状況をみながら、検討するとよいだろう。

サービス調整の責任

　自治体にとって、現行のケア提供システムにおける最も大きな課題は、統合的なケア提供システムに必要な保健・医療・福祉にまたがるサービスの調整についての責任の所在が明らかでないことにある。
　介護保険サービスは、介護支援専門員がこのケアマネジメントプロセスを担う存在であったが、医療との連携が難しく、複数サービスを利用した場合の居宅介護サービスの水平的統合が困難であった。
　これからの地域包括ケアシステムの中核となるのは、24時間定期巡回・随時対応サービスである。この実行に際しては、多職種によるケア計画の立案・モニタリング等が地域ケア会議で行われることになるだろう。
　これを和光市では、コミュニティケア会議と称して実施してきたし、尾道医師会においては、退院時カンファレンスや随時のカンファレンスによって実施されてきた。すでに、わが国でも多職種によるサービスのコーディネーションは実現している。
　今後、統合的なケア提供システムや長期的な在宅ケアの提供を考えた

場合、これの多職種によるサービスのコーディネーションを「人」にだけ担わせるのではなく、いわゆる高度なケースマネジメントを必要とする要介護高齢者においては、合議体が責任をもってマネジメントを実行するというシステムによるマネジメント機能の分散化が進められなければならない。

その際に、必須とされるのは、236〜238ページで示したケースマネジメントを必要とする者をスクリーニングするシステムである。これは、当該自治体が供給できるサービス内容や、その量に依拠するため、自治体独自のスクリーニング手法が必要となる。

さらには、その提供プロセスにおいては、「なぜ、そのようなサービスが必要か」というアセスメント情報や、「どのようにサービス提供を行うか」の詳細な計画書、そして、実際のサービス提供の状況と継続必

図4 ケア提供システムの比較―既存のシステムと今後の方向性―

要性のモニタリングを含めたマネジメントのスケジュールが示されなければならない。

これらのスクリーニングから、サービス内容の決定、提供主体別のスケジュール管理というようなマネジメント機能を各自治体レベルで、「どのように」「誰が」担うかが、このシステムにとっては、大きな課題であり、多くの自治体でサービス提供システムの再構築が求められる理由となる。

● 参考文献

[1] Hollander, M., Chappell, N. Synthesis Report: Final Report of the National Evaluation of the Cost-Effectiveness of Home Care.Victoria, BC: National Evaluation of the Cost-Effectiveness of Home Care, 2002
[2] Oxman, A. D., Bjorndal, A., Flottorp, S. A., Lewin, S. & Lindahl, A. K. (2008). Integrated Health Care for People for Chronic Conditions.Oslo: Norwegian Knowledge Centre for the Health Services.
[3] Rosen, R., Mountford, J., Lewis, R., Lewis, G. H. L., Shand, J. & Shaw, S. (2011). Integration in Action: Four international case studies. London: Nuffield Trust.
[4] Ramsey, A. & Fulop, N. (2008). The Evidence Base for Integrated Care. London: King's Patient Safety and Service Quality Research Centre.
[5] Bilynsky, U. (2002). Integration's best performers-seven habits of successful health care systems. Health Care Strategic Management 20, 12-14.
[6] Dodds, S., Nuehring, E. M., Blaney, N. T., Blakley, T., Lizzotte, J., Lopez, M. et al. (2004). Integrating mental health services into primary HIV care for women: The Whole Life project. Public Health Reports, 119, 48-59.
[7] Schmitter-Edgecombe, M., Howard, J. T., Pavawalla, S. P., Howell, L. & Rueda, A. (2008). Multidyad memory notebook intervention for very mild dementia: a pilot study. American Journal of Alzheimer's Disease and Other Dementias, 23(5), 477-487.
[8] 山本由子，亀井智子 (2013)．認知症高齢者のライフレビューに基づくメモリーブック作成とその利用による行動変化の検討．聖路加看護学会誌16(1), 1-9.
[9] Glendinning, Caroline, and Elizabeth Newbronner. (2008). "The Effectiveness of Home Care Reablement—Developing the Evidence Base." Journal of Integrated Care 16.4, 32-39.
[10] 筒井孝子，宮野尚哉 (2011)．要介護高齢者の状態の経年的変化データを利用した介護保険サービスの質の評価方法に関する研究，介護経営 vol.6, no.1, 29-39.

あとがき

　日本には、東アジアの他の仏教国と大きく異なっている、「ひとたび死なば　みな仏」❶とする死生観がある。おそらく、これから構築される地域包括ケアシステムの今後のあり方と、この日本人の死生観は大きくかかわることになるだろう。

　本書では、医療・看護・介護サービスの提供システムのあり方の一つとして「地域包括ケアシステム」に関して、ここ数年来、取り組んできた研究成果を紹介してきた。このシステムは医療と介護のintegrationを企図したものであるが、その大きな目的は、慢性疾患をもった高齢者の急性増悪時の対応をいかに効率化するシステムを構築できるかである。そしてこれを導入した日本のシステムの特徴は、医療と介護のintegrationの場をcommunityと呼ぶ生活圏域を基盤とすることをコンセプトにしたことであった。

　これは、生き抜くことも、死に逝くことも、そのまま受け止めることができる場、つまりは人々が生活する場で死を迎え、死に至るまでを生き抜く過程の生活を人々があるがままに受け止める環境を創ろうとしているとも言い換えられる。すなわち、地域包括ケアシステムは生活の延長線上に死を迎えられることを目指したシステムといえる。

　今、日本では、生活した場で死を迎えることは容易ではない。一般に、死は自らが生活した場でなく、病院の病室で迎えることになる。自宅での死は、1960年の76.9％から、2009年は大きく減少し、わずか12.4％に過ぎない。

あとがき

　地域包括ケアシステムの構築によって、人々は死を生活の場に取り戻すことができるのか。日本人が望む死のあり方とはどのようなものであろうか。多死社会を迎えるなかで、これらの死にまつわる日本人が考えてきた様々なことを考えなければならない時がきたように思う。

　さて、これまで人類は、「死んだら終わり」ではなく、どちらかといえば「死んだら終わりではなく、どういう世界かは別にして死んでも終わらない。次の世界が待っている」という死後に別の選択があり、死後の世界は永遠の安楽か、永遠の地獄か、最後の審判が待っているといった考えに分があった。

　日本の位置する東アジアでも、生きているこの世界があって、死後のあの世がある。そして、あの世がどういうあり方であれ、間違いなく、この世からあの世へという直線的世界観がとられてきた。一方、南アジアの世界観では、生きているときの振る舞いや行為によって次の世界が決まり、人に生まれることができるかどうか、あるいは、次は蟻になって生きることになるか、それは生き様によるというような迷いの世界として、生と死を繰り返す循環的世界観がとられてきた。

　ところが、南アジアでは、この迷いの世界だけではなく、もう一つ、仏という「悟りの世界」が存在するという。この「悟りの世界」は、「迷いの世界」とは相互に矛盾し隔絶した全く異質レベルのあり方として考えられているわけだが、この隔離・隔絶した悟りの世界こそが真理に目覚めた仏の世界とされている。

　この「悟りの世界」は、人間の生や死とは本来、何の関係もないが、日本では、驚いたことに日常的に死者を仏様と呼び、どんなに極悪非道の殺人犯であっても、死んでしまえば、仏陀（ブッダ）、目覚めた人、真理を悟った人と言う意味の「仏」という最高の呼称で呼ばれる。だからこそ死者は皆が敬い、手を合わせるということが自然に行われてきた。

「死なば、みな仏」となるのである。

　死に、このような質的転換を与えた国は日本以外に例はなく、このため、「これは仏教学的に説明できることではありません。これは日本独自の感性であろう」❶と説明されている。この日本における死者の質的転換の底流には浄土思想があり、そこには救済の理論があったと考察がなされている。

　今、この国が迎えようとしている多死社会において、死者に対する質的転換を唯一、成し遂げてきたわが国であれば、これと同様に、死に逝く人々、つまり、仏に変わるまでの生活がどのようにあるべきかの日本人としての基本的な姿勢においても日本独自の感性を出しうるのではないか。

　それは、亡くなった人をただの死者ではなく仏として敬うという、日本の豊かな救済の文化の下でこそ成立するものであり、死に逝く人にとっての「地域包括ケアシステム」がいかにあるべきかを、「死なば、みな仏」という世界を創りあげたこの国であるからこそ、人は生き抜くことも、死に逝くこともそのまま受け止めるシステムをつくることができるのではないか。

　この点において、私はひどく楽観的であり、期待もしつつ、この本を書いたのである。

　本書の出版に際しては、推薦の言葉をいただいた田中滋先生（慶応義塾大学）ならびに高橋紘士先生（国際医療福祉大学）には、宮島前老健局長から継続してきた地域包括ケア研究会でご指導をいただいてきた。

　また、この2010年からの地域包括ケア研究会を主宰されてきた厚生労働省老健局宮島俊彦前局長ならびに原勝則局長からは、国家施策となった日本の地域包括ケアシステムのあり方について、行政のあり方や

あとがき

この国の姿に関するいくつもの示唆をいただいた。

日本の地域包括ケアシステムの中核となる保険者の実態に関する調査研究やその保険者評価尺度開発にあたっては、武蔵野市笹井肇健康福祉部長、和光市東内京一保健福祉部長、厚生労働省老健局総務課課長補佐篠田浩氏らに、多くの支援と指導を受けながら現在も開発を継続させていただいている。

20年以上前に介護の研究をはじめた頃から、京極髙宣先生（前国立社会保障・人口問題研究所所長、現社会福祉法人浴風会理事長）および小山秀夫先生（前国立保健医療科学院経営科学部部長、現兵庫県立大学大学院教授）からは、一貫して研究を援助していただき、本書の発行にあたってもご支援いただいた。

また一連の地域包括ケアシステムの研究を遂行するにあたっては、国立保健医療科学院の松谷有希雄院長から温かい励ましとともに、研究環境の整備にあたって、特段のご配慮をいただいた。

恩師である早島理先生（前滋賀医科大学教授、現龍谷大学教授）からは、出来の悪い教え子であったことから、長年にわたって指導を受けてきたが、今回、特に地域包括ケアシステムの本質にかかる日本人の死生観に関する貴重な興味深い示唆に富んだ論文を頂き、改めて、この国の今後のあり方について、死生観を再考すべきことに気がつくことができた。

草稿の段階から最終稿にいたる過程で海外の膨大な文献や資料の整理などに関して、国立保健医療科学院の大夛賀政昭氏、Alexis Cottencin氏、根子明香氏、石井和人氏のご協力を得た。

この場を借りて、ご協力いただいた多くの皆様に心よりお礼、申し上げる次第である。

最後に、本書の出版に際しては、中央法規出版編集部の米澤昇氏には

膨大な原稿の整理を短期間で行っていただき、随分迷惑をおかけした。にもかかわらず、時々に、適切な助言とご配慮をいただき、なんとか出版することができた。深く感謝、申し上げる次第である。

平成26年2月

筒井　孝子

参考文献

❶早島理（2013）．ひとたび死なば　みな「ほとけ」——日本人の死生観を考える．真実心（京都光華女子大学京都光華女子大学短期大学部刊行物），34, 17-53.

索引（欧文）

administrative integration	44	DASC	156, 159, 169
all-inclusive care	30	Dementia UK	154, 170
Assertive Community Treatment	185	de-professionalization	31
Behavioral and Psychological Symptoms of Dementia（BPSD）	165, 168, 252	disease management	37, 63, 130
Billings	38	EMI	171
biopsychosocial barriers	183	Fleuryによる連続的モデル	59
BSC	91	full integration	48, 125, 128, 130
California On Lok Project	125	functional integration	41
care pathway	51	GDP	16, 18
Case Management	67	general practitioner	195
CDR1	169	GP	132, 195
CHOICE	126	health systems integration	38
chronic care	37	Hollander	109, 118, 251
Chronic Disease Self-Management Program（CDSMP）	190	Home Care	67
clinical integration	42, 44, 129	Home from home	161, 170
CMSA	186	Hospital based models	67
collaborative care	37	ICP	136
Collaborative Practice	67	ICTシステム	114
community	86	illness management	64
community care	30	Improving Dementia Services in England	154
community-based integrated care system	4	Improving services and support for people with dementia	159
comparative case study	69	integrated care	3, 29, 33, 36, 66, 108, 189, 241, 247, 250
Comprehensive Home Option of Integrated Care for the Elderly	126	…の測定とその評価	68
continuity of care	37	…の定義	76
coordinated care	37	…の理念	80
coordination	47, 89, 125, 128, 257	integration	9, 84, 108, 241, 247, 250
coordinationモデル	252	…の強度	47
coordinationレベル	127, 130, 254	…の測定方法	68
CSCI	162, 171	…のタイプ	40
		…の幅	47, 50
		…の範囲	50

…のフレームワーク	100	Primary care based models	67
integration プロジェクト	49	PRISMA	119, 254
Kodner	37, 45	professional care	200
Leutz	49, 52, 54, 61, 129, 131	professional integration	41
linkage	47, 90, 125, 128, 160, 254	Program for All inclusive care	125
linkage レベル	130	progressive or sequential models	59
long-term-care condition management	237	QOL	172, 189
		realistic evaluation	69
managed care	37	relational system change model	57
Markoff	57	RHA	123
MCI	152, 165, 169, 261	SCIE	158
medical social worker	188	seamless care	37
MSW	188	Self Care Forum	194
NAO	159	shared care	37, 67
National Dementia Strategy	152	SIPA	126, 254
NICE	157, 158	Social HMO	126
normative integration	43, 81, 128	specialist	199
OECD	39	Support. Stay. Save	161
On the job training（OJT）	211, 223, 227	systemic integration	43
organizational integration	41, 44	transmural care	37
PACE	125	Transparency	242
PDCA サイクル	142, 250	Wellness（ウェルネス）の管理に関するモデル	63
Physician integration	67		
Prevention-focused Model	67	WHO	39, 76

索引

あ

アウトカム	68, 70, 71, 84, 93, 132, 172, 184, 208, 219
アカウンタビリティ	234
赤字公債	20
アセスメント	204, 206
アセッサー	222
アルツハイマー型認知症	168, 175
安心社会実現会議	17
育児休暇	177
意思決定	92
一次ケアモデル	62
一体改革関連法案	17
一般歳出	21
一般病院	153
医療・介護情報の「見える化」	28
医療・介護チーム	48
医療・介護連携モデル	257
医療介入	42
医療記録	68
医療計画	74
医療資源	29
医療ソーシャルワーカー	188
医療との連携	206
医療の質	18
医療保険制度	251
インセンティブ	252
院内感染	93
インフォーマルケア	32, 162, 178
インフォーマルサービス	206, 209
インフォーマルサポート	6, 204
インフォーマルな雇用	176
ウェルネス・カウンセラー	184
運営的統合	68, 70, 241
英国 NHS	131
英国国立医療技術評価機構	157
英国保健省	157
エイジングインプレイス	153
エキスパートシステム	217
エキスパートレビュー	95
エビデンス	114, 248, 251
オレンジプラン	28, 152

か

介護家族向け交流会	168
介護給付	1, 217
介護給付等費用適正化事業	216
介護強化型ベッド	1
介護サービス	78, 201
介護サービス計画	207, 217
介護サービスの基盤強化のための介護保険法等の一部を改正する法律	94
介護支援専門員	65, 111, 201, 210, 214
介護支援専門員支援	95
「介護支援専門員の資質向上と今後のあり方」検討会	205
介護事業者	86
介護福祉士	159, 225, 229
介護福祉士ファーストステップ研修	173
介護プロフェッショナル	222
介護報酬	141, 172
介護保険事業計画	33, 94, 123, 138, 166, 213
…の策定	28
介護保険施設	252, 254
介護保険制度	1, 17, 64, 78, 153, 211, 251
…の改革	17, 80

…の根幹	214	虚弱高齢者	80
…の理念	206	居宅介護サービス事業者	48
介護保険法	2, 79, 87, 96, 199	居宅介護支援計画	70
…の改正	2, 85, 89	居宅介護支援事業者	204
介護予防	8, 81, 85, 191, 198	クライテリア	126
介護予防事業	30, 63, 85, 108	クリニカルガバナンス	231
外部審査員	223	グループホーム	66
外部評価	223	ケアカンファレンス	131
かかりつけ医	141, 160, 195	ケア産業	184
…の認知症対応力の向上	156	ケアチーム	170
学際的なケアマネジメント	135	ケア付き居住施設の充実	30
学習する文化	214, 234	ケアのコーディネーション	189
角度指標	261	ケアの統合	108
家事援助サービス	80	ケアの連続性を重視するモデル	59
課題分析	142	ケア・パスウェイ	51
家庭医	195	ケアプラン	116, 168, 196, 205
ガバナンス	233	ケアマネジメント	5, 183, 200, 214
看護実施計画書	70	…の見直し	28
患者教育	185	ケアマネジメント機能	78, 207, 210
患者記録	129	ケアマネジメント向上会議	209
患者分類システム	121	ケアマネジメントサイクル	202
患者満足度	120	ケアマネジメント手法	195
完全統合のプログラム	52	ケアマネジメントプロセス	204, 262
完全な統合	48	…の評価	208
鑑別診断	159, 168	ケアマネジャー	64, 78, 111, 130, 200
管理上のベストプラクティス	112	ケアマネジャー支援	95
管理的連携メカニズム	122	ケアを与える権利	177
基礎的財政収支	22	経過観察	158
機能的統合	41, 92	経年的調査研究	70
規範的統合	42, 110, 137, 247, 248	ケースマネジメント	37, 120, 131, 263
キャリア段位制度	211, 220, 222	ケースマネジメントモデル	64, 79, 113
急性期ケア	251	ケースマネジャー	64, 120, 130, 183, 236
給付管理	201, 211	ケースワーカー	77
共助	191, 197	血管性および詳細不明の認知症	163
行政経営	92	圏域設定	134
協調	47, 89	健康寿命の長さ	18
協働的なケア	42	後期高齢者	20

公衆衛生活動	80, 84	財政健全化	21
構造的な integration	48	財政的インセンティブ	252
工程管理表	259	財政的統合	44
行動変容	196	財政的なパフォーマンス	91
公立みつぎ総合病院	4, 250	財政力指数	99
高齢者医療制度改革	17	在宅医療・介護連携の強化	28
高齢社会	17	在宅ケア	251
高齢者介護・自立支援システム研究会の報告書	5	在宅ケアコーディネーション	119
		在宅ケアモデル	62
高齢者虐待	83	在宅復帰支援	248
高齢者福祉計画	138	在宅療養支援診療所	169
高齢者保健福祉推進十か年計画	4	佐久総合病院モデル	250
コーディネーション	120, 262	サプライチェーン	51
ゴールドプラン	4	三次医療	73
国民皆保険制度	1	シェアードケア	37
国民健康保険	19	支援困難事例	201, 209
国民負担率	22	自己管理モデル	63
国立社会保障・人口問題研究所	231	自助	189, 197
互助	39, 197	システム統合	142, 241
国家認知症戦略	152	システムの運営	112
個別性	230, 240	システムのパフォーマンスの向上	57
コミュニティケア会議	262	システムレベル	56, 57, 60, 91, 113
コメディカル	159	施設ケア	251, 252
雇用の流動性	224	疾患管理モデル	63
混合的手法アプローチ	69	実質公債費比率	99
今後の認知症施策の方向性について	152	実質収支比率	99
		実践キャリア・アップ戦略キャリア段位制度介護プロフェッショナル	221
さ			
サービスコーディネーション	258	疾病管理	130
サービス事業者	80	疾病構造	29
サービス担当者会議	202, 206, 214	指定地域密着型サービス事業所	174
サービス付き高齢者住宅	86	社会活動の制限感	161
サービス提供者	68, 247	社会心理学的ケアモデル	110
サービス統合	131, 241	社会手当	178
サービスの質	215, 248, 252	社会的距離	233
サービスパッケージ	5	社会的弱者	77
再アセスメント	202	社会的入院	76

社会福祉士	85, 159	シングルエントリー	83, 120, 127
社会保障国民会議	17, 86	人事マネジメント	257
社会保障・税一体改革大綱	17, 205	新予防給付	30, 85
社会保障制度改革国民会議	16	診療・介護同時報酬改定	90
社会保障制度改革国民会議報告書	28	診療所	48
社会保障制度改革推進法	16, 17	診療報酬	131, 141
社会保障制度構造改革	17	随時のカンファレンス	262
社会保障費	18, 22, 152	垂直的統合	50, 131
若年性認知症	168	水平的統合	50, 86, 214, 224, 251, 254
重症度	129	スーパーバイズ機能	206
終身雇用体制	25	スクリーニング	237, 263
終末期	214	ステークホルダー	110
終末期疾患	155	ストラクチャー	172, 220
受診勧奨	159	生活機能障害	165
主任介護支援専門員	80, 85, 202, 213, 214	生活支援・介護予防の基盤整備	28
生涯未婚率	25	生活支援サービス	86, 176, 259
小規模多機能型居宅介護	30, 86, 88	精神科病院	153, 163
少子高齢化	16	精神病床入院	164
症状の慢性化	129	生物心理社会的な障壁	183
消費税	17	セーフティネット機能の低下	17
情報開示	195	セカンド・オピニオン	185
情報共有	120, 170	説明責任	234
情報的統合	44	セミフォーマルケア	176, 178, 199
情報の非対称性	192, 216	セルフケア	75, 110, 163, 189, 194, 212, 248
症例検討会	66	セルフケアトレーニングマニュアル	193
職域保険	24	セルフマネジメント	75, 110, 189, 190, 212, 261
職員満足度	92		
職業教育訓練	230	専門性	230, 240
職業能力評価基準	220, 221, 224	専門的ケア	200
職業能力評価制度	220	専門的統合	41, 45
職能	227	戦略計画	137
職務分析	220	戦略的提携	41
初任者研修	228	戦略マネジメント	137, 152
自立支援	199, 206, 208, 248, 253	…の視点	137
自立支援型のケアマネジメント	205	早期介入	155
素人知	200	早期診断	155
新介護システム	5	早期の認知症発見	157

早期発見	63	地域包括支援センター	8, 79, 85, 94, 167, 201, 258
総合的な介入	159	…の創設	30
ソーシャルネットワーク	191	地域包括支援ネットワーク	202, 209
即時財	215, 219	地域密着型サービス	30, 88, 98
組織戦略	137	地域連携パス	43
組織的統合	41, 44, 68, 81, 88, 123, 142, 241, 252	チーム会議	159

た

		チームケア	131
		中間的な治療	157
ターミナルケア加算	89	長期ケア	162
退院後のモデル	64	超高齢社会	91
退院時カンファレンス	262	通所介護	220
退院時共同指導加算	90	定期巡回・随時対応型訪問介護看護	2, 87
第5期介護保険事業計画	94	定期巡回・随時対応サービス	87, 89
第三者評価	223	ディジーズマネジャー	184
対処的なケア	168	定性的アプローチ	69
多職種協働	38, 87, 141, 206, 209, 210, 258	適正化事業	217
多職種連携	135, 159, 170, 207, 214	統合	42
脱専門職化	31	…の強度	49
単身世帯	25	統合ケア	33, 91, 111
痰の吸引	90	統合ケアプログラム	126
地域医療計画	123	統合的なケア提供システム	256
地域医療連携	250	統合的なケアモデル	113
地域化	119	統合的プロセス	45
地域ケア会議	28, 94, 167, 209, 210, 262	統合的ヘルスケアモデル	59
…の推進	28	統合ヘルスケアサービス	113
地域ケアサービス	75	統合モデル	59
地域ケア支援	201	統合理論	45
地域ケアシステム	6	特定施設入居者生活介護	153
地域圏域	4, 157, 160, 252	トップダウン	49, 137
地域支援事業	111	トランスミューラルケア	37
地域での介護	1		
地域ニーズ	94	## な	
地域のネットワーク化	206	ニーズ分析	204
地域包括ケア	28	二次医療	73
地域包括ケアシステム	8, 16, 30, 108, 134, 152, 211, 215, 224, 247, 250	二次医療サービス	75
		21世紀の福祉ビジョン	5

24時間定期巡回・随時対応サービス	
	28, 253, 262
日常生活圏域	3, 94
日常生活圏域ニーズ調査	28, 94, 166
認知症アセスメント	169
認知症医療	169
認知症介護実践者等養成事業	171
認知症介護実践リーダー研修	172
認知症介護指導者研修	172
認知症患者数	154
認知症関連のコスト	154
認知症ケアの標準化	170
認知症ケアパス	165, 166
認知症ケアマネジメントシステム	167
認知症ケアモデル開発	170
認知症高齢者	140, 152, 208
…に対する支援の強化にかかわる報酬	141
認知症施策検討プロジェクトチーム	
	152, 165
認知症施策推進5か年計画	28, 152
認知症初期集中支援チーム	
	92, 136, 138, 159, 167, 258
認知症診断	156
認知症専門医	159
認知症専門ケア加算	172, 220
認知症対応型共同生活介護	153
認知症の行動・心理症状	165
認知症の早期発見のためのアセスメント	
	159
認知症の早期発見のためのスクリーニング	
	159
認知症のためのガイドライン	158
認知症有病者数	152
認知症有病率推定値	152
認定介護福祉士	229
年金制度改革	17
脳血管性認知症	168, 175

能動的グループ学習	196

は

パターナリズム	192
パフォーマンス	132
パラサイト・シングル	27
パラダイムシフト	33
バランススコアカード	91
バリアンス	216
非アルツハイマー型変性認知症	158
ビジョン	94, 108, 137
非専門家のケア	176
非薬理学的対処	170
ヒューマンサービス	220
標準世帯	25
費用対効果	251
費用の効率化	240
フォーマルケア	6, 180, 199
複合型サービス	28, 87, 89
福利厚生	25
プライオリティづけ	137
プライマリ医療	122
プライマリケア	73, 119, 160
プライマリケアチーム	132
フレームワーク	109
プログラム/サービスレベルのモデル	62
プロセス	71
プロセス評価	220
プロトコル	125
プロフェッショナル	230
プロレベル	228
平均在院日数	163
ベストプラクティス	68, 121, 257
ヘルスケアシステム	76, 132
…のデザイン	78, 83, 250
…のリフォーム	9
ヘルスコーチ	184

ヘルスシステムの統合	36, 38
ベンチマーク	93
包括型地域生活支援	185
包括的支援事業	94
包括的なアセスメントツール	258
訪問介護事業所	90, 224
ホームヘルパー２級研修	227, 228
補完性原理	197
保健師	85, 159, 201
保険者	81, 111, 159, 160, 167, 257
保険者機能	8, 81, 82, 93
ポスト工業社会	31
ボトムアップ	137
ポピュレーションヘルスマネジメント	62
ボランタリーセクター	213

ま

マネジドケア	37, 119
マネジメント	180, 201, 247, 248
マネジメント能力	6, 191
慢性疾患	1, 76, 130, 191, 238, 259
…への介入	63
慢性疾患患者	152, 189
慢性疾患セルフマネジメントプログラム	190
慢性疾患モデル	76
ミクロの効率性	238
未婚率	26
身近型認知症疾患医療センター	156
ミッション	137
ミドル・アップ・ダウン	137

無形財	215
メモリーウォレット	261
メモリー検査サービス	157
メモリーサービス	157
モニタリング	54, 117, 202, 206, 262
モラル	85, 235

や

夜間対応型訪問介護	87
薬物治療	155
有形財	215
優先順位づけ	237
要介護高齢者	86, 211, 218, 240
要介護状態	80
要介護度分類	254
要介護認定	153, 166, 254
要介護認定システム	238
予防活動	81
予防給付	111
予防の効果	85
予防モデル	108

ら

リエイブルメントサービス	261
臨床ガイドライン 42	157
臨床的統合	42, 70, 86, 90, 129, 142
臨床的ネットワーク	52
臨床プロトコル	93
レビー小体型認知症	168, 175
連続的または順次的なモデル	59, 60
老年精神医学サービス	154

著者紹介　筒井孝子（つつい・たかこ）

現在、厚生労働省国立保健医療科学院統括研究官（福祉サービス分野）。

　筑波大学大学院修了後、1994年より旧厚生省国立医療・病院管理研究所医療経済研究部へ。1997年には、旧厚生省国立公衆衛生院公衆衛生行政学部を併任。両研究所の合併に伴い、2000年より、厚生労働省国立保健医療科学院福祉サービス部室長となり、2011年より同統括研究官（福祉サービス分野）となり、現在に至る。医学博士、工学博士、社会学修士、教育学修士。

　研究領域は、医療・保健・福祉領域のサービス評価。介護保険制度設計の際の要介護認定システムにおけるコンピュータによる一次判定システムの開発および研究、全国の要介護認定ネットワークシステム設計に関する研究を担当。一貫して行政施策の実現にかかわる研究に携わっている。

　国の審議会では、平成24年度「介護支援専門員（ケアマネジャー）の資質向上と今後のあり方に関する検討会」委員や、平成25年度「診療報酬調査専門組織　入院医療等の評価・調査・評価分科会」委員等を務め、研究事業では、平成20年度、平成21年度、平成24年度、平成25年度と組織された「地域包括ケア研究会」の委員をはじめ、厚生労働省老人保健健康増進等事業においては、キャリア段位制度にかかわる「利用者の状況像に応じた介護職における技術評価のレベル分類に関する調査研究事業」や、介護保険制度に関わる「介護保険の保険者機能強化に関する調査研究」「介護支援専門員及びケアマネジメントの質の評価に関する調査研究事業」「ケアマネジメントへの高齢者の積極的な参画に関する調査研究事業」において研究委員長を務めるなど、多くの事業に参画している。

主な著書：『介護サービス論――ケアの基準化と家族介護のゆくえ』（有斐閣，2001年）、『高齢社会のケアサイエンス――老いと介護のセイフティネット』（中央法規出版，2004年）、『看護必要度の成り立ちとその活用――医療制度改革における意味と役割』（照林社，2008年）、『看護必要度の看護管理への応用――診療報酬に活用された看護必要度』（医療文化社，2008年）、『「看護必要度」評価者のための学習ノート』（日本看護協会出版会，2013年）　　等多数

地域包括ケアシステム構築のためのマネジメント戦略
──integrated careの理論とその応用──

2014年3月20日 初 版 発 行
2020年8月25日 初版第4刷発行

著　者	筒井孝子
発行者	荘村明彦
発行所	中央法規出版株式会社
	〒110-0016　東京都台東区台東3-29-1　中央法規ビル
	営　業　　TEL 03-3834-5817　FAX 03-3837-8037
	取次・書店担当　TEL 03-3834-5815　FAX 03-3837-8035
	https://www.chuohoki.co.jp/

ブックデザイン	大下賢一郎
印刷・製本	株式会社太洋社

定価はカバーに表示してあります。落丁本・乱丁本はお取り替えいたします。
本書のコピー、スキャン、デジタル化等の無断複製は、著作権法上での例外を除き禁じられています。また、本書を代行業者等の第三者に依頼してコピー、スキャン、デジタル化することは、たとえ個人や家庭内での利用であっても著作権法違反です。
ISBN978-4-8058-3984-3
本書の内容に関するご質問については、下記URLから「お問い合わせフォーム」にご入力いただきますようお願いいたします。
https://www.chuohoki.co.jp/contact/